당신의 생각이
당신을
속이고 있다

[세상을 절대 못 바꾸는 15분] 유튜브 동영상 강의록

당신의 생각이 당신을 속이고 있다

초판 1쇄 인쇄일_2015년 3월 17일
초판 1쇄 발행일_2015년 3월 23일

지은이_김상준
펴낸이_최길주

펴낸곳_도서출판 BG북갤러리
등록일자_2003년 11월 5일(제318-2003-00130호)
주소_서울시 영등포구 국회대로 72길 6 아크로폴리스 406호
전화_02)761-7005(代) | 팩스_02)761-7995
홈페이지_http://www.bookgallery.co.kr
E-mail_cgjpower@hanmail.net

ⓒ 김상준, 2015

ISBN 978-89-6495-079-1   03180

이 도서의 국립중앙도서관 출판시도서목록(CIP)은 e-CIP홈페이지
(http://www.nl.go.kr/ecip)와 국가자료공동목록시스템(http://www.nl.go.kr/kolisnet)에서 이용하
실 수 있습니다.(CIP제어번호 : CIP2015007794)

당신의 생각이 당신을 속이고 있다

[세상을 절대 못 바꾸는 15분]
유튜브 동영상 강의록

정신과전문의 김상준 지음

북갤러리

우연한 만남, 뜻하지 않은 행복

지난 2012년 7월에 우연히 비디오카메라를 구입하게 되었습니다. 몇 번 사용하다 보니 달리 이 카메라를 쓸 일이 없어진 겁니다. 이걸 어디다 쓰면 좋을까 생각하다, 아이디어가 떠올랐습니다. 아! 유튜브에 동영상을 올려보자 하고 말입니다. 동영상 올리는 것은 그리 어렵지 않았습니다. 이미 4권의 책을 출판한 터라, 책에 있는 내용을 정리해서 하나씩하나씩 올리게 되었습니다. 그렇게 2년 반이 넘게 흘러갔습니다. 재미삼아 올린 동영상에 댓글이 달리기 시작하고 개인적으로 연락이 오는 분들이 있었습니다. 동영상을 보고 많은 도움과 위로를 받았다는 겁니다. 그냥 심심하고 재미삼아 올린 동영상이 다른 분들에게 도움을 줄 수 있다는 생각이 들자, 저는 동영상을 올리는 게 더욱 재미있어지고 행복했습니다. 처음에는 기존에 있던 책의 내용을 올리다가, 강의원고를 쓰기 시작했습니다. 20년 이상 글을 써온 터라 원고를 쓰는 것도 별로 어렵지 않았습니다. 그렇게 2년 반이 지나고 나니 원고 매수가 3,000매가 넘게 되었습니다. 그 원고를 사장시키는 것이 아깝다는 생각이 들어, 그 원고를 정리해서 책을 내자는 생각을 하게 된 것입니다.

그동안 100개의 동영상을 올렸습니다. 우울증, 공황장애 등의 질병뿐 아니라, 어떻게 하면 행복해질 수 있는지, 우리 마음이란 무엇인지, 마음을 편하게 하는 방법은 어떤 것이 있는지, 우리가 알지 못하는 우리 마음의 속성들에 대해 강의를 올렸습니다. 이제 제 유튜브 채널에는 구독자수도 많아지고 조회수도 격세지감이 들 정도로 늘었습니다.

제가 강의를 올리는 데는 원칙이 있습니다. 내가 경험하거나, 체험하지 않았던 내용이나, 내가 알지 못하는 것들은 올리지 말자는 것입니다. 내가 느끼고 경험하고, 내가 깨달은 것들만 올리려고 했습니다.

굳이 동영상을 올려서 제가 유명한 강사가 되고자 함도 아니고, 이름을 날려서 유튜브 스타가 되고 싶은 마음도 없습니다. 그저 제 강의가 많은 분들에게 도움이 되었다는 것만으로도 저는 뜻하지 않은 행복을 느끼고 있습니다. 그것만으로 저는 너무나 많은 것을 얻게 되었습니다. 이번에 그동안 올렸던 강의를, 부족하지만 강의록으로 남겨봅니다. 어떤 분들은 활자를 통해서 다시 이 강의를 보고 싶어 하시는 분들도 계십니다. 그런 분들은 책의 출간을 더욱더 기뻐해 주셨습니다.

저도 항상 불완전하고, 모자라고, 작은 일에도 끄달리고, 항상 인간적인 고민과 외로움 속에 있는 사람입니다. 저는 완벽하지도 않고 완벽한 적도 없으며, 앞으로도 그럴 것입니다. 그래서 저는 동료 인간들과 이런 부족하고 불완전한데도 불구하고 우리는 마음 하나 크게 내어 쓰는 것만으로도, 우리는 더 행복해질 수 있다는 것을 말씀드리고 싶습니다. 저는 제 강의를 들어주시는 분들 중 한 분이라도 도움을 받는 분이 있다면 계속 강의를 올릴

예정입니다. 유튜브에서 제 강의를 들어주신 많은 분들이 있고, 또 도움을 받았다고, 인생이 달라졌다고 하는 분들의 말씀만으로도 저는 행복한 여정을 계속하려고 합니다.

모쪼록 이 책이 조금이라도 위안과 위로를 드릴 수 있었으면 합니다. 감사합니다.

2015년 2월

진료실에서 정신과전문의 김상준

당신의 생각이 당신을 속이고 있다

차례

머리말 / 4

1분. 마음이란

1. 당신의 생각이 당신을 속이고 있다 / 13
2. 두 번의 창에 찔리지 않는 법 / 23
3. 인생은 헛된 꿈과 같다 / 33
4. 마음의 감옥에서 탈출하기 / 40
5. 삼재(三災)를 피하는 법 / 52
6. 원인을 알면 모든 것이 해결된다? / 59

3분. 마음 다스리기

7. 마음의 식스팩을 만들자 / 69
8. 무엇을 바라니, 그것이 불행이다 / 80
9. 달콤한 인생 / 89
10. 꽃으로도 때리지 말라 / 96
11. 사랑하는 사람의 죽음으로 남겨진 사람들 / 103
12. 항상 죽음을 생각하라, 메멘토 모리(Memento Mori) / 111

6분. 변덕스런 마음

13. 박복한 내 팔자, 안 좋은 내 사주 / 119
14. 하나님과 부처님 좀 그만 괴롭힙시다 / 130
15. 돌고 도는 인생의 고통에서 벗어나기 / 147
16. 사랑, 그 가벼움에 대하여 / 154
17. 내 일이 아냐, 부질없는 충고와 간섭 / 162
18. 나는 왜 우울한가 / 169

9분. 행복한 마음

19. 행복할 수밖에 없는 이유 / 183
20. 불행을 막아주고 행운을 불러오는 부적 / 190
21. 어릿광대를 보내주오 / 200
22. 비난받으며 살아가기 / 207
23. 원인과 결과 / 213

12분. 마음 쉽게 하기

24. 미친 세상에서 사는 법 / 225
25. 고도를 기다리며 / 233
26. 위로받고 싶은 사람, 위로하고 싶은 사람 / 239
27. 완벽함은 질병이다 / 249
28. 무엇을 갖고 무엇을 버릴 것인가 / 256
29. 오만과 편견 / 263

15분. 위대한 마음

30. 별에서 온 그대, 무엇이 두려운가 / 273
31. 심청이 인당수에 빠진 이유 / 279
32. 사람답게 사는 법 / 285
33. 아디오스 노니노(Adios Nonino) / 294
34. 큰 부자가 되는 법 / 301
35. 트랜스젠더 잔혹사 – 남자가 되고 싶은 여자, 여자가 되고 싶은 남자 / 312

1분.

마음이란

1. 당신의 생각이 당신을 속이고 있다

2. 두 번의 창에 찔리지 않는 법

3. 인생은 헛된 꿈과 같다

4. 마음의 감옥에서 탈출하기

5. 삼재(三災)를 피하는 법

6. 원인을 알면 모든 것이 해결된다?

당신의 생각이
당신을 속이고 있다

생각에 싸움을 걸면 안 됩니다. 생각과 싸움을 하면 생각은 더욱더 커지기만 할 뿐입니다.
생각에 휘둘리고 싶지 않으려면 떠오르는 생각에 대꾸하지 않는 연습을 해야 합니다.
생각을 줄일 수 없다면 떠오르는 생각에 대응하지 말고 그 생각이 떠올랐다가 없어질 때까지
대응하지 않는 연습을 해야 합니다.

우리는 흔히 생각 좀 하고 살라고 합니다.

또 고민해야 할 문제가 생겼을 때 생각 좀 해보겠다고 합니다. 항상 우리는 생각을 합니다.

그런데 우리가 착각하는 것이 있습니다.

우리는 생각을 자신이 의도적으로 한다고 여기는 겁니다.

생각은 능동적인 것이며, 내 손아귀 안에 쥐어져 있다고 믿고 있습니다.

그러나 우리가 의도적으로 떠올리는 생각은 100분의 1도 안 된다는 겁니다.

생각은 그냥 떠오르고 있을 뿐입니다. 우리가 의도하지 않은데도 불구하고 우리의 생각은 무수히 떠오를 뿐입니다.

그런데 우리가 그런 생각들을 하고 있다고 착각하는 겁니다.

생각은 우리 손아귀에 쥐어져 있지 않습니다. 생각은 제멋대로 떠오르고 제멋대로 사라질 뿐 우리가 의도하는 것과 상관없이 일어납니다.

그래서 불교에서 생각은 원숭이가 이 나무에서 저 나무로 옮겨 다니는 것

과 같다는 표현을 합니다. 원숭이가 어느 나무로 갈지 예측을 못하듯이, 우리의 생각도 종잡을 수 없기 때문입니다.

우리가 생각을 제대로 조절하지 못하고 있는 예를 들어 보겠습니다.

임상에서 환자를 볼 때 자신의 과거를 다 지우고, 새로운 인생을 살아보고 싶다는 분도 있고, 기억을 지울 수 있는 약이 없냐고 하는 분들이 많습니다.

과거에 부모로부터 받은 상처가 너무 크거나, 실연의 아픔이 남아 있거나, 도박으로 인해 가정을 파탄시킨 과거의 기억, 성폭행 당한 기억, 운전을 하다 실수로 어떤 사람을 치어서 죽게 했던 후회스런 기억들입니다.

그런 과거의 안 좋은 기억들이 자꾸 생각나는 겁니다.

우리가 생각을 조절하고 있다면, 우리는 분명 그런 아픈 기억들이 떠오르지 않도록 할 수 있어야 합니다. 그런 생각들이 전혀 우리의 의식에 떠오르지 못하게 막을 수 있어야 하구요.

하지만 그런 것이 자기 마음대로 안 되니까, 우리 생각을 자유자재로 조절할 수 없기 때문에, 사람들은 자신의 기억을 지울 수 있는 약을 찾는 것입니다.

생각은 우리가 하고 싶다고 해서 떠오르고, 하고 싶지 않다고 해서 안 떠오르는 것이 아닙니다.

우리가 "걱정하지 말고 살아." 이런 말을 자주 합니다.

친구나 친척, 부모님이 걱정하지 않아도 되는 일 때문에 고민하고 있을 때 그런 말을 합니다.

물론 그렇게 걱정하는 사람들은 한결같이 "나도 걱정하고 싶지 않아. 하지만 자꾸 생각나는 걸 어떻게."라고 대답합니다. 걱정이라고 하는 것이 생각하고 싶지 않다고 해서 조절될 수 있다면 얼마나 좋을까요. 하지만 어느 누구도 걱정 없이 사는 사람은 없습니다.

"혹시 우리 아이가 나가서 교통사고가 나지 않을까? 내 회사가 이러다가 부도나지 않을까? 내가 올해 대학입시에서 실패하지 않을까? 내가 곧 회사에서 명퇴를 당하거나 잘리지 않을까? 혹시 배가 아픈 것이 암이 아닐까? 자꾸 머리가 아픈 게 혹시 뇌종양 때문이 아닐까?

남편이 요즘 자주 늦게 들어오는데 바람피우는 건 아닐까? 늙어서 노후자금이 없어 가난하게 살지 않을까? 아내가 먼저 죽고, 나만 홀로 남아 자식에게 부담을 주지 않을까? 혹시 내가 치매나 중풍이라도 걸려 가족에게 짐을 지어주는 건 아닐까? 등등.

이런 걱정을 할 때마다 주변사람들은 그저 "에이, 뭘 그리 걱정해. 걱정하지 말고 살아." 이렇게 말합니다. 그런데 그런 조언은 아무런 도움도 되지 않고 아무런 효력도 없습니다.

생각은 그냥 떠오르는 것

생각은 절대로 우리가 하는 게 아닙니다. 그냥 떠오를 뿐입니다.

한 가상의 남성의 예를 들어 우리의 생각이 어떻게 자동적으로 떠오르는지 예를 들어보겠습니다.

한 남성이 직장에 출근하기 위해 집을 나섭니다.

현관문을 열고 나오자마자 문득 오늘 내야 할 공과금이 떠오릅니다. 은행 잔고가 얼마나 남았는지 걱정이 됩니다. 오늘 내지 않으면 연체료를 물게 되는데 이런 생각을 하고, 이윽고 엘리베이터를 타는 순간, 며칠 전 신문에서 봤던 엘리베이터 사고가 떠오릅니다. 이 엘리베이터를 아파트 관리사무소에서 점검은 제대로 하고 있는 건지 갑자기 걱정이 됩니다. 에고 모르겠다, 살고 죽는 건 운명이지 뭐. 이렇게 생각하고 지하 주차장으로 내려가 자동차 시동을 켜는 순간, '이번 주에 닥쳐올 어머님의 생일선물로 뭘 해야 하나?' 하는 생각이 듭니다. 월급도 **빠듯한데** 어머님 생일선물은 섭섭지 않게 해드려야 되는데 걱정이 앞섭니다.

'왜 이렇게 돈 쓸 일은 많은 건지 모르겠다.'

이렇게 생각하고 자동차를 타고 아파트 단지를 빠져나올 때쯤 라디오에서 40대 건강에 대한 프로그램을 방송하는 걸 듣게 됩니다.

요즘 40대 돌연사가 많아지고 있고, 평소 스트레스를 많이 받고 과로를 심하게 한 사람들에게 일어난다는 내용입니다. 가만히 생각해 보니, 요즘 야근을 밥 먹듯이 한 것이 생각나서 겁이 덜컥 납니다. 이러다가 죽으면 아내와 자식들은 어떻게 살아갈지 걱정이 됩니다.

그렇게 이런저런 걱정을 하며 자동차가 신호대기에 머물고 있을 때, 이번 주에 있을 인사이동이 떠오릅니다. 이번에도 승진을 하지 못하면 치고 올라오는 후배들한테 창피한 것은 물론이고, 회사를 그만둬야 할 판인데 도대체 뭘 해서 먹고 살 것인지 하는 걱정이 앞섭니다.

아참, 그것도 그거지만, 요즘 어머니에게 전화를 걸 때마다 느끼는 거지만, 예전보다 어머니의 기억력이 떨어지고 있다는 생각이 듭니다. 혹시 치매가 시작되고 있는 것은 아닐까? 그렇다면 집으로 모셔야 하나? 아내는 그걸 받아들이고, 아이들은 또 어떻게 생각할까?

그러다 보니, 생각이 큰애 쪽으로 옮겨갑니다. 요즘 큰애의 성적이 떨어졌습니다. 도대체 큰애는 앞으로 뭘 먹고 살지 걱정이 됩니다. 제대로 스펙이나 쌓고 있는 건지, 자식들 생각하면 암담합니다.

애들도 애들이지만, 쏜살같이 시간이 지나가면 나도 정년퇴직을 할 텐데, 노후에 필요한 자금은커녕 현재 하루하루 지내기도 힘든 **빡빡한** 살림살이에 마음이 미칩니다. 도대체 뭐 하나 제대로 풀리는 것이 하나도 없는 것 같습니다. 눈을 뜨면 하루 종일 이런저런 걱정뿐, 속 시원히 뭔가 해결되는 것은 없고, 매일매일 걱정의 연속일 뿐입니다.

자, 이 가상의 남자분이 떠오른 생각들은 지금 이 책을 읽고 있는 분들과 별로 다를 것이 없을 겁니다.

자신은 그렇지 않다고 생각하는 사람이 있다고요? 그럼 가만히 눈을 감고 앉아 더도 덜도 말고 딱 5분만 자신의 가슴이 숨을 들이쉬고 내쉴 때 오르락내리락 하는 것만 지켜보고 있어 보십시오.

그 5분 동안 단 30초도 가슴이 오르락내리락 하는 걸 지켜볼 수 없을 겁니다.

그 5분 동안, "도대체 내가 뭘 하고 있는 건가. 5분 참 길다. 아참, 오늘 10시에 내가 좋아하는 드라마를 하지, 꼭 봐야겠다. 아, 오늘 점심때 직장상사가 불쾌한 말을 했던 게 떠오르고. 암튼 다시 생각의 수렁에 빠져 들어가다가 아참, 가슴이 오르락내리락 하는 걸 지켜보라고 했지……" 그리고 가슴에 잠깐 집중했다가는 다시 엉뚱한 생각에 사로잡히게 되는 걸 금방 알 수 있습니다.

문제는 우리가 생각에 놀아나고 있다는 사실입니다.

우리가 생각을 능동적으로 하지 못하고, 그냥 무작위로 돌아가는 로또번호처럼 마구 떠오르는 생각이 들 때마다 우리는 기분이 좋아졌다가, 기분이 나빠지고, 걱정에 휩싸이고, 절망적으로 바뀌었다가, 의기소침해지기도 하고, 자기 생각에 따라 하루 종일 우리는 천국과 지옥을 맛봅니다.

그런 것도 모르고, 우리는 자신이 의도적으로 생각을 하고 있고 생각을 조절하고 있다는 착각을 합니다.

도대체 우리의 생각이란 것이 얼마나 변덕스러운지도 모르고, 철석같이 우리의 생각을 믿고 따릅니다. 그런데 그 생각이란 것은 일관성이 없습니다.

어제 승진이 될 것 같다는 동료직원의 말을 듣고 이제 앞길은 탄탄대로라고 기분이 좋았다가, 오늘 아들의 성적이 떨어졌다는 얘기를 듣고는 아들이 사회에서 말하는 루저의 삶을 살지 않을까 하는 걱정에 휩싸입니다.

그럼 어제 생각이 맞는 건가요? 오늘 생각이 맞는 건가요?

어제 기분 좋았던 희망찬 미래에 대한 전망이 맞나요? 오늘 비관적인 미래에 대한 전망이 맞나요?

아니면 아침에 일어나서 무거운 몸을 이끌고 세수를 할 때 아, 정말 세상 살기 힘들다고 한 생각이 맞나요? 아니면 점심때 자신이 투자한 주식의 주가가 올라 곧 부자가 될 것 같은 희망에 부풀어 있는 상태가 진짜 자신의 생각인가요?

도대체 어떤 것이 자신의 생각이란 말입니까?

생각에 싸움을 걸면 안 된다

이렇게 하루에도 열두 번씩 생각이 바뀌고 이에 따라 기분은 하늘을 날아다닐 것 같다가 이내 곤두박질치게 되는데, 도대체 어떤 것이 자신의 생각입니까?

생각은 절대 우리의 의지대로 하는 것이 아닙니다. 그냥 떠오를 뿐입니다.

그 생각에 맞춰서 우리 기분이 널뛰고 있을 뿐입니다.

그런 생각이 매일매일 우리를 속이고 있고, 장난치고, 기분을 들뜨게 했다가는 다시 기분을 엉망으로 만들고 있다는 사실을 모르고 있을 뿐입니다.

분명 자신이 철석같이 믿고 있는 생각이 우리를 배신하고, 배반하고, 놀리고 있다는 걸 아는 사람은 많지 않습니다.

문제는 생각을 적게 하는 방법이 없다는 겁니다. 생각은 그냥 우후죽순처럼 마구 떠오르기 때문에 그 생각을 멈추려고 하면 더욱더 떠오릅니다.

나쁜 생각을 하지 않으려고 하면 그런 나쁜 생각은 더 떠오릅니다.

생각에 싸움을 걸면 안 됩니다. 생각과 싸움을 하면 생각은 더욱더 커지기만 할 뿐입니다.

생각에 휘둘리고 싶지 않으려면 떠오르는 생각에 대구하지 않는 연습을 해야 합니다.

생각을 줄일 수 없다면 떠오르는 생각에 대응하지 말고 그 생각이 떠올랐다가 없어질 때까지 대응하지 않는 연습을 해야 합니다.

그것이 바로 마음의 근육을 기르는 겁니다.

마음도 근육입니다. 매일매일 훈련해주고, 좋은 것 먹어주고, 좋은 트레이너 만나서 매일매일 운동해줘야 마음의 근육이 단단해집니다.

흔히들 마음만 먹으면 된다고 합니다.

작심삼일이 괜히 나온 말이 아닙니다. 마음먹으면 뭐합니까, 금방 이런저런 생각들로 인해 마음은 변하는데 말입니다.

우리가 아무리 혜민스님이니 법정스님이니 훌륭한 성직자들이 쓴 책 읽으면 뭐합니까?

책을 읽을 때는 감동받습니다. "아, 그래! 마음을 비우고 모든 것 내려놓고, 이웃을 사랑하고, 욕심을 버려라."는 구절 읽을 때는 내가 금방 새사람이 될 것 같고 모든 것을 다 내려놓을 것만 같습니다. 그런데 다음날 사소한 일로 아내랑 싸우고, 자식들 야단치는 자신을 발견합니다.

좋은 책 읽어봤자 그때뿐이지, 딱 3일이면 다시 원래 내 모습으로 돌아옵니다.

이는 마음의 근육이 없기 때문입니다.

이제 몸의 근육만 키우지 말고, 마음의 근육을 키워야 합니다.

마음의 근육을 키우면 이런저런 생각에 끄달리지 않습니다. 한동안 인터넷에 회자됐던 몸짱 아줌마가 몸 만드는 데 몇 년 걸렸다고 하는데, 마음의 근육도 그 정도 시간은 걸려야 좀 손가락으로 꾹 찔렀을 때 '그래, 물살은 아니구나.' 하는 느낌이 들 정도 될 거 아닙니까?

마음의 근육을 키우는 것도 매일매일 먹고 싶은 것 참고 닭 가슴살 먹고, 매일 피트니스센터에 가서 2~3시간 운동하는 것처럼 해야 합니다.

아니 죽으면 썩어질 몸에 뭔 시간을 그리 투자합니까? 식스팩 나오고, 몸짱 되면 갑자기 행복해집니까?

남들 앞에 자랑하기 좋을 뿐 그 사람들 삶이 행복하다고 합디까? 마치 우리가 부자가 된다면 금방 행복해질 것 같지만, 로또 1등 당첨된 사람들이 그 돈 때문에 부부가 이혼하고, 친구들과 관계 끊고, 자기 돈 누가 훔쳐가고 뺏어 갈까봐 타워팰리스 감옥 속에 숨어서 지내는 게 행복한 삶입니까?

돈 많으면 행복하다는데 재벌들은 왜 자살하고, 유명한 탤런트나 영화배우들이 돈 많고 인기도 있는데 왜 자살합니까?

그런 조건들이 우리 인생을 행복하지 않게 만드니까 자살하는 겁니다.

진짜 행복한 삶은 마음의 근육을 만든 사람들입니다

마음의 근육을 단단히 하는 데 몇 년, 아니 몇 십 년 투자하십시오.

자신이 매일매일 떠오르는 생각들에 끄달리지 않고, 대꾸하지 않는 연습을 해야 합니다.

아, 내가 지금 화가 났구나, 내가 지금 걱정하고 있구나, 내가 지금 아들이 잘못될까봐 걱정하고 있구나, 내가 지금 승진되지 않을까봐 노심초사하고 있구나 하고.

내 생각을 계속 주시하십시오. 처음에는 안 됩니다. 계속 내 생각을 남의 생각인 것처럼 그냥 지켜만 보십시오.

당신의 생각이 당신을 속이고 있다

그렇게 몇 년 동안 계속 주시하다 보면, 그 생각에 내가 휩쓸리지 않습니다.

생각이 일어났다 사라지는 것만 보게 될 뿐 거기에 휩쓸려서 걱정하고 고민하는 게 적어집니다.

내가 얼마나 많은 생각을 하고 있는지, 그리고 그런 생각 때문에 현재를 살지 못하는지도 알게 됩니다.

내가 그런 쓸데없는 생각에 사로잡혀서 현재를 전혀 살지 못했다는 것도 알게 됩니다.

자기 생각과 싸우지 않게 되니, 현재가 편안해집니다. 지금 내가 존재한다는 것에 머물게 됩니다.

그리고 명상을 하십시오. 자기 생각에 대꾸하지 않게 하는 데 많은 도움이 됩니다. 어떤 명상법도 좋습니다. 그냥 숨이 들어오고 내쉴 때 가슴이 오르락내리락 하는 걸 지켜봐도 되고, 숨이 코끝에서 들락달락 하는 느낌을 지켜봐도 되고, 숨 쉴 때 배가 나오고 들어오는 것을 지켜봐도 됩니다.

어떤 명상법이라도 좋습니다. 그냥 편안하게 허리만 펴고 앉아 가부좌 틀지 않아도 됩니다. 그냥 그렇게 편안히 하루 5분만 하십시오. 그러다가 10분, 15분 이렇게 시간을 늘려 가시면 됩니다.

명상이야말로 내가 하루 종일 생각하느라 힘들어진 마음을 쉬게 하는 시간입니다.

마음이 쉬는 시간이 늘고, 마음이 쉬게 되면 마음의 근육도 튼튼해집니다.

자, 이제 몸에 그만 집착하시고, 마음에 집착하세요.

그리고 몸에 신경 쓰는 것의 10분의 1만 투자하세요. 그러면 원숭이처럼 이리저리 날뛰는 마음이 조금씩 진정됩니다. 마음을 조절할 수 있는 힘이 생기는 겁니다.

내가 마음을 조절할 수 있는 힘이 생길 때 비로소 우리는 생각의 변덕스러움에서 벗어나게 됩니다. 그 가벼운 생각의 시달림에서 헤어날 수 있는 겁니다.

그것은 아주 쉽지만 기나긴 시간을 필요로 합니다.

마음의 근육이 단단해지면 두려울 게 없고, 걱정할 게 없어집니다. 이리저리 지나치는 생각들이 올 때마다 무심코 바라보기만 하는 힘이 생기기 때문입니다. 자, 해볼 만하지 않습니까.

실천은 오로지 자신의 몫입니다. 이제 몸 좀 그만 위하고, 마음 좀 챙깁시다.

그러면 우린 생각의 장난에서 놀아나는 것에서 벗어나게 됩니다.

당신의 생각이 당신을 속이고 있다

2

두 번의 창에 찔리지 않는 법

두 번째 창을 피하려면, 우리 안에 존재하는 험담꾼과 불평꾼이 뭐라고 하든 그것에 맞대응을 하지 말아야 합니다. 험담꾼이나 불평꾼은 우리 자신이 아닙니다. 내 안에 떠오르는 생각 모두가 나의 것이 아닙니다. 그들은 항상 내 안에 존재하면서 따로 놀고 있습니다. 그들의 말에 동조하면 할수록 그들은 더욱 신이 나서 계속 우리를 가지고 놉니다.

인생을 살아가면서 우리는 많은 고통과 슬픔, 억울한 일을 당하곤 합니다. 그것은 피할 수 없는 일입니다. 얼마나 빨리 그런 사실을 받아들이는가가 정신건강을 위해서 좋습니다.

몸은 병이 깃드는 곳이라고 생각하고, 생명을 얻었으니 당연히 그 끝은 죽음이라고 생각해야 하고, 사랑을 했으니 언젠가 사랑도 사라질 거라고 여겨야 하고, 회사에 들어갔으면 언젠가 그 회사에서 정년퇴직을 하든, 명예퇴직을 하든, 정리해고를 당하든 나가야 할 날은 오게 됩니다. 자식도 애지중지 키우고 그렇게 많은 돈을 퍼부었지만 결국은 언젠가 내 품에서 떠날 날이 올 거라고 생각해야 합니다. 또한 나뿐 아니라 주변사람들도 언젠가 죽는 날이 있다는 것도 알아야 합니다. 부모도, 아내도, 남편도 죽게 되고, 어쩌면 가장 불행스러운 일은 자식을 먼저 앞세우는 일일 겁니다. 이렇게 우리는 슬픈 일, 상처받는 일, 속상한 일 때문에 가슴에 울음이 가득 차서 혼자 실컷 울고 싶기도 합니다.

첫 번째 창과 두 번째 창

얼마 전 딱 1주일 전 아내가 돌아가신 분이 병원에 오셨습니다. 그분은 가끔 불면증으로 아내분과 오시곤 했는데 암이 걸렸다는 얘기는 들었지만, 이렇게 빨리 돌아가실 줄은 저도 몰랐습니다. 그분은 그냥 자꾸 눈물이 나온다고 합니다. 그리고 아이들을 볼 때마다 눈물이 자꾸 쏟아져서 견딜 수가 없다고 합니다.

이런 슬픔이나 고통, 남으로부터 받는 상처, 모든 것들을 내 가슴에 맞은 창이라고 비유합니다. 이 창이 내 가슴을 뚫고 들어와 우리의 마음을 아프게 하고, 내 가슴을 헤집어 놓고, 심한 고통을 안겨줍니다. 그렇다면 우리는 일단 그 창을 뽑아내야 합니다. 그래야 그나마 창에 꽂힌 상처가 곪지 않고 세월이 걸리는 한이 있더라도 상처가 아물 수가 있습니다.

하지만 우리는 그 창에 찔리고 나서 자기 스스로 두 번째 창을 자기 가슴에 찌른다는 사실은 모릅니다.

우리는 두 번의 창에 찔립니다. 첫 번째 창을 맞는 것만 생각할 뿐, 두 번째 창을 맞고 있다는 것은 꿈에도 모르고 있습니다. 첫 번째 창을 빨리 뽑는 것이 시급한데도, 두 번째 창을 스스로 찔러 대고 있으니 상처가 회복되는 것이 더뎌지거나 그 자리에서 의욕을 잃고 쓰러지는 경우도 많습니다.

자, 우리가 맞는 두 번째 창은 도대체 무엇일까요? 이 두 번째 창을 스스로 찌른다는 것만 알아도 우리는 마음이 평화로워질 수 있습니다. 우리는 습관적으로 또 무의식적으로 자기가 자기에게 찌르는 두 번째 창을 모르고 지내는 경우가 많습니다. 그래서 두 번째 창이 있다는 것을 알게 되고, 조금씩 인식하다 보면, 우리는 첫 번째 맞은 창을 뽑는 것에 집중할 수 있고 더 이상 상처를 받지 않을 수 있습니다.

　자, 도대체 내 가슴에 내가 꽂는 두 번째 창이란 무엇일까요? 그것은 조용히, 은밀하게, 습관적으로, 우리가 스스로 찔러대는 겁니다. 마치 컴퓨터 스위치를 켜는 순간 컴퓨터가 알아서 잠깐 사이에 윈도우 화면을 보여주는 것처럼, 프로그램화되어 있습니다. 그 프로그램이 어떻게 만들어졌는지 알아야, 그 자동 프로그램이 저절로 작동하는 것을 멈출 수가 있습니다. 아니 멈추지 않아도 좋습니다. 그저 그것을 알기만 해도 두 번째 찔린 창은 내게 거의 상처를 주지 않습니다.

두 번째 창의 예

내가 찌르는 두 번째 창의 예를 들어 드리겠습니다.

　40대 중반의 한 남성이 있습니다. 요즘 속이 좋지 않아, 아무래도 문제가 있는 것 같아서 내시경을 받게 되었습니다. 그랬더니 위암으로 나온 겁니다. 의사에게 그 말을 듣는 순간, 그는 '이제 다 살았구나.' 하는 생각이 들었습니다. 그리고 앞으로 겪어야 할 수술과 항암치료 등을 생각하니 등골이 오싹합니다. 내 존재가 이 세상에서 영원히 사라진다는 두려움도 생깁니다. 또한 내가 죽고 나면 남게 될 어린 자식과 마음이 여린 아내가 혼자서 세상을 헤쳐 나갈까 걱정됩니다. 이런저런 상념과 절망감으로 정말 딱 죽고만 싶습니다.

　이렇게 이 남자는 암이란 첫 번째 창을 가슴에 맞았습니다. 가슴을 꿰뚫고 들어와 내 가슴을 후벼 파고 내면 깊숙이 박혀 그 고통이란 이루 말할 수가 없습니다.

　그런데 느닷없이 이런 생각이 드는 겁니다. '그래, 내 인생이 되는 일이 뭐가 있겠어. 결국 이렇게 인생이 끝나는구나. 어릴 때 부모 잘못 만나 가난하게 살고, 직장도 남들에게 떳떳이 얘기할 만한 곳도 다니지 못했고, 하는 일마다 되는 게 없더니 결국 내가 그렇지 뭐.' 내 인생이 참 슬프기만 합니다. 도대체 내 인생은 제대로 풀린 게 하나도 없는 것 같습니다. 내가 병이 난 것은 내가 뭔가 나쁜 짓을 해서 생긴 벌이라는 느낌이 듭니다. 그동안 내가 잘못한 일이 떠오릅니다. 지나간 자기 인생이 죄스럽고 속상하기만 합니다. 그러고 나니 자기 자신이 한없이 미운 겁니다. '왜 나는 똑바로 살지 못해서 이런 벌을 받고 있을까.'

투병할 생각조차 들지 않습니다. 내가 지은 죄 때문에, 내가 잘 못한 것 때문에 벌을 받고 있으니 내 병이 좋아질리 없다고 결론을 지어버립니다.

이런 게 바로 두 번째 창입니다. 자신의 인생이 제대로 풀리지 않았다는 것, 그리고 자신의 병이 내가 죄를 지었기 때문에 생긴 벌이라고 생각하는 것이 바로 두 번째 창입니다. 이런 두 번째 창은 첫 번째 창이 찌른 상처를 더욱 덧나게 해서 완전히 자신을 절망으로 몰고 갑니다.

인생 잘 풀리고 좋은 지위, 좋은 직업, 돈 많은 사람들. 일명 잘 나가는 사람들도 질병은 찾아옵니다. 누구나 몸이 있기 때문에 병이 깃드는 법입니다. 재벌회장이 갑자기 오랫동안 외유를 하고 돌아왔다는 기사 뒤에는 외국의 유명병원에서 암 치료를 했었다는 뒷이야기가 따르는 경우가 많습니다. 잘 나가던 여배우도 30대에 위암으로 죽기도 하고, 전도유망한 법조인이 젊은 나이에 느닷없이 뇌출혈로 사망하기도 합니다.

내 인생이 잘 풀리든, 안 풀리든 그것과 상관없이 질병은 언제든 찾아오는 법인데, 그는 자신의 인생이 꼬여서 자신에게 암이 찾아왔다고 한탄을 하고 있습니다. 어느 인생이나 잘못도 하고, 실수도 하고, 남에게 상처도 주고, 상처도 받는 법입니다. 어느 인생 완전하고 똑바르게 어떻게 살아갈 수 있습니까? 그래서 저는 그리스 신화가 좋습니다. 그 신들은 탐욕에 눈이 어두워 남편이 있는 인간의 아내를 유혹하기도 하고, 그저 자기 마음에 안 든다는 이유로 인간을 가혹한 운명 속에 던져버립니다. 질투에 눈이 멀어 자신의 연적인 인간 여인에게 저주를 퍼붓습니다. 신이 이럴진대 인간은 어떻겠습니까? 구약의 인물들을 살펴봐도 도대체 완벽한 인간은 찾아보기 어렵습니다. 허영에 들뜨고 자만심에 가득차서 오만함을 부리다가 자기 인생을 망치기도 하고, 욕심을 부리다가 인생의 나락으로 빠지기도 합니다.

하지만 이 남자는 갑자기 암에 걸렸다는 것을 아는 순간, 자신의 지나간 과거가 완벽해지기를 바라고 있는 겁니다. 그리고 완벽하지 못했던 자기 인생을 원망하고, 자책하고, 죄책감을 가지고 있는 겁니다. 흘러가버린 인생, 그냥 받아들여도 모자랄 판에, 지금 당장 위암이란 첫 번째 창을 맞아서 정신없이 죽겠는데, 느닷없이 자기 인생 탓을 하면서 자기에게 두 번째 창을 찔러 그는 다시 일어설 힘도 없어지고 말았습니다.

이것은 우리 안에 존재하는 불평꾼, 험담꾼이 기다렸다는 듯이 우리에게 두 번째 창을 찔러대고 있기 때문입니다.

내 마음과 내 생각도 내 것이 아니다

우리 안에 존재하는, 나를 헐뜯는 인격은 언제나 우리에게 안 좋은 일이 생기든, 좋은 일이 생기든 기회만 오면 그럴듯한 핑계를 대서 우리를 공격합니다. 이들의 공격은 자동적으로 일어납니다. 그런 험담꾼들을 자신의 인격과 동일시하기 때문에 우리가 눈치 채지 못하고 있는 겁니다. 그런 험담꾼과 불평꾼이 내게 떠드는 말을 귀담아 듣지 마시기 바랍니다. 그들은 내 인격과 상관없이 항상 나를 불평하고, 헐뜯고, 나를 사지로 몰아넣습니다. 그리고 우리는 그들 불평꾼과 험담꾼의 생각에 동조를 하고 그들에게 승리의 깃발을 내주곤 합니다.

내 마음도 내 것이 아니고 내 생각도 내 것이 아닙니다. 내가 생각하는 것 모두가 내 것이라고 여기니까 우리는 그 생각을 믿어버립니다. 내가 내 생각을 조절하지도 못하는데 어떻게 그게 내 생각입니까? 단지 우리 머릿속에 떠올려지는 것일 뿐, 그건 내 생각이 아닙니다. 그걸 '자동사고'라고 부릅니다. 또는 '부정적인 일반화'라고도 표현합니다. 이들은 마치 컴퓨터 바이러스와 같습니다. 컴퓨터 바이러스는 컴퓨터에 들어와서 마치 컴퓨터 프로그램의 일부처럼 행세합니다. 그러다 어느 순간 컴퓨터를 마비시켜버리고 맙니다. 컴퓨터는 바이러스를 자신의 프로그램의 일부라고 생각하고 받아들였지만, 그것은 컴퓨터 프로그램의 일부가 아니라 외부에서 들어온 침입자들입니다. 그들은 잠재되어 있다가 어느 순간 컴퓨터의 프로그램을 파괴하기 시작합니다. 마찬가지로 우리가 살아가면서 습득된 잘못된 지식이나 가치관이 이렇게 험담꾼이나 불평꾼의 형태로 우리 마음속에 자리 잡고 있다가, 마치 우리 생각인 것처럼 위장하고 있다가 느닷없이 우리를 공격하고 우리를 쓰러뜨리는 겁니다.

여기서 사실은 아주 단순합니다.

그 남성은 암에 걸렸습니다. 그리고 그 암을 치료하기 위해 이제 마음의 준비를 해야 하고, 누구나 병은 걸린다는 것입니다.

그러나 이 남성은 암이라는 첫 번째 창을 맞고 나서 그걸 뽑을 새도 없이, 스스로 찌른 두 번째 창에 자동적으로 공격을 당하고 만 겁니다.

우리는 두 번째 창을 맞는 게 습관화되어 있습니다. 부지불식간에 두 번째 창은 항상 우리의 가슴을 겨누고 있습니다.

남자친구와 헤어진 한 여자는 그저 사랑이 식었기 때문에 남자가 이별을 통고했을 뿐인데, 자신이 매력이 없어서, 자신의 외모가 형편없어서, 자신이 남자친구에게 잘해주지 못해서 차였다고 생각합니다. 남녀 관계는 누가 더 낫고 누가 더 못난 것은 없습니다. 그저 안 맞는 두 사람이 만났다는 것뿐입니다. 아니면 이 여자 저 여자 만나고 다니는 바람둥이를 잘못 만난 불운 때문일 뿐입니다. 단지 이것뿐입니다.

그 남자친구와 헤어지고 나서 첫 번째 창을 맞았는데, 자신이 만들어낸 여러 가지 상상으로 그 여자는 자신의 가슴에 두 번째 창을 찌른 겁니다.

기회가 오면 공격하는 내 안의 '험담꾼'

또 다른 예를 들어드리겠습니다. 어떤 여성이 늦게 일어나는 바람에 정신없이 출근을 하다가 그만 앞차를 들이받고 말았습니다.

다행히 큰 사고가 나지는 않았고, 앞차의 범퍼만 찌그러뜨리고 말았습니다. 그래서 그녀는 보험회사에 연락을 해서 사고는 마무리되었습니다. 그렇게 사고를 수습하고 회사로 향하는 차안에서 그녀는 자동차 사고로 놀란 가슴이 조금 진정되자, 이제 두 번째 창을 꺼내들기 시작합니다.

'아, 나는 왜 이렇게 바보 같을까? 왜 앞차를 미리 보지 못하고 브레이크를 늦게 밟았을까?' 그리고 보니 자신의 인생은 실수투성이 같습니다. 어제도 직장상사에게 낸 기획서를 제대로 쓰지 못해 야단을 맞았던 기억이 납니다. 또한 출근길에 어린이집에 맡기고 갔던 4살짜리 딸이 생각납니다. 아이에게도 제대로 엄마 노릇도 못해주는 것 같고, 아이를 키울 능력도 없는 것 같아 보입니다. 그렇다고 살림을 잘하는 것도 아니고, 규모 있게 지출도 못하는 바보 같습니다. 그리고 보니 남편에게도 한참 못 미치는 아내 같습니다. 요리도 잘 못해서 항상 남편에게 맛있는 음식도 만들어 주지 못하고, 그렇다고 애교가 많아서 남편의 기분을 제대로 풀어주지도 못한다고 여깁니다. 그녀는 직장의 직원으로, 어머니로, 아내라는 역할에 자신이 빵점이라는 생각이 듭니다. 게다가 이렇게 교통사고나 일으키는 사고뭉치라는 자괴감에 빠집니다.

그녀는 자신의 한계를 그 순간 인정하지 않는 실수를 저지른 겁니다. 직장에서 퇴근하고 돌아와 파김치가 돼서 아이를 씻기고 그나마 동화책 한 권이라도 읽어주려 했고, 남편의 비위를 맞춰주려고 노력했던 자신의 모습은 잊어버린 겁니다. 아내나 어머니가 아니었다면, 그녀는 퇴근 후 집에 와서 밥, 빨래, 애들 숙제도 봐주지 않고 그냥 침대에 널브러져 쉬기만 해도 삶이 버거운데 말입니다.

이렇게 자동차 사고 하나로 그녀는 두 번째 창을 자기 가슴에 찔러대고 있습니다. 그러니 자동차 사고가 난 것도 속상한데 점점 그녀의 기분은 참담해집니다.

그녀는 실수로 자동차사고를 낸 것뿐입니다. 우리가 길거리를 다니면서 흔히 보는 장면이고, 저를 포함해서 많은 사람들이 종종 저지르는 실수일 뿐입니다. 인간이니까 사고도 낼 수 있고, 한눈 팔 수도 있고, 운전하면서 딴생각도 하는 겁니다. 그런데 갑자기 그녀는 자기가 사고를 내고 나서 자기 자신이 슈퍼우먼이 되었어야 한다는 착각에 빠지고, 그것에 못 미치는 자기 자신을 자책하기 시작한 겁니다. 아니 완벽한 사람이 어디 있습니까?

자동차를 탄다는 것은 내가 사고를 당할 수도 있고, 사고를 낼 수도 있다는 걸 각오해야 하고, 그것은 당연한 겁니다.

그러니 자동차 보험을 드는 거죠. 자기 자신이 완벽하다고 생각하고 한 치의 실수도 없다고 생각한다면 뭐 하러 자동차 보험을 듭니까? 자동차 보험은 내가 피해를 입을까봐 드는 것이 아니라 내가 언제든 가해자가 될 수 있다는 가정 하에 드는 것 아닌가요? 언제든 우리는 실수할 수 있는 존재라는 것을 인정해 놓고는 막상 사고가 나면 우리 안의 험담꾼은 자신이 완벽하지 못하고, 멍청하고, 덜떨어졌다고 우리를 공격합니다. 그리고 그 험담꾼의 교

당신의 생각이 당신을 속이고 있다

묘한 말솜씨에 놀아나서 우리는 그 말을 믿어버립니다.

따라서 두 번째 창을 피하려면, 우리 안에 존재하는 험담꾼과 불평꾼이 뭐라고 하든 그것에 맞대응을 하지 말아야 합니다. 험담꾼이나 불평꾼은 우리 자신이 아닙니다. 내 안에 떠오르는 생각 모두가 나의 것이 아닙니다. 그들은 항상 내 안에 존재하면서 따로 놀고 있습니다. 그들의 말에 동조하면 할수록 그들은 더욱 신이 나서 계속 우리를 가지고 놉니다.

두 번째 창을 찌르려고 하는 순간, '내 안의 불평꾼과 험담꾼이 또 시작하는구나. 얘들은 항상 그렇지 뭐.'라고 되뇌어야 합니다.

"나는 단지 암에 걸렸을 뿐이고, 나는 누구나 일어날 수 있는 연인과의 이별을 한 것뿐이고, 나는 흔히 저지르는 자동차 사고를 낸 것뿐인데 뭐."

이렇게 혼잣말을 해야 합니다. 그리고 험담꾼과 불평꾼과 맞서 싸우면 안 됩니다. "왜 자꾸 이런 생각들이 떠오르는 거지, 정말 짜증나 죽겠어. 제발 이런 생각이 안 나게 할 순 없을까?"라고 또 자책을 하는 경우가 많습니다.

이것은 세 번째 창을 찌르는 거나 마찬가집니다.

그들의 험담을 막으려 하거나 그들이 내 안에서 떠들고 험담하고 불평하는 걸 속상해 하지 마십시오.

누가 때리면 아프고, 감기가 걸리면 콧물이 나고 기침이 나듯이, 이건 그저 자연스런 반응입니다. 불평꾼과 험담꾼의 존재를 그저 받아들이십시오. 그들은 절대 없어지지 않습니다.

우리가 할 수 있는 것은, 그들이 우리에게 창을 찌르려할 때, 마음대로 해보라고 내버려 두는 겁니다. 우리가 맞대응을 하지 않는 순간, 불평준과 험담꾼은 재미가 없어서 두 번째 창을 꽂지 않거나 창을 맞아도 별로 아프지 않습니다.

두 번째 창을 막는 방법

항상 기억하십시오. 그들과 맞서지 말고, '불평꾼이 나를 가지고 노는구나.' 하고 거리를 두고 그들이 어떻게 내게 속삭이는지, 어떻게 나를 낭패감에 빠뜨리려 하는지 지켜만 보십시오. 그러면 두 번째 창의 위력은 현저히 떨어지고 맙니다.

그저 지켜보시기 바랍니다. 그리고 두 번째 창의 존재를 아는 것만으로도 그 창의 위력은 반 이하로 줄어듭니다.

그리고 두 번째 창을 찌른 것은 내 안에 존재하지만 나와 아무런 상관도 없는 불평꾼과 험담꾼들이 떠들고 있을 뿐이라고, 그들과의 관계에 선을 그으시기 바랍니다.

이것도 연습을 해야 가능합니다. 어떤 일이 벌어지고 나서 한참 속상할 때, '가만 있어보자, 이게 바로 두 번째 창이구나. 이 두 번째 창이 과거의 안 좋은 일과 미래에 일어나지 않을 일들을 끄집어내서 지금 일어난 사건과 또 엮으려 하는구나.' 하고 인지하십시오. 그러면 그 순간 두 번째 창이 찌른 상처는 나아지기 시작합니다. 이렇게 불평꾼과 험담꾼을 구분하는 연습부터 하시기 바랍니다. 그렇게 자꾸 연습하고, 구분하고, 맞대응하지 않고 그들과 놀아주지 않게 되면, 두 번째 창을 내 가슴에 찌르는 일은 점점 줄어들게 됩니다.

한번 시도해 보시기 바랍니다. 아니 꼭 하시기 바랍니다.

이게 바로 두 번째 창을 막을 수 있는 든든한 방패입니다. 창이 찌르려 하면 방패로 막으면 되는 거 아니겠습니까? 마음의 방패를 점점 견고하고 단단하고 두텁게 만드시기 바랍니다.

3

인생은 헛된 꿈과 같다

우리는 존재만으로 충분히 값어치 있는 인생입니다. 그냥 존재하시기 바랍니다.
자아가 자신을 몰아붙일 때 "그래, 이정도면 됐어."라고 단호하게 말대꾸를 하시기 바랍니다.
삭풍에 낙엽이 떨어지는 것을 보고 그 차가움이 정신을 번쩍 들게 하는 그 짜릿한 느낌이나,
흰 눈이 내린 날 처음으로 발자국을 만들며 걸어가는 느낌, 그리고 야산에 올라서도
저 멀리 내려 보이는 도회지를 보면서 닦는 한 줄기 땀만으로도 우리는 충분히 행복할 수 있습니다.

'인생은 꿈과 같다.'는 이야기를 많이 합니다. 일장춘몽, 봄에 꾸는 한바탕 꿈을 우리는 인생에 비유합니다.

봄이 오면 벚꽃 잎이 하늘거리며 바람결에 날아다니고, 백목련은 멋들어진 꽃잎을 만개하고, 개나리 진달래꽃은 온 산야를 수놓습니다.

그런데 며칠 지나 문득 돌아본 산에는 그 꽃들이 흔적도 없이 사라져버립니다.

도대체 그 아름답던 꽃들은 다 어디로 가버린 걸까요? 그 한밤중 달빛아래 하늘거리던 벚꽃 잎은 다 떨어지고, 이제 파란 잎만 남은 허전한 벚꽃나무만 남아 있으니 말입니다.

일장춘몽이라, 벚꽃을 보면 그걸 확연히 느낄 수 있습니다.

우리가 흔히 헛된 꿈을 꾸거나 일확천금을 노리는 사람을 보면 "꿈 좀 깨라."고 합니다.

현실에 발을 붙이지 못하고 단시간 내에 거금을 벌거나 성공하고자 하는 사람들에게 하는 얘기입니다. 그들은 노력은 별로 하지 않고, 성공하고 큰 부자가 되려고 합니다. 그들이 그렇게 될 리가 없습니다. 설사 그렇게 된다 한들 쉽게 들어온 돈은 쉽게 나가기 마련입니다. 그런 예는 로또 1등에 당첨된 사람들의 불행한 말로를 보면 알 수 있습니다. 또는 운이 좋아 큰돈을 번 사람들은 자기 돈을 간수하지 못하고 결국 돈을 다 잃는 것도 모자라 빚까지 져서 신용불량자로 내몰리는 경우가 허다합니다.

자, 이렇게 우리는 허황된 생각을 가지고 있는 사람한테 꿈을 깨라고 얘기하지만, 사실은 우리도 꿈을 꾸고 살고 있습니다. 그 꿈을 깨지 않으면 우리는 진리를 보지 못합니다. 제발 꿈을 깨시기 바랍니다. 꿈을 깨지 않으면 우리가 행복이라고 여겼던 것이 우리를 불행으로 몰아가고 있고, 우리가 진정한 가치가 있다고 여겼던 것이 아무런 가치도 없는 것이며, 우리가 신주단지같이 모셨던 이념이나 이데올로기, 철학과 종교마저도 쓰레기와 다를 바 없다는 것을 모르고 지내게 됩니다.

자아가 만든 꿈속에서 헤매는 우리

우리 모두는 각자 다른 꿈을 가지고 살아갑니다.

여기서 꿈이란 우리가 흔히 말하는 희망이나 바람을 얘기하는 것이 아닙니다. 우리가 깨어야 할 꿈은 우리가 가지고 있는 사고나 생각, 감정, 판단, 분별심을 말합니다.

우리는 철석같이 자신이 생각하는 판단이나 이론, 철학, 인생관이 맞다고 믿고 이 세상을 살아갑니다. 그런데 그게 다 꿈이더란 말입니다. 사실은 자기가 만들어 놓은 꿈속에서 살다가 진짜 현실은 어떤지도 모르고 죽는 게 우리의 현실입니다.

당신의 생각이 당신을 속이고 있다

이 꿈을 만드는 가장 큰 원인은 우리의 자아입니다. 그 자아가 우리의 현실을 제대로 보지 못하게 하고 편견과 잘못된 판단, 잘못된 생각을 우리에게 심어주고 있습니다. 그래서 우리는 자아가 만들어놓은 꿈에서 헤매는 것입니다.

자, 우리의 어린 시절로 돌아가 봅시다. 자아라는 놈은 내가 어떤 사람이라는 것을 규정짓게 하는 놈입니다. 그래서 우리는 내가 어떤 사람이라는 차별성을 가지기 위해 끊임없이 죽을 때까지 자신의 자아를 강화하고 살게 됩니다. 그 자아가 없으면 우리는 사회생활을 하면서 자신이 아무것도 아니라는 생각을 하게 됩니다. 그러니 더욱더 우리는 자아를 강화하는 쪽으로만 가게 됩니다.

자아는 내가 대단한 사람이어야 한다고 주장합니다. 그리고 남들보다 더 나은 타이틀, 더 많은 재산, 더 나은 학벌, 더 나은 지위를 가지라고 부추깁니다.

그러다 보니 우리는 그 자아가 시키는 대로 열심히 공부해서 좋은 대학을 가려하고, 졸업 후에는 대기업에 취직하거나 전문직에 진출하려고 합니다. 또한 회사에 들어가서도 남들보다 더 빨리 승진하고 더 많은 보수를 받기 위해 노력합니다.

그러면 우리의 자아는 이제 여러 가지 명칭으로 불려집니다. 능력 있는 회사원, 젊은 나이에 커다란 아파트를 장만한 부자 그리고 능력 있고 외모가 출중한 배우자를 둔 남편이나 아내, 서민들은 그림의 떡이라고 생각하는 1억 원이 넘는 외제차를 몰고 다니는 사람 등등 말입니다.

이렇게 자아를 강화할수록 우리는 이런 멋진 타이틀과 남들이 우러러보는 위치에 있게 됩니다. 그런데 문제는 자아라고 하는 놈은 만족을 모른다는 겁니다. 자아는 끊임없이 우리를 몰아쳐서 좀 더 많은 돈을 벌라고 하고,

더 높은 위치에 올라가라 하고, 이제 그 정도 타이틀을 가졌으니, 정치에 입문하라고 우리를 유혹합니다.

자아는 이렇게 자기 자신을 강화하는 방향으로만 우리를 몰아쳐댑니다.

그 이유는 뭘까요? 그건 앞에 말씀드린 대로 남들에게 나를 더 드러내기 위해서 그런 겁니다. 그래서 자아가 가장 싫어하는 것이 있습니다. 남들이 자신을 무시하거나 나를 대단한 사람으로 여기지 않는 것입니다.

자, 여러분! 가만히 우리가 친구들 또는 직장동료들과 나누는 대화의 내용을 돌이켜 봅시다.

대부분 자기 자랑입니다. 자기 자랑할 거리가 없으면, 자식이 공부를 잘한다거나, 운동신경이 뛰어나거나, 아니면 남편이 승진을 했다거나, 남편이 잘나가는 사람이거나, 집안일을 잘 도와준다는 것들입니다. 현재 자랑할 거리가 없으면, 어린 시절 우리 집안은 강남에서 아주 큰집에서 살았고, 아버지가 땅 부자였으며, 집에 가정부가 3명이요, 정원사와 승용차 기사까지 두고 살았다고 얘기합니다. 모두 자신의 자아가 정말 대단하고 괜찮다는 내용들뿐입니다. 자아는 자신뿐 아니라 자식, 남편, 부모, 사돈의 팔촌까지 모두 동원하는 특징이 있습니다.

그래서 자아를 아주 심하게 강화한 사람은 금방 봐도 알 수가 있습니다. 다른 사람들은 아무런 불평불만도 없는데, 식당 직원의 서비스가 엉망이라고 지배인을 불러서 야단을 치기도 하고, 남들이 전혀 화를 낼만한 상황이 아닌데도 직원이 자신을 무시했다고 주인에게 항의를 하는 사람들입니다. 자아를 지나치게 강화한 사람들의 농담이 있습니다.

"왜 이래, 나 이대 나온 여자야!", "왜 이래, 나 미스코리아 나간 여자야!" 이런 것들이 바로 자신의 자아가 지나치게 강화된 사람들을 빗대서 얘기하는 농담들인 것입니다.

이렇게 자아를 강화하게 되면, 정말 꿈속에 사는 것과 같습니다.

세상의 모든 사람들은 자신을 존중하거나 존경해야 하고, 내가 타고 가는 외제차를 보면서 모두들 부러운 눈으로 쳐다봐야 합니다. 그리고 내가 휘감고 다니는 명품 옷과 비싼 장신구를 보고 사람들은 눈을 휘둥그레 뜨고 부러워해야 합니다. 그렇지 않으면 자아는 손상되고 속이 상할 수밖에 없습니다.

우리 모두 지위가 높든 낮든, 돈이 많든 적든, 타이틀이 높든 낮든 강화된 자아를 가지고 있습니다.

그 강화된 자아가 우리가 쓰고 다니는 색안경이고, 우리가 세상을 바로 보지 못하게 하는 역할을 합니다.

우리가 꾸는 꿈이란 말입니다.

자아가 왜곡된 판단을 유도한다

어린 시절 권위적인 아버지 밑에서 자란 딸은 모든 남자들이 폭군이라고 생각하고 결혼을 하지 않을 수도 있습니다. 또한 여성에게 심하게 배신을 당한 남성은, 모든 여성은 자신을 버릴 것이란 두려움 때문에 다시는 연애를 하지 못하기도 합니다. 어린 시절 가난 때문에 설움을 받았던 사람은 성인이 돼서 부자가 되더라도 항상 자신을 사람들이 무시하지 않을까 하는 의심을 하고 삽니다. 리처드 닉슨 같은 사람이 대표적인 경우입니다. 찢어지게 가난했던 식료품가게 아들이었던 닉슨은 30대에 상원의원이 되고 나중에 대통령이 되었지만, 어떤 이도 자신을 좋아하지 않을 거라는 생각 때문에 백악관에서 일어났던 모든 대화와 전화를 도청해서 녹음테이프로 남기기도 했습니다.

이렇게 자신이 가진 자아가 세상을 분별하고 왜곡되게 판단하게 만듭니다. 아무도 자신에 대해 관심도 없고, 자신이 어떤 사람이란 것을 알지 못하는데도 불구하고, 왜곡된 자아는 항상 자신의 위상이 실추되거나 남들이 자신을 알아주지 않을까 하는 두려움 때문에 세상을 지옥으로 여기게 만듭니다. 그리고 그렇게 쌓아올린 자아상은 결국 우리를 파멸로 몰고 갑니다. 자신의 자아가 대기업의 중역이었던 사람이 느닷없이 해고된다면 그는 곧바로 자신의 모든 것을 잃고 마는 것입니다. 그 사람은 이제 자신이 아무것도 아닌 사람이라고 여깁니다. 그래서 자살을 결심하기도 합니다. 자신이 만든 허상이 자기 자신이라고 착각하고 살았기 때문입니다. 또한 고3 수험생들은 성적으로 자신의 자아를 쌓아올립니다. 그런데 수능시험점수가 발표되면 꼭 자살하는 수험생이 나옵니다. 점수가 낮으면 그 점수만큼이 자신의 자아라고 여기기 때문입니다.

이처럼 자아는 남들의 시선에 맞춰서 우리를 좋은 사람, 능력 있는 사람, 칭찬받는 사람으로 살도록 합니다. 그래서 우리가 그런 것을 잃어버렸을 때 우리는 살아갈 힘도 없어집니다. 우리는 이런 자아 때문에 본질이 없어진 겁니다. 우리는 존재함만으로 충분히 살아갈 가치가 있으며, 타이틀이나 재산, 소유물로 우리의 존재가치가 빛나는 것이 아닙니다. 하지만 자아가 우리를 그렇게 살도록 만든 겁니다. 그러니 모든 사람들은 자신의 자아가 만든 것에 따라 각기 다른 꿈을 꾸고 살아가는 것입니다. 그러다가 죽음이 임박해서야 그들은 자신의 자아가 그렇게 몰아치면서 이룩했던 재산, 타이틀, 지위, 학벌이 아무런 가치도 없는 것이라는 것을 알게 됩니다. 우리가 나이를 먹고 늙어 가면 타이틀도, 젊음도, 자신감도 다 사라져 버리기 때문입니다. 이렇게 사라져 버리는 것을 모르고 그렇게 평생을 살아왔나 하는 생각 때문에 인생 헛산 것만 같습니다. 자아가 떡 버티고 앉았던 자리가 그저 휑하니 공허하기만 할 뿐입니다. 그러니 죽음을 앞두고서야 사람들은 인생은 꿈과 같다고 하는 겁니다. 꿈을 좇아서 평생을 개미처럼 일했는데 남겨진 것은 아무것도 없는 겁니다.

그러니 늙어서, 죽음이 임박해서야 자신의 꿈을 깨닫지 마시기 바랍니다. 그냥 우리는 존재만으로 충분히 값어치 있는 인생입니다. 그냥 존재하시기 바랍니다. 자아가 자신을 몰아붙일 때 "그래, 이정도면 됐어."라고 단호하게 말대꾸를 하시기 바랍니다. 삭풍에 낙엽이 떨어지는 것을 보고 그 차가움이 정신을 번쩍 들게 하는 그 짜릿한 느낌이나, 흰 눈이 내린 날 처음으로 발자국을 만들며 걸어가는 느낌 그리고 야산에 올라서도 저 멀리 내려 보이는 도회지를 보면서 닦는 한 줄기 땀만으로도 우리는 충분히 행복할 수 있습니다. 아니 그게 진정한 행복입니다.

　여러분 꿈을 깨시기 바랍니다.

　꿈을 깨면 우리는 진정한 자유를 얻게 되고, 자아가 차지했던 자리에 광대무변한 우리 내면의 지평이 열립니다. 그 광활하고 거대한 내면을 즐기시기 바랍니다.

4.

마음의 감옥에서 탈출하기

현재를 살 수 있다면, 내가 지금 가지고 있는 욕망이나 탐욕, 어리석음, 불안, 두려움은 저만치로 멀리 도망가 버립니다. 현재에 집중하면 그런 것들이 들어올 자리가 없어집니다. 그래서 매일매일 현재만 보십시오. 그러면 마음의 감옥의 벽은 점점 허물어지게 됩니다. 현재를 살아가면 조금 조금씩 마음이 변덕부리고 이리저리 뛰어다니는 것이 덜해집니다.

우리는 현실이라는 굴레 속에 갇혀 지낸다고 생각하는 경우가 많습니다. 아버지로, 아내로, 자식으로, 직장의 상사로, 부하직원으로. 암튼 우리를 옴 짝달싹하게 못하게 하는 많은 역할이 우리를 감옥에 가두고 있습니다.

그래서 많은 남자들의 꿈은 빨리 은퇴해서 시골에 내려가 한적한 전원생 활을 꿈꾸는 것이고, 많은 여자들은 좀 더 좋은 경제적인 여건에서 마음껏 아이들 사교육도 시키고, 자기 하고 싶은 대로 돈 좀 써보는 것일 수도 있습 니다.

병든 부모님을 모시고 사는 자식의 경우, 빨리 부모님의 병이 좋아져서 자 신이 자유롭게 사는 게 소원일 수도 있습니다. 아니면 모든 책임을 다 벗어 버리고 어디론가 떠나버리고 싶을 수도 있습니다. 그리고 지금 취업을 준비 하는 젊은이들은 경쟁이라는 감옥에서 벗어나서 차라리 아무것도 하지 않고 부모님 그늘에서 지내기를 바랄지도 모릅니다.

입시를 앞둔 수험생들은 이 시험이라는 감옥에서 벗어나서 자유롭게 친구들도 만나고, 마음에 드는 옷도 사고, 화장도 하고, 즐겁게 홍대앞 거리를 활보하는 게 소원일 겁니다.

스스로 만든 마음의 감옥

우리 모두는 감옥에 갇혀있습니다. 그것은 위에서 말한 현실의 감옥도 있고, 마음이 만든 감옥도 있습니다.

현실의 감옥은 그냥 누구나 다 아는 사실이니, 우리가 지금 갇혀있는 마음의 감옥도 있다는 것을 볼 필요가 있습니다. 그런데 마음의 감옥은 현실의 감옥과는 달리 우리 자신이 만든 것입니다.

우리가 만든 감옥에서 우리가 갇혀서 지낸다는 게 이상하지 않습니까? 하지만 우리는 우리가 만든 감옥에 갇혀서 평생을 살아가는 경우가 대부분입니다.

자신이 마음의 감옥에 갇혀 지내고 있다는 사실을 모르는 사람도 많습니다. 아니 대부분의 사람들은 자신이 만든 마음의 감옥에 대해 생각조차 하지 않고 살고 있습니다.

자기가 둘러친 담장 안에서 제대로 숨도 못 쉬고 자유를 만끽하지도 못한 채 우리는 살아갑니다.

자, 우리가 만든 감옥이란 뭘까요?

우리를 옭아매고, 우리를 구속하고, 우리를 자유롭지 못하게 하는 마음의 감옥은 여러 가지가 있습니다. 이런 마음의 감옥은 의심, 불안, 두려움, 편견, 죄책감, 자기비하, 중독, 집착, 욕망 등등 한없이 많습니다.

이런 마음속의 많은 것들이 하나씩, 둘씩 벽돌을 쌓아 담이 높아지고, 그 위에 철망이 얹혀 지고, 굳게 철문을 만들고, 다시는 나갈 수 없는 자물쇠를 우리 스스로 채우고 있는 겁니다.

사람들은 사회적인 제도가 불합리해서, 자신의 능력을 인정받지 못해서, 내 지위가 높지 않아서, 자신이 경제적으로 어렵기 때문에, 좋은 타이틀을 가지지 못해서 등의 이유로 외부에서 자신을 억압하거나 가둔다고 생각합니다.

하지만 우리가 자유롭지 못한 것은 우리 마음이 우리를 억압하고 있기 때문입니다. 일체유심조(一切唯心造), 모든 것은 마음에서 비롯된다는 것을 항상 잊지 마시기 바랍니다.

흔히 내 환경이나, 사회 속의 역할이나, 내가 가진 지위나, 타이틀이 나를 옴짝달싹 못하게 만든다고 생각하지만, 우리를 옴짝달싹 못하게 하는 것은 우리 마음입니다. 눈에 보이는 모든 것은 항상 변화됩니다. 사정이 조금 나아질 수도 있고, 그렇지 않을 수도 있으며, 행복할 때도 있고, 불행할 때도 있습니다. 어떤 인생도 항상 힘든 처지에 놓여 있는 것은 아닙니다.

하지만 마음은 내 안에 자리 잡고 앉아 절대 움직이지 않고 나의 생각을 좌지우지합니다. 어디를 가더라도 내 마음은 나를 따라 다니며 나를 감옥 속에 가두기도 하고, 나를 자유롭게 하기도 합니다. 그런데 대부분 마음은 우리를 감옥 속에 가두고 있습니다.

《성난 물소 길들이기》의 저자인 아잔 브라흐만이 이렇게 책에 썼습니다. 자신이 외국에 강연을 다닐 때 어느 날 5성급 호텔에서 잠을 자게 되었다고 합니다. 그건 주최 측이 제공한 것입니다. 그렇게 넓은 방에서, 호화로운 가구와 맛있는 음식이 들어왔지만 자신은 그게 편하지 않고 감옥 같았다고 말입니다. 차라리 비가 새고, 천장에서 흙이 떨어지는 태국의 조그만 암자에서 지내는 것이 천국 같았다고 표현합니다. 이런 비슷한 경험들 많이 하셨을 겁니다. 저도 예전에 모임이 있어 맛있는 음식이 차려진 호텔식당에 간 적이 있었지만, 같이 식사를 하는 분들이 너무 어려워서 집에 가서 편하게 옷 입고 김치찌개가 먹고 싶다는 생각을 했습니다. 그리고 그 모임이 언제 끝나는지 시계만 들여다보던 기억이 납니다. 주변 환경이 아니라 마음이 어떻게 움직이는가가 우리가 행복한가, 불행한가, 자유로운가, 구속되어 있는가를 결정한다는 겁니다.

화려한 저택에서 살면 뭐합니까? 그 안에서 불안에 떨며 내 돈을 누가 가져갈까 두려워하고, 자신이 투자한 주식이 곤두박질칠 때마다 아까운 내 돈 날아가는 바람에 하루 종일 기분은 지옥을 경험할 수 있습니다. 가진 것이 많으면 잃을 수 있는 것도 많은 법이니 그런 사람일수록 불안도 많고, 걱정도 많습니다.

매일매일 불안해하고, 미래를 걱정하고 자신이 처한 환경이 불만족스러우면 그곳이 바로 지옥입니다. 반대로 집이 다 망해서 시골로 내려가 버려진 폐가에 둥지를 틀고 살아보니 처음엔 인생의 패배자 같더니만, 좋은 공기 마시고, 스트레스 없이 열심히 농사짓고, 저녁때는 이웃들과 모여 앉아 막걸리 마시고, 사시사철 계절 바뀌는 것 구경하니 그곳이 천국이라고 하는 사람들도 많습니다.

마음의 감옥, 탐욕

가장 대표적인 마음의 감옥은 탐욕입니다.

현대는 욕망의 시대라고 할 수 있습니다. 종교가 자리를 내 준 자리 그 중심에 떡하니 돈이 버티고 있습니다. 더 많이 벌고 더 많이 소비하고 더 좋은 타이틀을 갖기 위해 사람들은 개미처럼 매일매일 열심히 일하고 있습니다.

욕망을 확장시키고 우리의 정신에 욕망의 씨를 심어 놓는 곳은 방송과 미디어 매체들입니다. 방송을 보면 소위 성공한 사람들의 모습이나 부유한 사람들이 사는 모습이 등장합니다. '이 정도는 살아줘야 되지 않겠는가?'라고 얘기하듯이 말입니다.

사람들은 빨리 돈을 벌고 싶어 하고, 빨리 좋은 지위에 오르려 하고, 빨리 노후자금을 마련하고 싶어 합니다.

그리고 더 많은 돈을 벌고 싶고, 더 큰 아파트에 살고 싶고, 자식들이 모두 다 명문대에 가는 것을 원합니다.

요즘 많은 연예인들이 토크쇼에 나와서 주식을 하다 십억을 까먹었네, 사업을 하다 여러 차례 망했네, 다른 사람에게 사기를 당해서 거의 알거지가 되었네 하는 얘기들을 합니다.

물론 어쩔 수 없이 돈을 잃어버리는 경우도 많습니다. 하지만 그 이면에는 대부분 일확천금을 노리고 이런 사업이나 주식을 하는 바람에 돈을 날린 겁니다.

돈을 투자하면 10배 이상 늘려주겠다는 사기꾼들의 꾀임에 빠지거나 어떤 주식에 투자하면 5배 이상 뛸 것이라는 지인의 말을 듣고서, 또는 어떤 땅을 사면 몇 년 내에 수십 배 오를 거라는 이야기들을 듣고 투자를 한 겁니다.

하지만 모두 TV에 나와서는 자신이 모두 희생자라고 얘기합니다. 비극은 나로부터 비롯되었다는 것을 모릅니다. 내가 탐욕을 부리지 않고 정도를 갔다면, 차곡차곡 돈이 쌓여서 부자가 되었을 겁니다. 그 이면에 숨겨진 자신의 탐욕을 보지 못한 겁니다.

그 탐욕은 이렇게 자신의 재산을 잃게도 하지만, 문제는 항상 마음이 결핍감에 시달리게 한다는 겁니다. 10억을 가지면 20억을 만들어야 하고, 집이 한 채면 세 채로 불려야 하고, 땅이 100평이면 1,000평으로 만들어야 속이 편할 것 같습니다. 그러니 20억이 될 때까지, 집이 세 채가 될 때까지, 땅이 천 평이 될 때가지 항상 자신은 가난하다는 생각을 하게 됩니다. 그리고 나는 왜 이렇게 부족할까 하는 생각에 빠져듭니다. 그리고 어떻게 하면 재산을 늘릴까 하는 생각에 눈은 항상 충혈되어 있고, 현재를 살지 못해 항상 자신은 불행하다고 여깁니다. 그런 탐욕의 감옥은 또한 수단과 방법을 가리지 않게 만듭니다. 자신의 목적을 위해서 다른 사람을 짓밟기도 하고, 어려운 친척이나 이웃을 못 본 척하게 만들고, 다른 사람을 이용하려고도 합니다. 그리고 떳떳하지 못한 일까지 서슴없이 해서, 결국 감옥에서 자신의 탐욕에 대해 후회를 할 수도 있습니다. 자식을 일류대에 보내고 싶은 욕망은 아이를 어린 시절부터 집밖으로 내보내고 계속 아이에게 성화를 해댑니다. 아이들은 그런 부모의 탐욕 때문에 계속 더 열심히 공부를 해야 하고, 웬만큼 성과를 거둔다 하더라도 부모의 탐욕은 끝이 없어 항상 아이의 성적에 만족하지 못합니다. 그래서 아이들은 부모의 기준에 맞추지 못하는 자신에 대한 열등감을 가지게 됩니다. 부모 또한 항상 자신의 기준에 못 미치는 자식 때문에 속이 터져 죽을 지경입니다. 그러니 항상 마음은 자식에 대한 속상함과 원망으로 가득 찹니다. 그래서 그 탐욕이 청소년들이 성적이 안 좋다는 이유로 자살을 하게 만들기도 하고, 자식이 부모가 원하는 대학에 못 들어갔다고 해서 세상이 다 망한 듯이 생각해서 화병에 걸려 몸져눕게 되는 겁니다.

이처럼 탐욕의 감옥은 우리를 항상 괴롭힙니다. 저 자신도 여기서 벗어나지 못합니다. 항상 내가 욕심을 부리는 것은 아닌지 돌아보고, 돌아보고 또 돌아봅니다. 탐욕은 나를 감옥에 가두기 때문입니다.

다음은 어리석음의 감옥입니다.

제가 어리석다고 하는 것은 머리가 나쁘거나 덜 떨어진 것을 말하는 것이 아닙니다. 잘못된 것을 옳은 것이라 믿고, 옳은 것을 잘못된 것이라 믿는 것입니다.

우리가 어린 시절부터 배워온 모든 것을 우리는 옳은 것이라고 생각하며 자라왔습니다. 하지만 그 모든 것은 다 잘못된 것이라고 보면 됩니다.

좋은 대학에 가고, 좋은 직업을 갖고, 좋은 배우자를 만나고, 좋은 집에 살고 명예를 얻는 것을 우리는 좋은 것이라고 철석같이 믿고 살아왔습니다. 그리고 그런 것들이 우리를 행복하게 해주리라 생각했습니다.

이런 것이 바로 어리석음입니다.

행복하기 위해 필요한 것은 우리가 배웠던 세상의 조건들이 아닙니다. 이런 조건들은 도리어 우리에게 책임을 지우고, 부담을 지우고, 우리를 옭아맨다는 것을 모르고, 이런 조건들을 가지고 사는 것이 행복이라고 착각하며 살고 있습니다. 또한 이런 조건들을 가지지 못한 사람들은 자신이 배우지 못해서, 재산이 없어서, 명예가 없어서 불행하다고 단정 짓습니다.

자신이 이런 조건들 때문에 행복하다고 여기는 사람도, 이런 조건을 가지지 못했다고 해서 불행하다고 하는 사람도 모두 어리석은 것입니다.

이런 조건들이 행복을 만들고, 불행을 만든다면, 재벌회장이나 고위직에 오른 장관들, 커다란 돈을 모은 사업가들은 행복해야 합니다. 하지만 그렇지 못합니다. 그런 조건들이 행복하게 하지 못하기 때문입니다.

반대로 자신의 조건이 열악하기 때문에 불행하다고 하는 사람들은 시각을 달리할 필요가 있습니다. 가진 것 아무것도 없이 수도원에 들어간 수도사님이나 스님들, 수녀님들이 평안하고 행복한 생활을 누리고 있는 걸 본다면 세상의 조건이 충족되지 않더라도 행복할 수 있다는 것을 보여주고 있습니다.

이런 게 어리석음입니다. 우리가 어린 시절부터 배워왔던 모든 것들은 우리를 자극적인 세계에 빠져들게 만들 뿐입니다. 그런 자극은 처음에는 작은 자극에도 자신이 행복하다고 여기지만, 계속 더 크고 새로운 자극을 찾아 헤매게 만듭니다. 마치 바닷물을 계속 들이키면 더 갈증이 나듯이, 우리는 현재 이런 자극들이 자신을 행복하게 해줄 거라고 생각하면서 살아가고 있습니다.

그러니 어리석음이란 바로 어떤 게 맞고, 어떤 게 그른 것인지 우리는 모르고 있다는 겁니다.

다음은 불안의 감옥입니다.

우리는 항상 불안해합니다. 뭔가 잘못되지 않을까? 지금 누리는 행복이 금방 사라지고 불행이 찾아오는 것은 아닐까? 내가 지금 가지고 있는 모든 것들이 순식간에 사라지는 것은 아닐까? 내게 생각지도 못한 질병이나 불행이 찾아오는 것은 아닐까? 갑작스레 아이나 배우자가 아프거나 죽는 것은 아닐까? 등등 불안을 일으키는 생각은 참 많기도 합니다.

잠깐 마음이 편안하면 그게 도리어 이상할 정도입니다. 항상 불안 속에 살다보니, 그런 편안함은 더 큰 불행이 닥칠 징조라고 여기기까지 합니다. 그래서 현재도, 미래도, 불만족스럽습니다. 우리는 하루하루 살얼음판을 걸어가는 느낌으로 인생을 살아갑니다. 두려움의 감옥에 들어가 본 적이 있습니까? 누구나 다 겪어 봤을 것입니다. 내가 시험에 떨어지면 어떻게 하나? 이번 진급심사에서 탈락하면 어떡하나? 이번에 받을 수술이 잘못돼서 혹시 영영 깨어나지 못하면 어떻게 하나? 며칠 전 받은 건강검진에서 이상반응이 나왔다고 하는데 혹시 암이 아닐까?

두려움은 우리의 영혼을 갉아 먹습니다.

현실에서 어떤 안 좋은 일이 다가올 때 사람들은 그 사건이 터지기 전까지는 두려움 때문에 지레 질려서 쓰러지거나 포기하고 맙니다. 그래서 그렇게 심한 범죄를 저지르지 않았음에도 불구하고, 재판도 받기 전에 스스로 목숨을 끊는 경우도 종종 있습니다. 자신이 치러야 할 옥고와 재판과정이 두렵기 때문입니다.

프랭크 다라본트 감독의 〈쇼생크 탈출〉이란 영화가 있습니다. 이 영화는 사람들을 치유하는 데 많은 도움을 주었습니다.

오랫동안 투병생활을 하고 있는 사람들에게는 투병의 의지를 불태우게 해 주었고, 현실적으로 커다란 어려움이 닥친 사람들에게는 그것을 이겨낼 희망을 불러일으켰고, 인생에서 험난한 장애물을 만나 도저히 그것을 해결할 방법이 없어 망연자실했던 사람들에게는 그것을 벗어날 수 있다는 한 줄기 빛을 선물했습니다.

이 영화는 유능한 은행원인 앤디 듀프레인(팀 로빈스 역)이 부정한 아내를 죽였다는 살인죄를 짓고 교도소에 들어가는 것으로 시작됩니다.

그는 감옥에서 은행원이란 특기를 살려 교도소장과 교도관들의 회계업무를 대신해 주는 것으로 신임을 얻습니다.

그렇게 20여 년의 세월을 교도소에서 보낸 듀프레인이 어느 날밤 감옥에서 없어집니다. 그는 탈출한 것입니다.

그가 감옥에 들어 온지 얼마 후 다른 죄수에게 부탁한 조각용 망치를 이용해 벽을 뚫기 시작한지 20여 년 만에 하수관을 통해 빠져나간 것입니다. 그 조그만 조각용 망치로 말입니다.

듀프레인이 갇힌 감옥은 마음의 감옥을 상징합니다. 우리의 탐욕, 어리석음, 두려움, 불안, 편견, 죄책감, 자기비하, 중독, 집착 등으로 인해 스스로 가둬버린 감옥 말입니다.

그러면 이 감옥에서 어떻게 해야 듀프레인처럼 탈출할 수 있을까요?

그가 영화 속에서 보인 행동을 보면 어느 정도 해답을 알 수 있습니다.

그는 아내를 살해했다는 억울한 누명을 쓰고 감옥에 갇히게 됩니다. 정말 속이 터져 죽지 않으면 다행일 겁니다. 그는 이런 억울한 누명을 썼지만 세상만 탓하고 아무것도 하지 않고 자포자기하지도 않습니다.

그는 억울하고 미칠 것 같은 마음을 진정하고, 자신이 감옥에 갇혀버렸다는 것을 인정합니다. 그리고 그는 불가능해 보이는 이 감옥에서 빠져나갈 방법을 찾게 됩니다. 참으로 힘든 결정입니다.

우리도 마음의 감옥에 갇혀 있다는 것을 인정하기 시작할 때 우리는 벗어날 수 있는 희망이 생깁니다. 그리고 그 마음의 감옥은 내가 만든 것이라고 인정할 때 제대로 우리는 탈출할 수 있는 방법을 찾을 수 있습니다.

마음공부에서 속성반은 없다

내가 불행하고 힘든 것이, 내 인생이 망가진 것이 모두 세상 탓이고 부모를 잘못 만난 탓이라고 생각한다면, 마음의 감옥에서 빠져나갈 방법은 없습니다. 내가 감옥을 만들었고, 내가 자물쇠의 열쇠를 채웠으니 나만이 이 자물쇠를 열 수 있다고 여겨야 합니다.

듀프레인이 감옥에서 빠져나오는 데 20여 년이 걸렸습니다. 이처럼 마음의 감옥을 빠져나가는 데 오랜 세월이 걸린다는 것을 각오하셔야 합니다. 마음공부에서 속성반은 없습니다. 이렇게 오래 걸린다고 지레 겁을 먹고 포기하는 사람도 있을 겁니다. 사람들은 마음먹기 달렸다는 얘기를 많이 하지만, 마음을 먹는다고 해서 금방 마음의 감옥에서 빠져나갈 수는 없습니다.

마음을 먹으면 2~3일은 가지만, 이내 지속되지 않고 포기하는 자신을 발견할 것입니다.

하루에도 수십 번 마음은 이랬다저랬다 변덕을 부리고, 그로 인해 우리의 기분은 좋았다 나빴다를 반복합니다. 마음을 먹고 난 후 그것을 유지하기 위해 애써야 합니다. 꾸준히 지속적으로 내 마음을 들여다봐야 합니다. 정말 내가 행복한 것은 무엇인가 생각해야 합니다. 현재의 양을 늘려나가면 내가 가지고 있는 마음의 감옥에서 탈출하는 것은 더욱 쉬워집니다. 현재를 살 수 있다면, 내가 지금 가지고 있는 욕망이나 탐욕, 어리석음, 불안, 두려움은 저만치로 멀리 도망가 버립니다. 현재에 집중하면 그런 것들이 들어올 자리가 없어집니다. 그래서 매일매일 현재만 보십시오. 그러면 마음의 감옥의 벽은 점점 허물어지게 됩니다.

현재를 살아가면 조금 조금씩 마음이 변덕부리고 이리저리 뛰어다니는 것이 덜해집니다. 그렇게 하루하루만 내가 살아간다고 생각하다 보면, 마음의 감옥에서 빠져나가는 길이 보이기 시작합니다. 듀프레인처럼 오랜 세월 그 작은 조각용 망치로 감옥의 벽을 뚫는 마음으로 해나가야 합니다.

단순히 좋은 책 한 권 읽고, 좋은 영화 한 편 보고, 좋은 얘기 들었다고 해서 마음의 감옥에서 빠져나간다고 생각하면 오산입니다.

명상과 묵상을 통해 자신의 마음이 쉬는 시간을 주어야 합니다. 마음이 쉬면 마음이 알아서 그 길을 가르쳐줍니다. 무엇이 욕망이고, 무엇이 옳은 것이고, 내가 헛된 두려움과 불안에 휩싸여 있다는 것을 우리 마음이 알려줍니다.

그렇게 꾸준히 자신의 마음을 잡는 훈련을 해야 길이 보이기 시작합니다.

듀프레인처럼 끈질기게 매달리십시오. 그가 처음에 조각용 망치를 들고 벽을 처음 그었을 때 그의 심정은 어땠을까요? 언제 이 벽을 다 뚫을 수 있을까 하고 그도 참 속상했을 겁니다. 자신이 탈출이나 할 수 있을까 하고 절망했을 겁니다.

어느 날은 자포자기하는 마음으로 벽을 뚫지 않고 멍하니 침상에서 누워 지낼 때도 있었을 겁니다. 어떨 때는 그 감옥에서 빠져나갈 생각을 포기했을 수도 있습니다. 지레 지쳐 감옥에서 자살을 생각했을 수도 있었을 거구요.

우리가 마음의 감옥에서 탈출하는 길이 항상 즐겁고, 유쾌하고, 활기차고,

당신의 생각이 당신을 속이고 있다

힘이 넘칠 수 없습니다. 어느 날은 마음의 감옥에 갇혀서 멍하니 자신의 운명을 탓하기도 하고, 내가 할 수 있을까 하는 생각과 절망감에 치를 떨기도 하고, 그냥 내 인생 다 놓아 버리고 싶기도 할 겁니다. 이게 바로 정상적인 과정입니다.

하지만 그러다가 힘을 얻어서 다시 자신의 마음을 들여다보고, 마음공부에 도움이 되는 책도 읽고, 가만히 내 호흡이 들고 나는 것을 지켜보고, 이렇게 꾸준히 해나가는 수밖에 없습니다.

그렇게 되면 듀프레인이 탈출을 해서 그 아름다운 바닷가에서 멋진 보트 위에 서서 멋진 바다풍경을 보았듯이, 우리도 마음의 감옥을 나와 자유로워질 겁니다.

포기하지만 마시기 바랍니다.

5.

삼재(三災)를 피하는 법

삼재란 일 년 열두 달 중 세 달은 겨울의 추위 때문에
모든 만물이 추위에 떨고 먹을 것을 찾기 힘들어 고통을 받듯이 인생의 4분의 1은
춘하추동 4계절 중 겨울처럼 힘든 시기가 온다는 원리입니다.
그래서 12년 중 3년은 삼재가 들어와 우리네 삶이 고통을 받는 것입니다.
그렇다면 삼재가 나쁜 것은 아니라는 생각이 들었습니다.
그래도 남은 9년은 고통 없이 보낼 수 있는 것 아닙니까?

얼마 전 어머님이 점을 보고 오셨습니다.

어머님의 인생은 무속신앙과 떼려야 뗄 수 없는 관계입니다. 어린 시절 제가 초등학교를 다닐 때 학교에서는 미신타파라는 명분하에 굿을 하거나 점을 보는 것을 하지 말라는 계몽교육을 받았습니다. 그 당시는 새마을운동이 한창이었고 경제개발5개년계획을 5년씩 연장하면서 진행되던 때였습니다. 따라서 당장 손에 쥐는 돈이 중요했고, 그것에 걸림돌이 되었던 후진적인 사고, 그 당시에는 그렇게 불렀습니다. 그래서 미신을 타파하는 게 시급했습니다.

당시 어머니는 3년에 한 번씩 굿을 했습니다. 그 당시에 대한 기억은 무당이 신들린 춤을 추고, 그리고 거기에 곁들여진 타악기의 반복되는 리듬이 저는 정말 무서웠던 기억이 납니다.

그리고 굿의 마지막엔 어머니가 무당이 준비한 옷을 입고 실컷 춤을 추는

모습이 기이하고 생소했던 기억이 납니다. 우리 남매들은 그때 가장 구석진 방에 들어가 숨어 있었습니다.

그런데 굿판이 열렸으니 동네 사람들은 어느 집에서 굿을 하는지 다 알았고, 동네 친구들이 우리 집에서 굿판이 벌어진 걸 다 알게 될 텐데 하는 생각에 아주 창피했었습니다.

지금 생각해보면, 어머니는 3년에 한 번씩 쌓였던 슬픔, 고통, 외로움을 굿을 통해 푸셨다는 생각이 듭니다. 제대로 돈을 벌지 않는 남편으로 인해 집안은 부침을 거듭했고, 5남매를 모두 키워야 한다는 부담감 그리고 본인이 직접 돈을 벌기 위해 이리저리 뛰어 다니느라 고생한 것도 커다란 스트레스였을 겁니다. 암튼 그렇게 어머니는 3년에 한 번씩 마음의 정화의식을 치르고 기운을 차려서는 다시 여장부로 거듭나서 현실이란 전쟁터에 기를 보충하여 다시 싸우러 나가곤 하셨다는 생각이 듭니다.

그러니 점은 정말 부지기수로 많이 보셨습니다. 몇 년 전 어머니가 그런 말씀을 하셨습니다. "내가 평생 점을 보고 나니 사실 점이 별로 맞지 않더라."고 말입니다.

그래도 어머니는 여전히 점을 보러 가십니다. 저는 그 이유를 알고 있습니다. 옛날 분이니 항상 자식 걱정을 합니다. 그러니 조금이라도 자식들에게 문제가 생길라 치면 점을 보러 가시는 거죠. 사실은 그런 걱정들을 점쟁이들에게 다 털고 오는지도 모릅니다. 정말 좋은 점쟁이는 정신과 의사처럼 좋은 상담자이기도 합니다. 부적이나 팔고, 쓸데없이 살풀이 굿이나 하는 혹세무민하는 무속인이 아니라, 점을 보러 온 사람들의 힘든 감정을 어루 만져주고 그들의 이야기를 들어주는 사람 말입니다.

그래서 점에 대한 기대를 하지 않으면서도, 뭔가 답답하고 힘든 결정을 내려야 하거나 자신이 겪고 있는 삶의 문제를 털어놓고 싶어, 그저 이야기하고 싫어 가는 사람들도 점을 보러 갑니다.

암튼 어머니가 이런 말을 하시는 겁니다. 제가 올해부터 삼재에 들어가서 몸이 자꾸 아프다는 겁니다. 그리고 내년까지 아프게 되면 그 다음 해부터는 괜찮을 거라는 점괘를 받아 오셨습니다.

인생은 평생이 삼재(三災)

무속에 관심이 있는 분들은 올해부터 토끼, 돼지, 양띠가 삼재가 들어가는 해라는 걸 아실 겁니다. 삼재는 3년 동안 지속되고, 9년을 쉬고 난 후 다시 삼재가 들어오게 됩니다.

삼재란 천재(天災), 인재(人災), 지재(地災)를 말합니다.

천재란 천재지변, 수재나 한재(旱災) 등을 말하고, 지재는 땅에서 일어나는 일, 즉 교통사고, 화재, 지진 등에 해당됩니다. 인재는 아시겠죠? 사람으로 피해를 보는 것을 말합니다.

여기서 천재나 지재는 그렇다 치더라도 인재는 다른 사람으로 인한 피해입니다. 하지만 인재는 자신의 탓일 경우가 많습니다.

인재 중의 대표적인 경우는 사기를 당하는 경우인데, 보이스피싱이니 뭐니 하는 거야 정말 인재라고 할 수 있겠지만, 큰돈을 벌 수 있다고 투자를 하라고 유혹하거나, 높은 이자를 받을 수 있다고 해서 돈을 빌려달라고 한다거나, 아니면 어떤 사업에 투자를 하면 큰돈을 벌 수 있다거나 해서 사기를 당하는 경우는, 대부분 자신의 욕심에서 기인한 경우가 많습니다. 사기꾼들은 인간의 심리에 대해 정신과 의사보다 더 많이 압니다. 그들은 우리가 가지고 있는 욕심이 어떻게 작용해서 판단력을 잃게 하는지 잘 알고 있습니다. 그래서 그걸 이용하는 겁니다.

삼재란 일 년 열두 달 중 세 달은 겨울의 추위 때문에 모든 만물이 추위에 떨고 먹을 것을 찾기 힘들어 고통을 받듯이 인생의 4분의 1은 춘하추동 4계절 중 겨울처럼 힘든 시기가 온다는 원리입니다.

그래서 12년 중 3년은 삼재가 들어와 우리네 삶이 고통을 받는 것입니다.

그렇다면 삼재가 나쁜 것은 아니라는 생각이 들었습니다. 그래도 남은 9년은 고통 없이 보낼 수 있는 것 아닙니까? 정말 그렇다면 저는 삼재를 믿고 싶어집니다.

인생이란 게 매일매일이 고통이고 언제 어떤 일이 벌어질지 모르는데 3년에 몰아서 고통을 받고 9년은 고통 없이 지낼 수 있다면 삼재가 있을 만하지 않습니까?

하지만 유감스럽게도 인생은 평생이 삼재입니다.

제가 초등학교 다닐 때 교과서에 실렸던 《삼년고개》란 동화가 생각납니다. 그 고개에서 넘어지면 3년밖에 살지 못한다는 삼년고개에서 어떤 남자가 넘어지고 말았습니다. 그래서 이제 3년만 살면 죽는구나 생각하고 절망에 빠졌을 때 어떤 사람이 그에게 조언을 해주었습니다. 아니 그 삼년고개에서 계속 넘어지면 계속 3년씩 더 사는데 뭐가 걱정이냐고 말입니다. 그제야 삼년고개에서 넘어졌던 남자는 희망을 가지게 되었고, 그 고개에서 계속 넘어졌다는 이야기였습니다. 마치 이 동화처럼 우리가 삼재를 두려워할 이유는 없습니다.

아니 매일매일 힘든 게 인생인데 인생에 겨우 4분의 1만 재앙이 닥친다면 그 얼마나 반가운 일이란 말입니까?

가만 생각해 보십시오. 아무리 건강을 자랑하는 사람도 언제 어떤 병이 닥칠지 모릅니다. 또한 아무리 많은 재산도 순식간에 없어지는 게 재산입니다. 또한 매일매일 뉴스를 보면 등장하는 사건사고에서 자유로운 사람도 없습니다. 그리고 아무 일도 없어 지루할 만하면 사람들은 지나간 과거의 안 좋았던 일을 떠올리고 속상해 합니다. 내 돈 떼먹고 도망간 놈, 나한테 사기치고 감옥 간 놈, 좋은 투자 기회라고 속여서 알토란같은 내 돈 모두 날리게 한 놈이 생각나고, 불우한 어린 시절을 살았던 사람은 부모 생각만 하면 부아가 치밉니다. 다른 부모들은 장가갈 때 전세거리라도 해주는데, 엄마는 어릴 때 도망가 버리고, 아버지는 알코올중독으로 돈 한 푼 안 벌고, 지금은 요양원에 있는 겁니다. 그러니 자신은 돈이 없어 제대로 공부도 하지 못하고, 지금 이 모양 이 꼴로 하루하루 벌어 생활하니 속이 터질 지경입니다. 또한 자신이 바람을 피고도 뻔뻔하게 이혼을 요구해서 새장가 가서 잘살고 있는 전 남편을 생각하면 속이 부글부글 끓어서 미칠 지경입니다. 그리고 나름대로 재테크를 한다고 집을 팔고 다른 데로 이사를 갔는데, 이사를 가고 보니 팔아버린 집의 가격이 2배나 뛰어버린 겁니다. 그것만 생각하면 자다가도 벌떡 일어날 지경이고, 가슴이 두근거려 잠을 못자는 분도 있습니다. 또한 눈에 넣어도 아프지 않을 아들이 군대간지 석 달 만에 돌연사를 한 걸 생각하면 술 없이는 세상을 살아갈 자신도 희망도 없다고 하는 분도 있습니다. 이렇듯 무슨 일이 있으면 있는 대로 인생은 버겁고 힘이 들며, 무슨 일이 없으면 없는 대로 과거의 상처와 고통 때문에 우리는 또 힘이 듭니다.

그래, 지나간 일 생각하지 말자고 다짐을 하고 나면, 이제는 미래에 닥칠 일이 걱정됩니다. 매일 컴퓨터 게임만 하고, 그걸 말리면 PC방에서 하루 종일 놀다오는 자식을 보면 쟤가 도대체 제대로 인생을 살아갈지 걱정됩니다. 또한 나이가 들수록 어디에 물건을 뒀는지 자꾸 잊어버리게 되고, 걸을 때마다 다리에 힘이 빠지는 걸 느낄 때마다 더 늙으면 어떻게 살아갈지 걱정을 하는 노인분도 있습니다. 한창 일할 나이인 40대 후반에 부장까지 승진했지만, 이사를 달지 못하면 이제 아들, 딸 결혼도 못시키고 한참 더 돈이 들어갈 나이에 단순 노동직밖에 할 게 없다는 무서운 현실에 가슴이 서늘한 사람도 있

당신의 생각이 당신을 속이고 있다

습니다. 어머니를 치매로 요양원에 모시고 나니, 자신도 언젠가는 어머니처럼 아무것도 모르고, 아무도 알아보지 못하고, 심지어 대소변도 못 가리는 상태가 되지 않을까 걱정하는 사람도 있습니다. 교통사고를 심하게 당해 장애를 얻게 된 한 청년은 이제 한쪽 발이 없는 상태로 창창하게 남은 인생을 어떻게 살아야 할지 아득할 뿐입니다. 두 다리 멀쩡한 청년들도 취업을 하지 못해 청년실업이 넘쳐나는 지금의 대한민국에서 어떻게 장애인으로 한 평생을 살아야 하는지 걱정만 앞설 뿐입니다.

이처럼 현재 아무런 액운이 닥치지 않아도, 과거의 일 또는 미래에 닥칠 일 때문에 괴로운 게 우리네 인생입니다.

그러니 삼재 그까짓 거 겁낼 게 뭐가 있습니까? 겨우 인생의 4분의 1인데 말입니다.

사실 9년마다 돌아오는 3년만 액운이 닥친다면 저는 춤을 추고 노래를 부를 겁니다. 그러나 인생의 고통은 9년마다 돌아오는 게 아니라 매일매일이 고통이고, 고뇌이고, 아픔이라는 겁니다.

이 책을 읽는 독자들은 필자가 맨날 인생이 고통이라는 말만하니, 저를 염세주의자라고 하는 분도 있을지 모르겠습니다. 하지만 저는 아주 낙천적인 사람입니다. 저는 인생은 항상 고통의 연속이며, 괴로움은 항상 일상의 일이라고 마음으로 받아들였기 때문입니다.

지나치게 우리가 행복을 추구하고, 이런 불행한 일을 자꾸 피하려고 애쓰다 보니 우리네 인생은 더 힘들고 행복하지 않은 겁니다. 어떤 일이 닥쳐도 인생에서 일어날 수 있는 일이라고 생각한다면, 크게 영향을 주지 못합니다. 물론 내가 아프고, 승진에 떨어지고, 가족에게 변고가 생겨서 기분이 좋은 사람이 누가 있겠습니까? 우리가 목숨을 받고 이 세상에 태어난 순간, 우리는 그런 운명에 놓인 겁니다. 그런 운명인데 그걸 아니라고 우기니까 우리네 인생은 더 힘듭니다.

행복보다는 괴로움을 일상의 일로 생각해야

사실 행복이란 어떻게 보면 불행한 일들이 계속되다가 잠깐 쉬어가는 기간일 뿐입니다. 잠깐의, 아주 잠시의 휴지기가 바로 행복한 시간입니다. 하지만 그 시간이 너무나 짧습니다. 우리가 왜 괴로울까요? 인생이 왜 힘들까요?

무엇 하나 변하지 않는 게 없기 때문입니다. 내 수명은 하루하루 짧아져가고, 내 몸은 하루하루 늙어가며 노화의 과정을 밟습니다. 그리 죽고 못 사는 애틋한 사랑도 어디 영원한가요? 내게 행복감을 주었던 연인의 마음이나 감정도 영원하던가요? 아니면 꽁꽁 금고에 숨겨놨던 돈이 가만히 있던가요? 그 사랑도 스러지고, 그 돈도 다 없어질 운명입니다. 이렇게 모든 것이 자꾸 변하기 때문에 우리네 인생은 항상 고통이고 괴로움은 일상의 일입니다.

괴로움을 일상의 일로 생각하십시오. 행복을 일상의 일로 생각하면 불행해집니다.

이런저런 안 좋은 일들이 생길 때마다 이런 게 일어나는 게 인생이라고 생각하십시오. 그 사실을 진정 가슴으로 받아들인다면, 덜 상처받게 되고, 항상 변화하는 인생에서 마음이 흔들리지 않아, 마음에 미동도 없는 상태가 되는 겁니다.

그러니 삼재가 들었다 한들 뭐 그리 걱정할 게 있습니까?

무심히, 물끄러미, 담담하게 안 좋은 일을 지켜보고 마주서시기 바랍니다.

당신의 생각이 당신을 속이고 있다

6

원인을 알면 모든 것이 해결된다?

너무 인과관계에 연연하지 마십시오. 과거는 이미 지나가 버렸습니다. 현재에 집중하시기 바랍니다. 그리고 집요하게 과거를 파고드는 것이 어떨 때는 상처를 덧나게 하고 치료를 더디게 하는 경우도 많습니다. 인생은 어떨 때는 과거를 덮어두고 가는 게 더 도움이 되는 경우도 많습니다.

진료실에서 상담을 하다 보면 내원하신 분들이 흔히 하는 질문이 있습니다.

"제 병의 원인은 무엇인가요?"

우리는 항상 원인과 결과에 대한 집착을 합니다. 원인을 알아야 치료가 된다는 생각을 하고 있기 때문입니다. 그런데 안타깝게도 원인을 모르는 경우가 더 많습니다. 고혈압의 원인은 무엇일까요? 당뇨병의 원인은 또 무엇일까요? 그저 추측만 할 뿐 정확한 원인은 알 수 없습니다. 그저 고혈압은 고염식이 원인이 될 수 있고, 유전적인 요인이 작용합니다. 당뇨병도 과다 체중이나 식생활에서 원인을 찾을 수 있지만, 고염식을 매일 하고, 고도비만을 가진 사람도 고혈압이나 당뇨병이 안 생기는 경우도 많습니다. 그러니 정확하게 말씀드리면 원인을 모른다고 답하는 게 맞을 겁니다. 하지만 원인을 모른다고 해서 우리가 치료를 못하는 것은 아닙니다. 항고혈압제와 당뇨병치료제를 통해 혈압을 내리고, 혈당을 떨어뜨릴 수 있습니다.

원인을 몰라도 질병 치료 OK!

근대화 과정을 거치면서 우리는 서구식 사고방식인 원인과 결과에 매우 집착하게 되었습니다. 하지만 원인을 몰라도 우리는 질병을 치료할 수 있습니다. 우울증도 스트레스를 많이 받게 되면 세로토닌이 떨어진다는 정도는 알고 있으며 뇌의 신경전달물질의 균형이 깨져서 생기는 생물학적인 질병이라고 알고 있습니다. 또한 공황장애도 극심한 스트레스를 받게 되면 뇌의 자율신경계에서 교감신경이 항진되어 나타난다고 알 뿐입니다. 하지만 우리는 항우울증약과 공황장애 약물을 통해 환자를 치료할 수 있습니다.

환자들이 알고 싶은 것은 정확한 자신의 개인사에서 원인을 알고 싶어 합니다. 과거의 어떤 사건에서 자신이 이런 질병을 앓게 되었는지 알고 싶어 합니다. 그런 원인을 찾는 수도 있습니다. 예를 들어 오랜 기간 동안 남편과 갈등이 있었다든지, 회사 내의 지나친 경쟁으로 인해 우울증과 공황장애가 올 수 있습니다. 오랜 기간 동안의 스트레스가 지금의 증상을 만들었을 뿐인데, 콕 집어서 자신이 살아온 과거의 일에서 그 원인을 찾으려 합니다. 그런데 그 원인을 찾는다고 해서 그 질병이 치료가 되는 걸까요? 저는 항상 이런 비유를 합니다. 지금 다리가 부러져서 응급실에 도착한 환자가 있다고 합시다. 그런데 이 환자가 나무에서 떨어져서 그런 건지, 교통사고를 당해서 그런 건지, 폭력배에게 무차별 폭행을 당해서 그런 건지 아는 것이 과연 중요할까요? 그래서 그 원인을 알았다고 합시다. 아! 그 환자는 나무에서 떨어져서 다리가 부러졌다는 원인을 알아냈습니다. 그 원인을 아는 순간, 그 부러진 다리는 그 순간 붙어서 완치가 되는 것일까요? 원인을 몰라도, 현재 그 환자의 엑스레이를 보고, 골절된 부위를 관찰해서, 어떤 치료를 할지 결정하고, 단순히 캐스트만 해도 되는 건지, 아니면 절개를 해서 핀을 박는 등의 적극적인 치

당신의 생각이 당신을 속이고 있다

료를 해야 되는 건지 우리는 원인을 몰라도 충분히 환자를 치료할 수 있습니다.

하지만 환자들은 원인에 매우 집착합니다. 그 원인을 찾아야만 자신의 질병이 나을 거라고 생각합니다. 그래서 정신분석이나 정신과 상담을 긴 시간에 걸쳐 해야 한다고 생각하는 경우도 많습니다. 그래서 정신과 치료는 한번에 50분 정도씩 상담을 해야 하고, 그래서 자신의 과거사에서 생긴 트라우마나 어린 시절의 정서적인 상태, 부모와의 관계를 알아내야 한다고 집착합니다. 그런데 현재 환자가 겪고 있는 우울증이나 공황장애 강박증은 그렇게 오랜 시간의 면담이나 장기간 면담이 사실은 필요 없는 경우가 대부분입니다. 그리고 정확하게 어떤 과거의 개인사를 찾아내야 할 필요도 없습니다. 그저 현재 어느 정도 우울한지, 어떤 약물이 적절하게 작용을 할지 결정을 하고, 현재 어떤 환경을 만들어야 하고, 자신이 앞으로 스트레스를 이겨낼 수 있는 환경을 만들 수 있는지가 더 중요합니다.

정신과 치료는 현재와 미래가 중요합니다. 하지만 사람들은 방송매체나 책, 정신과 상담을 통해 자신의 원인을 알아야 자신의 병이 치료된다고 확신하는 경우가 많습니다. 이미 과거는 지나가 버렸습니다. 현재 다리가 부러진 환자에게 어떤 수술방법을 적용하고, 뼈가 붙은 후에 어떤 재활치료를 하고, 앞으로 더 다리를 단단하게 하기 위해 어떤 재활운동을 해야 하는지가 중요한 것과 마찬가집니다.

물론 자신의 성격적인 문제나 자신에 대해 알고 싶은 사람이 있다면 그때는 상담치료를 권해 드리고 싶습니다. 하지만 질병을 치료하는 데 있어서 길고 긴 상담과 그 비싼 상담료를 지불해야 하는지 저는 의문이 듭니다.

물론 정신과 치료를 할 때 상담을 하지 않는 것은 아닙니다. 질병에 대한 교육을 하고, 약물이 어떤 작용을 할 것이며, 앞으로 증세가 좋아질 것이라는 긍정적인 부추김도 환자에게는 크게 도움이 됩니다. 이런 상담을 지지상담이라고 합니다. 이런 상담 정도면 충분한 경우가 대부분입니다.

예전에 강박증으로 우리 의원에 내원하였던 환자가 있었습니다. 환자는 더러움에 대한 강박증이 있어서 손을 하루에도 수십 번 씻고는 했습니다. 환자는 강박증에 대한 약물치료를 통해 강박행동이 많이 좋아졌습니다. 하지만 환자는 자신의 어린 시절에서 자신이 받은 상처를 찾아내고 싶어 했고, 그걸 해결해야 강박증이 좋아진다는 생각을 해서 끊임없이 상담을 원했고, 저도 상담을 오랫동안 해준 적이 있습니다. 하지만 상담시간에 만족하지 않아 환자는 치료를 중단하고 한동안 오지 않았습니다. 그 환자가 2년 만에 내원하였습니다. 환자는 상담치료소에서 심리분석가에게 정신분석을 받아, 어린 시절 가지고 있던 아버지에 대한 공포심이 많이 좋아졌다는 얘기를 했습니다. 그런데 그런 문제가 해결되고 보니 상담의 부작용으로 강박증이 심해졌다는 얘기를 하는 겁니다. 그래서 다시 병원을 찾아왔다는 겁니다. 그래서 환자에게 강박증은 뇌의 세로토닌이 부족해서 생기는 질병으로 상담으로는 좋아지지 않는 질병이라고 설명을 해주었습니다. 그리고 다시 약물치료를 받고 한 달 후 내원해서는 강박증이 많이 좋아졌다는 말을 했습니다. 그제야 환자는 상담으로 치료될 수 있는 것은 자신의 개인적인 문제이지 정신과 질환은 아니라는 것을 알게 된 겁니다. 정신분석의 기원은 그 당시 정신과 약물이 없었기 때문에 정신과 의사들이 할 게 없어서 한 겁니다. 그러니 환자 하나를 붙들고 열심히 상담밖에 할 게 없었던 겁니다. 지금은 뇌의 생물학적 원인도 많이 알게 되었고, 정신질환의 대부분은 뇌의 신경전달물질의 이상이라는 것이 밝혀졌습니다. 따라서 정신과 의사는 내과 의사와 별반 차이가 없다고 할 수 있습니다. 따라서 자신이 정신질환인 우울증, 강박증, 공황장애, 정신분열병, 사회공포증, 불안장애, 불면증 등을 앓고 있다면 일단은 생물학적인 치료를 먼저 하시기 바랍니다. 그리고 그래도 자신이 미진하다고 생각하고 자기 자신에 대해 알고 싶고, 시간도 넘치고 돈도 넘치는 사람이라면 상담치료를 권해드리고 싶습니다.

저도 수련의 기간 중 2년 동안 선배 정신과 의사한테 일주일에 2차례 정신분석을 받은 적이 있습니다. 그런데 2년 동안 도대체 제가 얼마나 좋아졌는지 잘 모르겠습니다. 그 상담이 세월의 효과 때문인지 정말 정신분석의 효과가 있는 것인가 하는 의문이 들었습니다. 차라리 요즘 제가 7~8년 전부터 시작한 위빠사나(Vipasanna) 명상이 제 마음을 안정시키고, 제 문제를 더 잘 보게 하였고, 저를 더 행복하게 만들었다는 생각이 듭니다. 또한 정신분석이나 상담을 1시간씩, 몇 년간 한다고 해서 효과가 있는가에 대한 제대로 된 통계조차 없는 것이 사실입니다. 차라리 명상을 하십시오. 그리고 스스로 자기 자신의 마음의 변화를 보시기 바랍니다. 바쁘고 경제도 안 좋고 힘든 세상에서 언제 장기간 상담을 하고 그 변화를 기대하시겠습니까?

1년 전 공황장애를 앓고 있던 분이 오신 적이 있었습니다. 그분은 에너지가 넘치고 치료에 대한 적극성이 많은 분이었습니다. 그분은 공황장애를 극복하기 위해 4~5년간 정신분석을 했습니다. 하지만 공황장애는 좋아지지 않았고, 여전히 불안 초조에 시달리고 있었습니다. 그런데 약물치료를 시작한지 1달 만에 공황장애 증상은 사라지고, 몇 년 만에 처음으로 행복감을 느낀다는 말을 했습니다. 그분은 열심히 상담을 하지 않아서, 또 자신의 어린 시절 문제가 뿌리가 깊어서 정신분석을 받아도 공황장애가 낫지 않는다고 생각한 겁니다. 그래서 유명한 정신분석가를 전전하면서 상담만 했을 뿐 약물치료는 생각하지 않았습니다. 그러면서 그분이 이런 말을 했습니다. "내가 그 오랜 시간 동안 돈을 들이고 시간을 들인 것이 너무 안타깝다."고 말입니다. 물론 그분이 오랜 기간 동안 분석을 받은 것이 헛수고는 아니었습니다. 그동안 받은 정신분석과 자신에 대한 관찰을 통해 공황장애 증상이 좋아지면서 환자는 그동안의 내공으로 행복감과 만족감을 다른 환자보다 더 많이 느낄 수 있었습니다.

현재 무엇을 할 수 있을까만 생각하기

또한 원인과 결과를 따지게 되면 어떤 환자의 경우 제대로 치료가 되지 않는 경우도 많습니다. 어느 분은 어린 시절 자신의 부모가 자신을 제대로 양육하지 않았기 때문에 자신이 이렇게 불행한 처지가 되었다고 말을 합니다. 그 환자는 30살도 넘었으나 아무것도 하지 않고 그저 부모를 원망하기만 합니다. 자신이 좋은 대학을 못간 것도, 직장에서 제대로 적응을 못하는 것도, 지금 아무런 일을 못하는 것도 모두 부모 탓이라고 생각할 뿐입니다.

그 사람은 원인과 결과라는 함정에 빠진 겁니다. 스무 살이 넘어서의 삶은 자신의 책임입니다. 스무 살 이전은 부모의 영향을 받았을 수 있으나, 스무 살이 넘어서의 삶은 자신이 개척해 나가야 합니다. 그는 자신의 무능함을 모두 어린 시절 부모가 자신에게 저지른 실수 때문이라고 여기며 앞으로 나아가려 하지 않습니다. 그 사람은 평생 나아질 가능성이 없습니다. 원인이 이미 부모의 탓이니 결과는 너무 당연한 것이라고 확신하고 있기 때문입니다.

과거는 이미 지나갔고, 현재 자신이 해야 할 것은 무엇이고, 어떤 것을 해야 하며, 내 힘으로 할 것은 무엇인가 생각을 하지 않으려 합니다. 그는 세상에 나가는 것이 두려워서 원인과 결과만을 탓하며 그 안에서 나오려고 하지 않는 것입니다. 그런 사람들이 의외로 많습니다.

어느 부모도 완벽하지 않습니다. 인간적인 실수도 하고 지나친 자식에 대한 기대도 하며, 자식에게 공부를 강요하고 자신의 꿈을 대리 만족시키길 기대합니다.

하지만 스무 살이 넘어서는 온전히 자신의 삶은 자기 책임입니다. 그걸 잊고 사는 사람들이 너무 많습니다. 과거에 매달려서 그 원인에 집착하고 그 두터운 갑옷 속에 숨어서 아무것도 하지 않으려는 분들을 볼 때마다 저는 안타깝습니다. 여러분은 혹시 이렇게 인과관계에 매달리는 것은 아닌가요? 원인을 안다고 해서 문제가 해결되는 것은 아닙니다. 지금 내가 어디가 아프고, 어디가 문제이고, 어떻게 치료를 받고, 어떻게 미래를 위해 현재 할 것이 무엇인지 생각해야 합니다. 그렇게 해야 우리는 과거의 망령에서 벗어날 수 있습니다.

그러니 너무 인과관계에 연연하지 마십시오. 과거는 이미 지나가 버렸습니다. 현재에 집중하시기 바랍니다. 그리고 집요하게 과거를 파고드는 것이 어떨 때는 상처를 덧나게 하고 치료를 더디게 하는 경우도 많습니다. 인생은 어떨 때는 과거를 덮어두고 가는 게 더 도움이 되는 경우도 많습니다. 하지만 상처를 후벼 파고, 그걸 분석하고, 그걸 해결해야 한다고 생각하는 경우가 많습니다. 모르는 게 약이라는 말도 있습니다. 그러니 원인과 결과에 너무 집착하지 마십시오. 그저 현재만 바라보시기 바랍니다.

3분.
마음 다스리기

7. 마음의 식스팩을 만들자

8. 무엇을 바라니, 그것이 불행이다

9. 달콤한 인생

10. 꽃으로도 때리지 말라

11. 사랑하는 사람의 죽음으로 남겨진 사람들

12. 항상 죽음을 생각하라, 메멘토 모리 (Memento Mori)

마음의 식스팩을 만들자

위빠사나 명상을 오래하다 보면 깨닫는 것이 있습니다. 하루 종일 우리가 얼마나 쓸데없는
생각을 하고 있다는 걸 알게 돼서, 오지 않는 미래에 휩쓸리거나 지나간 과거에 얽매이지
않게 됩니다. 그리고 계속 눈에 띄는 감각에 집중하다 보니 항상 내 마음이 현재에 머물게 됩니다.
지금 내딛는 발의 감각에 집중하고, 내가 지금 하는 생각에 집중하게 됩니다. 우리가
생각하는 것의 대부분은 쓸데없는 생각들뿐입니다. 생각은 적게 하면 할수록 행복해집니다.

이 글은 명상을 먼저 했던 사람의 좌충우돌 경험기라고 보시면 됩니다.

그래서 이 글을 읽으시는 분은 저 같은 시행착오를 겪지 않기를 바라는
마음에서 이 글을 쓰고 있습니다.

제가 명상을 시작한 지는 8~9년 정도 됩니다.

하지만 근기가 약하고, 의외로 다혈질이고, 변덕이 많아, 이리 오래 명상을
했음에도 불구하고 여전히 마음은 좁고, 화를 잘 안 내다가도 일 년에 한두
번은 아주 크게 화를 내고, 작은 일에도 삐칩니다.

그래서 제가 명상에 대한 글은 안 쓰려 했으나, 이런 사람도 명상을 하고
있고, 어느 정도 도움을 받고 있으니 근기가 좋은 분들은 명상을 통해 마음
의 평화를 더 빨리 얻으리라 믿기 때문입니다.

제가 명상을 8~9년 했다고는 하지만, 여전히 범부에 머물고 있어, 이렇게
오랫동안 했다고 말을 하기도 창피합니다.

여전히 작은 일에 심하게 화를 내는 경우도 있습니다. 그리고 친구나 지인에게 실수를 하기도 합니다. 저는 '10년 공부 도로 아미타불이구나.', '이놈의 성질은 명상을 해도 그리 쉽게 잡히는 게 아니구나.' 하고 느끼곤 합니다.

사람에겐 근기라는 것이 있습니다.

좋은 근기를 타고 나면 명상 같은 것 안 해도 됩니다.

성품 자체가 별로 스트레스를 받지 않고, 세상사 다 좋게 보고, 남의 잘못이나 문제도 별로 눈에 거슬리지 않고, 느긋하고, 인생을 하루하루 즐길 줄 아는 성품이 있습니다.

그런 분들은 좋은 유전인자를 타고 난 겁니다. 조상에게, 부모님께 감사하시기 바랍니다.

저는 그렇게 좋은 근기를 타고난 건 아닙니다. 그래서 8~9년 전부터 명상을 하기 시작했습니다.

책을 통해서 명상 시작

처음 명상을 시작했을 때는 어떤 책인지 기억이 안 나는데, 아무 명상 책이나 사서 그대로 했습니다. 그 명상방법은 좋은 경구나 기도문을 암송하는 것입니다. 그러니까 그 책에는 종교를 불문하고 좋은 글들은 다 들어 있었습니다. 불교의 경구도 있었고, 성 프란체스코의 기도문도 들어가고, 주기도문도 들어가고, 좋은 한시 구절도 들어갑니다. 암튼 모든 종교를 막론하고 좋다고 하는 말은 그 명상 책에 다 있습니다. 그리고 눈을 감고 편히 앉아 책에 있는 경구를 암송하는 게 명상하는 법이라고 적혀있었고, 그리했습니다.

원래 제 성격이 한다면 합니다. 한 번 빠지면 끝을 봅니다.

그래서 열심히 명상해서 공중부양까지 해보자는 농담 반 진담 반의 생각으로 시작한 겁니다. 의사들은 공부하는 습성이 남아 있고, 의과대학, 인턴,

레지던트 과정을 거치면서 하면 되더란 것에 익숙해 있습니다.

자는 시간 줄이고, 아침, 새벽으로 열심히 눈감고 암송했습니다.

그러던 어느 날, 1시간 좌선하고 나서, 다리가 저리는데도 불구하고 일어서서 걷다가 발을 헛디디고 말았습니다. 왼쪽 다리가 저리는데도 불구하고 움직였는데, 너무 저리면 감각이 없어지거든요. 그래서 발이 꺾인 것도 모르고 걷다가, 발등뼈 골절을 당했습니다.

그래서 캐스트하고 한 달 반을 보냈습니다.

이게 아닌가 보다 하고 몇 달을 쉬다가, 그래도 마음이 편안해진다고 하니, 다른 명상법을 해보자 하는 생각에 책을 찾다보니, 《가장 손쉬운 깨달음의 길》이란 책을 보게 되었습니다. 책 제목이 아주 마음에 들었습니다.

그래, 쉽게 하자. 어렵게 하지 말고.

그런데 이게 방법은 쉬운데 어렵더란 말입니다.

가장 자신에게 자극을 주는 감각을 그저 주시하라는 거예요. 말은 쉬운데 말입니다. 즉, 안이비설신의(眼耳鼻舌身意). 눈, 귀, 코, 혀, 몸, 마음. 이렇게 우리가 느끼는 감각기관이 있지 않습니까.

그중에서 가장 자신에게 자극을 주는 것을 찾아서 그걸 그냥 마음속으로 주시하고 집중하는 겁니다.

그런데 이게 종잡을 수가 없는 거예요.

아니 지금 내가 보고, 냄새 맡고, 의자에 앉아 있고, 마음은 옛사랑 생각이 나는데 도대체 어느 감각을 골라서 봐야 하는지 알 수가 없는 겁니다.

책 제목은 아주 쉬운데, 이거 정말 어렵다는 생각이 들었습니다.

그리고 그런 감각을 보면 어쩔 건데? 도대체 내가 의자에 앉아있으면 엉덩이가 의자에 닿는 걸 느끼면 뭘 하는데, 걸으면서 왼쪽 발이 땅에 닿는 걸 느끼고, 오른쪽 발이 땅에 닿으면 그걸 느껴서 무슨 도움이 되는가 하는 의문을 가진 채 계속했습니다.

아! 그래서 어쩌라고? 뭐가 달라지는 건데, 이렇게 하면서 혼자서 투덜거리곤 했습니다. 아주 헷갈리는 수행방법입니다.

이게 바로 위빠사나 수행방식이었습니다.

이는 우리가 폄하하는 소승불교, 즉 저만 잘해서 부처된다는 남방불교, 상좌불교의 수행방식입니다.

우리나라 불교는 대승불교라고 해서 중국을 거쳐서 온 불교입니다. 대승은 큰 수레에 우리 모두 타고 같이 부처되자는 겁니다. 그리고 선문답이라고 하죠. 참선을 주로 합니다.

위빠사나는 빨리어인데 위는 분리하다, 떼어놓다, 빠사나는 관찰하다는 뜻입니다.

위빠사나는 분리해서 알아차리다, 이런 뜻입니다.

사람들이 착각하고 있는 게 있습니다. 불교를 종교라고 생각하는데, 불교는 종교가 아닙니다. 고도의 심리학입니다.

2,500년 전, 인도를 생각해봅시다.

지금도 인도는 어려운 지경입니다. 하지만 그 옛날에는 생지옥과 다를 바 없었을 겁니다.

그 당시 아마 10명의 아이를 낳았으면 9명은 굶어죽거나, 병들어 죽거나, 사고로 죽었을 겁니다.

또한 잦은 전쟁으로 인해 언제 도적떼들이 몰려와서 자기 가족들을 죽이고 식량을 약탈했을지 모릅니다. 전염병은 다반사고, 이런저런 질병으로 인해 수많은 사람들이 죽어가는 걸 지켜봤을 거고요.

그런 상황에서 미치지 않으면 이상한 거 아닐까요?

자식이 병들어 죽어가고, 굶어 죽는 거 지켜보고, 멀쩡한 남편이 전염병에 죽고, 전쟁에 나가서 죽거나 심하게 다쳐서 돌아오고, 생지옥도 이런 생지옥이 없었을 겁니다.

이런 마음의 고통을 덜어보고자 만든 게 불교입니다. 수행해서 이런 인생의 고통을 좀 적게 느껴보자, 그래서 좀 더 수행을 많이 하면 부처님도 사람이었는데도 불구하고 고통을 안 느낄 정도까지 되었으니, 우리들도 부처님이 가르친 방법대로 하면 생로병사의 고통에서 벗어나 자유롭게 될 것이라는 게 불교입니다.

위빠사나 명상과 비슷한 인지치료

위빠사나 명상을 불교의 한 의식으로 보지 마시고, 수많은 명상방법 중의 하나라고 보시면 됩니다.

위빠사나 명상을 수련하시는 수녀님이나 신부님도 계십니다. 위빠사나 명상 자체에는 불교 교리가 들어가지도 않고 부처님 믿으란 말도 없거든요.

위빠사나 명상은 요즘 말로 하면 인지치료에 해당합니다. 사람의 생각이 감정을 이끈다는 게 인지치료의 기본입니다. 예를 들어 일주일 전 회사에서 해고당했을 때만 해도 해고당했다는 생각으로 죽을 것 같고, 자살하고 싶다가도 오늘 더 좋은 직장에 취직해서 더 많은 월급을 받게 됐더니 기분이 좋아지더란 말입니다.

그러니 생각을 바꾸면 기분도 달라지니까, 생각을 바꾸는 훈련을 하자는 겁니다.

그중에 대표적인 것이 셀프토크(Self Talk), 즉 혼잣말로 대꾸하기란 것이 있습니다.

수첩을 가지고 다니면서, 자기가 부정적인 생각을 할 때마다 씁니다. 그리고 거기에 대꾸하는 말을 쓰는 거죠. 예를 들어 오늘 아침 늦게 일어나 지각을 했습니다. 그때 "나는 도대체 제대로 하는 게 없냐? 이 멍청아!" 이런 생각이 들었다고 합시다. 그럼 그걸 수첩에 적었다가, 나는 오늘 지각을 한 것에 불과하고, 누구나 지각을 할 수 있으며, 그렇다고 해서 내가 인생의 패배자도 아니고, 바보 멍청이는 아니다. 이렇게 함으로써 자기가 자동적으로 떠오르는 부정적인 생각을 찾아내서 긍정적인 생각으로 바꾸는 거죠.

위빠사나 명상이 2,500년 전에 만들어졌음에도 불구하고 이런 인지치료와 비슷합니다. 예를 들어 아까 똑 같은 상황에서 지각을 했을 때 '이 멍청이, 지각이나 하고, 난 정말 아무 짝에도 쓸모없어.' 이런 생각이 들었다고 합시다. 그러면 얼른 그 생각을 내가 주시합니다. 인지치료에서는 이때 말대꾸를 하죠. 나는 절대 멍청이가 아냐, 난 그저 한 번 지각했을 뿐이야.

그런데 위빠사나 명상은 그냥 그 생각을 지켜보기만 합니다. 그것이 사라질 때까지 말입니다.

그렇게 뚫어지게 자기 생각을 지켜보다 보면 어느 순간, 그 생각이 사라지게 됩니다.

그리고 또 다른 생각이 떠오르면 그 생각을 주시하고요.

이렇게 자꾸 생각을 알아차리다 보면 첫째, 내가 얼마나 쓸데없는 생각을 많이 하는지 알게 됩니다. 둘째, 그 생각에 휘둘려서 내 감정이 얼마나 많이 널뛰고 있는지 알게 되고, 내가 얼마나 미래에 대해 걱정을 많이 하고, 지나간 과거에 매달려서 그걸 떠올리고는 분노하고 속상해 하는지 알게 됩니다.

그래서 위빠사나 명상의 화두는 '보면 사라진다.'입니다.

위빠사나 명상도 좌선을 합니다.

가부좌를 틀지 않고, 그냥 편한 자세로 앉아서 대개 숨을 들여다봅니다.

숨을 들이쉴 때 배가 불러오는 느낌을 주시하고, 숨을 내쉴 때 배가 들어가는 느낌만을 봅니다.

당신의 생각이 당신을 속이고 있다

그러다가 갑자기 어제 아내랑 대판 싸웠던 게 생각이 납니다. 그러면 그 생각으로 옮아가서 어제 아내랑 싸웠던 생각을 주시합니다. 그 생각이 없어질 때까지 말이죠.

그러다가 그 생각이 없어지면, 다시 배로 돌아옵니다.

그러다가 좌선을 오래 하면 다리가 저리거든요, 그리고 아파옵니다. 여기서 제일 나를 자극하는 감각은 바로 다리가 아픈 거죠. 그래서 다리가 아픈 것을 주시합니다. 그러면 다리가 아픈 게 그냥 아픈 게 아니라 통증이 올라왔다 내려왔다, 통증이 이리저리 퍼져나가고, 암튼 통증이 어떻게 변화되는지 봅니다.

처음 위빠사나를 하면, 통증을 이기지 못하고 그만두는데 오래 수행하다 보면, 그 통증을 계속 주시하면 실제로 통증이 사라집니다. 아주 신기하게도 말입니다.

그래서 통증이 사라지면 다시 배로 돌아옵니다.

위빠사나 명상은 좌선만 하지 않습니다. 걸으면서 하는 명상을 경행이라고 하는데, 걸어갈 때도 왼발을 디디면서 땅에 닿는 느낌에 집중하고, 오른발을 디디면서 땅에 닿는 것을 느끼는 겁니다.

이런 경행 말고 위빠사나는 하루 일과 자체가 수행입니다. 진료를 볼 때도, 환자가 생트집을 잡을 때도 내 마음속에 일어나는 화나는 감정을 들여다봅니다. 그리고 '화남, 화남' 하고 그 감각에 집중하기 위해 속으로 말을 하기도 합니다.

그래서 위빠사나는 아침에 눈을 뜨고 자기 전까지 하루 종일 하는 겁니다. 아침에 일어나자마자 이불의 감촉을 느끼고, 그리고 욕실로 가서 이를 닦을 때 칫솔이 잇몸이나 이에 닿는 느낌을 보고, 차를 탈 때 차의 시트감촉을 느끼고, 운전을 하면서도 떠오르는 생각이 있다면 그 생각을 주시하고,

갑자기 차가 끼어들어서 화가 나면, '화남, 화남' 하면서 화나는 감정을 들여다봅니다. 이렇게 위빠사나는 좌선뿐 아니라 일상에서도 가능합니다.

제가 좋아진 점은 운전하면서 화가 나더라도 '화남, 화남' 하면서 화나는 감정을 들여다보면, 그 감정이 없어진 점입니다. 그래서 운전하면서 불쾌한 감정이 들더라도 금방 없어지게 되었고, 지금은 이제 거의 화도 나지 않습니다.

위빠사나 명상을 오래 하다 보면 깨닫는 것이 있습니다. 하루 종일 우리가 얼마나 쓸데없는 생각을 하고 있다는 걸 알게 돼서, 오지 않는 미래에 휩쓸리거나 지나간 과거에 얽매이지 않게 됩니다.

그리고 계속 눈에 띄는 감각에 집중하다 보니 항상 내 마음이 현재에 머물게 됩니다. 지금 내딛는 발의 감각에 집중하고, 내가 지금 하는 생각에 집중하게 됩니다. 우리가 생각하는 것의 대부분은 쓸데없는 생각들뿐입니다. 생각은 적게 하면 할수록 행복해집니다.

그리고 자신의 생각이 조건에 따라 얼마나 변덕스럽게 변하는지도 알게 되고, 그동안 그 변덕스런 생각에 휩쓸려서 내 감정이 얼마나 좋았다 나빴다 반복했던가를 알게 됩니다.

제가 위빠사나를 하게 되면서 환자를 보는 스트레스가 엄청 줄었습니다.

제가 개업하고 4년까지는 의사를 그만두고 다른 일을 해볼까 이런저런 궁리를 많이 했습니다. 하루 종일 환자랑 상담하고, 좁은 진료실에 갇혀서 사는 게 너무 답답해서 그랬습니다.

그리고 환자를 보게 되면 짜증도 많이 났습니다.

아무튼 8~9년 명상을 하다 보니, 이제는 진료 볼 때 스트레스가 적고, 제가 매일매일 진료를 할 때마다 보람을 느끼니, 즐겁습니다.

그리고 안 좋은 생각이 들거나 미래에 대한 걱정거리가 올라오면 그냥 쓱 주시합니다. '또 내가 쓸데없는 생각이 드는구나.' 하고 말입니다. 그러면 그

당신의 생각이 당신을 속이고 있다

생각이 없어집니다.

그리고 이제 조금 알게 된 사실이 있습니다.

내 몸도, 내 마음도, 내 것이 아니란 겁니다.

내 것이라고 생각했던 내 몸도 세월에 따라 늙어가고, 병들고, 어찌 내가 조절해 볼 도리가 없는 겁니다. 그런데 그게 뭐가 내 것입니까?

마음도 시시때때로 이런저런 생각들이 떠오르는데 뭐가 내 것입니까. 내 것이라면 내가 원하는 것만 생각나야 되는데 말입니다.

그저 내 마음도, 내 몸도, 내 것이 아니니 그저 주시할 따름입니다. 그저 지켜볼 따름입니다. 그렇게 내 몸도 내 것이 아니고, 내 마음도 내 것이 아니라는 생각이 드니 집착이 적어지더란 말입니다.

그러니 몸이 아프면 아픈 대로, 남이 아픈 것처럼 생각되죠. 어찌 내가 할 수 없는 부분인데 아프다보면 나을 때도 있을 거고, 아프면 아픈 대로 같이 가는 거고, 안 좋고 고통스런 생각 떠오르면, 이것도 내 마음대로 떠오른 게 아닌데 그저 지켜 볼 뿐이라고 생각합니다. '왜 이런 생각이 드는 거야, 왜 나는 이런 생각을 해서 나를 괴롭히지?'라고 자책을 안 하게 돼서 좋더란 말입니다.

사실 명상을 하면서 어떤 희열을 느끼거나, 마음속에서 밝은 빛이 비추면서 모든 것이 다 해결되는 그런 충만감을 기대하신다면 실망하실 겁니다.

명상은 마치 조미료 없는 음식을 먹는 느낌입니다. 우리가 조미료에 길들여져서 조미료가 안 들어간 음식을 먹으면 맛이 없고, 혀끝에 딱 달라붙는 감칠맛이 안 나서 음식 맛이 없습니다.

명상도 마찬가집니다. 명상은 꿀을 바른 음식이나 과자가 아니라, 그저 반찬 없이 밥을 먹는다는 표현이 딱 맞을 겁니다. 그냥 아무 맛도 없는 밥이 씹으면 씹을수록 점점 그 맛이 느껴지는, 그 심심함 맛의 묘미 말입니다.

그 재미가 쏠쏠합니다.

자극에 길들여지면 마음은 지쳐간다

우리는 얼마나 자극을 찾아서 살았습니까. 한시도 우리는 자극이 없이는 살지 못합니다.

조금의 빈틈이 생기면 핸드폰 꺼내서 게임하고, 배고프면 맛있는 것 찾으러 다니고, 또 조금 여유가 되면 외국으로 여행 다니고, 또 시간되면 골프치고, 친구들끼리 모여 산에 갔다가 내려오면서 술 한잔하고, 집에서도 TV를 켜놓지 않으면 허전해서 죽을 지경입니다.

이렇게 자극에 길들여져서 우리의 마음은 지쳐갑니다.

명상은 한 마디로 그 시간동안은 마음을 내려놓고, 마음을 쉬게 하는 것입니다. 하루 종일 이런저런 생각으로 지칠 대로 지친 마음, 쉬게 하는 시간입니다.

그리고 한동안 명상하면서 '언제 성불하나? 아라한은커녕 수다원(須陀洹)이라도 언제나 되나?' 생각했습니다.

그러다가 이건 무슨 대학입시도 아니고, 입사시험이나 승진시험도 아닌 게 명상인데, 빨리 명상을 해서 내가 좀 더 나은 단계로 나아가려고 지나치게 애썼다는 생각이 들었습니다.

이제는 그런 생각 버렸습니다.

명상하는 동안은 내가 부처요, 예수님의 마음이 된다는 걸 알게 됐습니다.

하루 몇 십분 동안이지만 내 안에 존재하는 신성과 만나는 시간만으로 족하지, 어찌 명상의 단계를 자꾸 높여서 계급장 달듯이 하지 않겠다는 생각입니다.

그리고 환자가 없는 시간에는 틈틈이 그냥 배의 호흡을 보고 있으면, 시간 가는 줄 모릅니다.

그래서 전에는 퇴근시간만 기다리고 있었으나, 지금은 진료가 끝날 시간까지 그리 지루하지 않습니다.

저는 지금 생활이 아주 단순해졌습니다.

거의 모든 모임은 가지 않고, 술은 거의 마시지 않고, 여름에는 새벽에 자전거를 타고, 가을에는 병원 뒤의 산을 다닙니다.

저는 지금의 삶이 만족스럽습니다.

그냥 심심한 삶이 저는 좋습니다.

친구들은 저한테 골프를 치라고 합니다. 나이 들어 할 거 없다고 합니다.

나이 들어 할 게 저는 너무나 많습니다. 하루 종일 명상을 하는 것만으로도 시간이 모자랍니다.

머리에 붙은 불을 끄듯이, 가슴에 꽂힌 창을 뽑듯이 급하게 서둘러야 된다고 합니다.

그렇습니다. 시간은 많지 않습니다. 하루하루 지나는 시간은 너무나 빨리 흘러가고, 우리가 명상을 통해 인생의 진리를 깨닫기에는 시간이 너무나 짧습니다.

8.

무엇을 바라니, 그것이 불행이다

우리네 인생은 바라고, 바라고 또 바라는 것의 연속입니다.
도대체 우리의 바람은 언제나 끝날까요? 그렇게 바라고 바라면서,
"꿈은 이루어진다." 하면서 우리네 인생은 계속 다람쥐 쳇바퀴 돌 듯 바라는 것만 쫓아가기만 합니다.
그런데 가만히 생각해 보면 우리의 바람이 사실은 고통이란 걸 우리는 모릅니다.

우리는 세상에 태어나면서 항상 뭔가를 바라면서 살았습니다. 초등학교에 들어가면 중학교에 들어갈 날을, 중학생은 고등학생이 되기를, 고등학생은 지긋지긋한 입시를 빨리 벗어나서 대학에 들어가기를 바라면서 살았습니다.

거기서 끝인 줄 알았는데 이제 회사에 들어가야 합니다. 치열하게 입사시험 준비를 하거나 공무원시험 준비를 하고, 낙타가 바늘구멍 들어가기보다 어렵다는 임용시험, 사법고시, 행정고시, 대기업 입사시험 등 항상 뭔가 바라면서 지냈습니다.

끊임없이 이어지는 '바라는 것'

이제 간신히 사법연수원에 들어간 사람도 있고, 대기업의 신입사원이 돼서 다 이룬 것 같아 보입니다.

그런데 이제 남자들은 장가갈 집을 마련해야 합니다. 그래서 개미처럼 열

심히 일해서 전세라도 마련할 바람을 갖습니다.

그리고 또한 좋은 배우자를 만나기를 바랍니다.

아니면 사랑하는 사람을 만나기를 바라겠죠. 남녀 모두 정말 마음에 드는 짝을 만나길 원합니다.

그런데 그게 쉽지가 않습니다. 마음에 드는 상대가 눈에 띄면 그는 또는 그녀는 애인이 있거나 이미 결혼을 한 상태입니다.

그러니 허탈함이 더욱 커집니다.

그래도 열심히 소개팅도 하고, 심지어 결혼정보회사에 등록을 해서 짝을 찾아 나섭니다.

어렵사리 사랑하는 사람과 만났다 칩시다. 거기서 끝나는 게 아니더란 말입니다.

남자는 사랑하는 여자를 만나면 모든 것이 다 해결되고 불행 끝, 행복시작이라 생각했고, 여자도 마찬가집니다.

그런데 정말 마음에 드는 짝을 만나고 보니 이런저런 다툼이 생기더란 말입니다. 자신을 자주 만나지 않는다고 성질을 부리고, 연락을 자주 안한다고 삐치고, 또 다른 남자를 만나는 것 아니냐고 휴대전화를 뒤지기도 하고, 다른 남자와 눈길 한번 마주치는 것도 못하게 합니다.

그래서 어찌어찌해서 결혼을 하기로 마음을 먹었습니다.

그런데 상대방 집안에서 반대를 하는 겁니다. 남자의 학력이 너무 떨어진다고 하기도 하고, 또는 남자 집안이 별로 넉넉지 않아서, 아니면 큰아들에 홀어머니라서 싫다고 합니다.

한편 남자 쪽에서는 며느리 될 여자가 지나치게 사치를 부리는 것 같다거나, 외모가 너무 마음에 안 든다거나, 여자도 돈을 벌어야 하는데 직업이 변변치 않다고 반대를 하기도 합니다.

그런 난관을 뚫고 결혼을 했습니다.

이제 작은 전셋집에서 결혼생활을 시작했는데, 이제 본격적으로 집장만을 해야 합니다. 둘이 열심히 벌어서 작은 아파트라도 자기 집이 생기기를 바랍니다.

그렇지만 아기도 낳아야 합니다. 아기가 태어났을 때는 눈물을 글썽이며 좋아했는데, 이제 둘이 맞벌이를 하다 보니 어린이 집에 보내야 하고 쏠쏠하게 교육비가 듭니다. 남들 하는 것 다 하고 살아야 하니, 조기 영어교육도 시켜봅니다. 그러다 보니 집장만 하는 건 난감한 게 현실입니다. 아이가 생기니 돈이 모이지를 않는 겁니다.

남편은 친구들과의 술자리도 피해가면서, 또 도시락까지 싸가지고 다니면서 돈을 모읍니다. 아내도 마찬가지고요.

그래서 결혼 10년 만에 서울 외곽에 집을 장만했습니다.

부부는 아파트로 이사 가던 날 밤 껴안고 눈물을 흘렸습니다. 정말 힘든 나날이었고, 먹고 싶은 거, 입고 싶은 거, 사고 싶은 거 참으면서 지낸 10년이었기 때문입니다.

자, 이제 더 이상 바랄 게 없을 것 같습니다. 이제 꿈을 다 이루었으니까요. 꿈은 이루어진다더니 꿈을 꾸니 다 이루어진 겁니다.

그렇지만 여기서 우리의 바람은 끝나지 않습니다.

이제 집도 장만했으니 바랄 게 없을 것 같습니다. 하지만 여전히 바랄 것은 너무나 많이 남아 있습니다.

이제 집장만하고 둘러보니 누구 애는 공부를 잘해서 반에서 1등을 한다더라, 누구 애는 초등학교 때 외국으로 유학을 보내서 영어를 잘한다더라, 친척 누구네 아들은 이번에 서울대에 합격했다더라 하는 이야기가 들립니다.

이제 두 아이의 교육에 전념을 하기 시작합니다.

바람은 이제 자식이 명문대학에 합격하는 겁니다.

그래서 초등학교부터 열심히 이 학원, 저 학원으로 보냅니다. 성적이 별로 올라가지 않을라치면, 또는 누가 어느 학원이 잘 가르친다는 얘기를 하면 당장 학원을 바꿔 버립니다.

그리고 이제 글로벌 시대니 빚을 내서라도 초등학교 때 두 달이라도 외국에 보내봅니다.

아이는 초등학교 때부터 아침에 학교에 가서는 저녁때야 돼서 들어옵니다. 목표는 명문대 합격입니다. 그렇게 고등학교까지 물심양면 아이를 위해 희생합니다. 노후걱정을 할 틈도 없고, 할 수도 없습니다.

아이들 교육비에 모든 월급이 다 들어가니 저축이란 상상도 할 수 없습니다.

그런데 아이의 성적은 그리 좋은 편이 아닙니다. 분명 초등학교 다닐 때는 천재라고 생각했는데, 아이의 성적은 그저 그렇습니다.

마음에 들지는 않지만 점수에 맞춰서 대학에 보냈습니다.

이제 대학에 들어갔으니 한숨 놓을 즈음에 또 주변을 둘러보니, 대학 졸업하고도 노는 젊은이들이 많은 겁니다.

이제 바람은 하나 밖에 없습니다. 자식이 번듯한 직장에 들어가는 겁니다. 그래서 대학교에 다니는 아이 붙들고 열심히 영어공부해서 토플점수도 높이고, 필요하면 자격증도 따놓으라고 닦달합니다.

자, 여기서 바람이 끝날까요?

이제 자식이 좋은 배우자감을 만나야 하고, 그 다음엔 손자들이 공부를 잘해서 좋은 대학에 가야 합니다.

그리고 부랴부랴 뒤늦은 감이 있지만, 노후를 준비해야 합니다. 돈 10억만 있다면 부러울 것이 없을 것 같습니다. 아껴서 쓰면 노후걱정은 안 해도 될 것 같은데 돈은 모아 놓은 것이 없습니다.

이제 정년도 얼마 남지 않았는데 그 큰돈을 모을 방법은 없습니다. 단지 회사에서 잘리지 않는 것만 바랄 뿐입니다.

　노년엔 자식들에게 신세지지 않고, 고통스럽지 않게 죽는 게 우리의 바람일 것입니다.

　치매나 중풍에 걸리면 어쩌나 하는 걱정이 들고 그렇게 되면 자식들에게 폐를 끼칠까봐 두렵습니다.

'뭘 바라니까 고통입니다'

　자, 이렇게 우리네 인생은 바라고, 바라고 또 바라는 것의 연속입니다.

　도대체 우리의 바람은 언제나 끝날까요?

　그렇게 바라고 바라면서, "꿈은 이루어진다." 하면서 우리네 인생은 계속 다람쥐 쳇바퀴 돌 듯 바라는 것만 쫓아갑니다.

　그런데 가만히 생각해 보면 우리의 바람이 사실은 고통이란 걸 우리는 모릅니다. 바라는 것이 이루어지면 행복할 거라고만 생각합니다.

　그런데 바라기 때문에 우리는 고통을 받습니다.

　또 바라는 것이 이루어진다고 해도 우리는 고통을 받습니다.

　우리는 바라는 것이 이루어진다면, 또 그걸 바라는 과정에서 고통이 있다는 걸 생각해 본 적이 없습니다.

　하지만 '뭘 바라니까 고통입니다.' 예를 들어 한 수험생이 명문대에 가고 싶다고 합시다. 그는 바라는 순간부터 '거기에 가지 못하면 어떻게 하나.' 하는 걱정에 휩싸입니다. 성적이 조금이라도 떨어질라치면 금방 절망감에 사로잡힙니다. '내가 바라는 게 이루어지지 못하는구나.' 하고 속상해 합니다. 그래서 수능시험 보는 날 자살하는 학생들이 생기는 겁니다. 자신이 원하던 대로 시험을 잘 보지 못하는 데서 생긴 겁니다. 그게 인생의 최대목표이고, 그것이 이루어지지 않는다면 자신은 아무것도 아니라고 생각하기 때문에 시험을 망치면 자기 인생 끝났다고 생각하고 자살을 하는 겁니다.

이런 경우는 대기업에 입사하고 싶은 대학생들도 마찬가집니다. 번듯한 직장에서 사회생활을 하고 싶은데 그게 여의치가 않습니다. 오로지 인생의 목표는 대기업에 취업하는 겁니다. 다른 건 보이지도 않습니다. 그러니 토플이나 토익점수가 자기가 목표하는 점수에 미달하면 인생 다 끝난 것 같고 희망이 없어 보입니다.

현대 사회에서 찬양하는 이성간의 사랑도 마찬가집니다.

이성간의 사랑을 숭배한 것은 몇 백 년도 안 된 일입니다. 낭만적인 사랑은 어떻게 보면 방송매체가 만들어낸 허구입니다.

그전에는 그냥 나이가 들면 집안끼리 약속하고는 결혼을 시켰습니다.

하지만 2~3백 년 전부터 낭만적인 사조가 들어오면서 이성간의 사랑은 지나치게 부각되었고, 신성시하게 되었습니다.

이성간의 사랑이 이렇게 숭고하고 위대하고 인생에서 가장 중대한 문제로 대두된 것은 현대사회가 처음입니다.

그래서 사랑하는 사람을 위해서 목숨을 바칠 수 있고, 사랑하는 사람을 위해서라면 모든 것을 다 주어야 한다고 생각합니다. 그리고 영화나 드라마 그리고 소설책 등에서 그런 낭만적인 사랑을 유포하고 있습니다.

그래서 젊은이들은 사랑을 위해서라면, 특히 남자들은 물불 가리지 않게 되었습니다. 그런데 그게 우리가 어린 시절부터 받아들였던 문화적인 영향이란 걸 아는 사람은 드뭅니다. 사랑도 이러이러해야 한다고 주입되었다는 걸 모르고 우리는 살아왔습니다.

그래요. 자신이 사랑하는 사람을 만나면 참 행복할 것 같습니다. 하지만 그게 또 얼마나 고통입니까? 사랑하는 사람을 못 봐서 고통이고, 그 사람이 자기 마음을 몰라줘서 또 고통입니다. 사랑하는 사람이 다른 사람을 사랑하니 절망입니다.

사랑하는 사람과 만났다고 하더라도 성격이 안 맞아 고통입니다. 사귀고 보니 취향이 너무 다른 겁니다. 지나치게 자신에게 많은 선물을 요구하기도 하고, 자기 마음대로 연락을 끊어버리기도 하고, 또 다른 남자에게 눈을 돌리기도 합니다.

그리고 사랑을 하니 가장 큰 고통은 사랑의 배신입니다. 분명 사랑하면 다 행복할 줄 알았는데, 상대방이 다른 사람을 몰래 만나는 겁니다. 절망도 그런 절망이 없습니다. 그래서 신문에서 종종 일어나는 치정에 얽힌 살인도 벌어집니다.

사랑하니 행복하던가요? 사랑하니 이렇게 고통스럽습니다.

우리가 그렇게 좋아하는 돈을 많이 버는 게 모든 사람의 바람입니다. 하지만 돈을 많이 벌고 보니, 참 허무합니다. 돈이 많으면 행복할 줄 알았는데, 그냥 공허하기만 합니다, 그동안 돈 버느라 고생고생 했는데, 가지고 있으니 더 많은 돈을 바라게 됩니다.

10억 벌었더니 이게 양에 차지 않습니다. 20억은 있어야 이제 마음이 놓일 것 같습니다. 그래야 자식들 집이라도 조그만 것 사주고 노후가 완벽해질 것 같습니다.

그런데 20억 벌어보니 그래도 아쉽습니다. 자식들이 제대로 살지 못해 사업 밑천이라도 대줘야 할 판입니다.

그리고 자식들은 부모 재산 믿고 일할 생각도 하지 않고 써대기만 합니다.

그렇게 바라던 게 이루어졌는데도 도대체 만족스럽지가 않고, 항상 돈이 모자란 것 같아 고통스럽고, 돈을 더 벌어야 하니 몸이 피곤합니다.

나이 들어가니 자식들끼리 서로 유산을 많이 차지하려고 벌써부터 싸움질 하기 시작합니다. 그 꼴을 보자니 속이 뒤집힙니다.

당신의 생각이 당신을 속이고 있다

도대체 바라던 대로 되었는데도 고통스럽기만 하니 인생이 도대체 뭔지 잘 모를 뿐입니다.

집착만 안 해도 행복해질 수 있다

자, 이렇게 우리는 바라기만 하고 살았습니다. 물론 바라지 않고 우리가 살 수는 없습니다. 그런데 바라는 것의 이면에는 고통이 자리 잡고 있다는 것도 잊지 마시라는 겁니다.

바라는 것이 되지 않아 행복해질 수도 있다는 겁니다. 돈을 적게 벌어 집안이 화목한 경우도 있습니다. 자신이 사랑하던 사람과 결혼하지 않아 자신의 성격과 잘 맞는 사람과 결혼할 수도 있습니다.

또한 명문대에 가지 못해 도리어 눈높이를 낮추다 보니, 어떤 직장이든 가리지 않고 살다보니 생활력이 강해질 수도 있습니다. 이게 바로 인생입니다.

바라는 것이야 어찌할 수 없지만, 무엇이든 집착은 하지 말자는 겁니다. 내가 바라는 것이 되지 않아도 우린 살 수 있습니다. 거기에 목숨 걸지는 말자는 겁니다. 인생 바라는 대로 다 이루어지면 인생 재미없잖아요. 그냥 집착하지 말고 내가 바라던 대로 살되, 항상 제가 말씀드리지만 현재는 놓치지 말자는 겁니다.

우리가 지나치게 바라기만 하면 항상 눈은 미래에 가있습니다.

우리가 택시를 타고 약속장소에 가고 있다고 합시다. 그런데 택시 안에서 발을 동동 구릅니다. 그 시간동안 그 사람은 약속장소에 가는 것만 생각합니다. 다른 생각은 아예 들지도 않습니다. 그런 시간에도 택시 안에서 창밖 풍경도 좀 보고, 라디오에서 흘러나오는 음악도 듣고, 가는 여정을 즐기라는 겁니다.

항상 바라기만 하면 언제 현재를 살아보냐는 겁니다. 이렇게 바라기만 하면, 미래만 쳐다보면 현재는 아무것도 없게 됩니다. 행복한 것은 지금 현재뿐인데 말입니다.

그래서 어디 휴양지에 놀러가서도 여전히 휴대전화나 컴퓨터를 끼고 앉아 휴가 뒤에 해야 할 일을 상의하거나 미리 계획합니다. 항상 바라는 게 있어서 그런 겁니다.

그래서 이제 그만 좀 바라고, 현재를 즐기자는 겁니다.

현재의 양을 늘리는 사람이야말로 가장 행복한 사람입니다.

항상 우리는 바라기만 합니다. 이제 그만 바랍시다.

당신의 생각이 당신을 속이고 있다

9

달콤한 인생

인생이란 이런저런 안 좋은 일들이 있을 수 있고, 그것은 누구에게나 닥칠 수 있으며,
그럼에도 불구하고 우리는 인생을 살아가야만 한다는 것, 이것이 바로 진리입니다.
우리 인생은 깨지면 깨질수록 많은 것을 배우게 됩니다. 인생은 참 혹독하고 가혹한 선생님입니다.
무자비하게 몰아치고 혼내주고 벌을 주면서 우리에게 인생의 진리를 깨닫게 해줍니다.

김지운 감독의 〈달콤한 인생〉이란 영화가 있습니다. 거기서 이병헌은 조폭 두목인 김영철의 오른팔입니다. 이병헌은 김영철을 위해 충성을 다합니다. 그는 충직한 하인으로 아무런 불평 없이 김영철을 위해 자신의 인생을 바쳤다고 해도 과언이 아닙니다.

하지만 김영철은 이병헌을 죽이라는 지시를 내리게 되고, 이병헌은 땅속에 파묻혔다 간신히 탈출합니다. 그리고 자신의 두목이자 아버지와 같은 존재인 김영철에게 복수를 시작합니다. 그렇게 해서 이병헌과 김영철은 영화의 후반부에 마주칩니다. 이병헌은 김영철에게 권총을 겨누면서 이런 말을 합니다. "왜 그러셨어요, 나한테 왜 그러셨냐구요." 그러자 김영철은 "너는 나의 자존심을 건드렸어." 이렇게 얘기합니다. 그리고 이병헌은 방아쇠를 당겨 자신의 두목인 김영철을 죽입니다. 이병헌도 결국 죽게 되죠.

이 영화는 〈달콤한 인생〉이란 제목과는 달리 비극적인 인생으로 막을 내

립니다.

인생은 대처의 영역

우리 모두 달콤한 인생을 꿈꿉니다. 또한 행복한 인생을 꿈꿉니다. 영화 〈달콤한 인생〉처럼 우리 인생은 달콤하지 않습니다. 도리어 씁쓸한 인생이고 고통스런 인생입니다. 하지만 사람들은 그걸 인정하지 않기 때문에 더욱 더 인생이 비참하고 불행하게 됩니다. 자, 인생이 왜 달콤하지 않은지 살펴봅시다.

우리는 몸을 가지고 태어납니다. 하지만 몸은 병의 먹이일 뿐입니다. 천진난만한 어린이가 소아암으로 고생을 하는가 하면, 대수술만 4~5번 이상 한 사람도 있습니다. 한쪽 유방암을 치료하고 나서 이제 완치됐다고 생각했는데 10년 후에 다른 쪽 유방까지 암에 걸린 사람도 있습니다. 저의 셋째 누님만 보더라도 한동안 허리 디스크가 있어 칼로 찌르는 듯한 고통 때문에 몇 달간 잠을 못자다가 수술을 해서 통증은 좋아졌지만, 여전히 허리가 좋지는 않습니다. 그리고 자궁근종으로 몇 년 동안 하혈을 하다가 하는 수 없이 재작년에 수술을 하게 되었습니다. 그래서 한시름 놓나 했더니 방광에 문제가 있어서 요즘 검사 중입니다. 몸이 있기 때문에 병은 자연스럽게 깃드는 법입니다. 그런데 우리는 조금만 아파도 짜증을 냅니다. '왜 자꾸 몸이 아픈 거야, 왜 나는 이렇게 남들보다 건강하지 못한 거야, 남들은 멀쩡하게 잘 지내는데 나는 왜 암이 생긴 거야.' 하고 말입니다. 하지만 몸은 내 것이 아닙니다.

내 것인 것 같지만 자기 멋대로 아프고, 병에 걸리고, 몸은 쇠약해지고, 늙어가면서 제대로 걸음도 못 걷게 되어서 나중에는 몸져눕게 됩니다. 그리고 치매까지 와서는 가족까지 못 알아보고 대소변도 못 가릴 정도가 됩니다. 내 몸이 내 것이라면 이런 일은 없겠죠. 내 것이라면 내가 조절하고 내가 통제할 수 있어야 합니다. 하지만 몸은 자기 멋대로 아프고, 늙어가고, 우리는 죽게 됩니다.

얼마 전 제가 감기에 걸렸습니다. 그래서 짜증이 나는 겁니다. 그럼 일요일에 자전거를 못타는데 황금 같은 주말을 집에서 쉬어야 한다고 생각하니 화가 난 거죠.

그런데 '아참! 몸은 내 것이 아니지.' 그냥 자기 멋대로 흘러가고 병도 걸리는 건데, 내가 통제할 수 있다고 잠깐 생각했던 겁니다. 그래서 아프니 언젠가는 나아지겠지 하고 생각했습니다. 그리고 '자전거 타고 한강을 신나게 달려야 겠다.'는 생각을 포기하고 나니, 짜증도 없어졌습니다. 누워서 밀린 책이나 보고, 영화나 실컷 보자고 생각했습니다.

몸이 아프다고 해서 짜증내지 마십시오. 그놈은 그냥 그렇게 자기 마음대로 움직일 뿐입니다. 아프면 아픈 대로 거기에 맞춰서 사는 수밖에 없습니다. 아픈 걸 가지고 자꾸 짜증을 내고, 왜 내 인생은 이 지경이냐, 나는 왜 맨날 몸이 아프냐, 몸이 아픈 바람에 여행도 못가고, 산으로, 들로 놀러가지 못해 성질나 죽겠다고 생각하면, 우리 마음만 아플 뿐이지. 몸이 좋아지는 것도 아닙니다. 그렇게 스트레스를 받으니 몸이 회복하는 속도가 더 느려지기만 할 뿐입니다. 특히 암 환자분들은 그런 스트레스가 면역기능을 떨어뜨려 암세포가 더 활성화되게 만들 뿐입니다.

인생은 계획하는 것이 아니라 대처의 영역입니다. 인생은 계획대로 흘러가지 않습니다. 그저 그때그때 변화되는 인생의 사건마다 내가 세웠던 계획을 포기하고 다른 대안을 생각해야 할 때도 많습니다. 그러다 보면 어떨 때는 내가 원래 세웠던 계획보다 인생이 더 잘 흘러가기도 합니다.

지난번 TV를 보니, 전에 야구선수를 했던 남자분이 부상을 당해서 야구를 더 이상 하지 못하게 되어서 자살을 결심했다고 합니다. 그렇게 절망스런 나날을 보내다가, 어느 날 어머니가 하는 손뜨개질 가업을 이어받게 된 겁니다.

그는 이제 손뜨개질의 달인이 되어서 가업도 이어받고 행복한 생활을 보내고 있습니다. 이처럼 인생은 대처의 영역인 겁니다.

달콤한 인생이란 없다

달콤한 인생은 누구나 바라는 것입니다.

하지만 이렇게 몸도 내 마음대로 움직이지 않는 것은 물론이고, 우리네 인생은 사건사고가 많기도 합니다. 세월호 사건도 그중에 하나입니다. 그 큰 카페리가 침몰할 줄 누가 알았겠습니까? 그리고 그렇게 많은 사람들이 사망할 줄 또 누가 알았겠습니까? 게다가 대부분의 희생자들은 수학여행을 떠나던 고등학생들입니다. 그럼 이런 의문이 드는 겁니다. '도대체 신은 존재하는 것일까?' 하고 말입니다. 하필 인생의 꽃도 피우지 못한 그 수많은 고등학생들을 왜 그렇게 일찍 데려갔는지 이해가 되지 않습니다.

이럴 때 우리는 신에게 이병헌이 한 말을 되뇌게 됩니다. "왜 그러셨어요? 나한테 왜 그러셨어요? 그동안 신을 봉양하고 착한 일만 하고 살려고 노력했고, 남에게 나쁜 짓하지 않고 열심히 살았는데, 왜 제 자식을 그렇게 일찍 데려가셨어요? 저는 신만 믿고 열심히 교회나 절에 다니고 딸, 아들 잘되게 해달라고 빌고 빌었건만 왜 그렇게 일찍 데려가셨냐구요?"라고 말입니다. 하지만 신은 묵묵부답 아무런 답도 하지 않습니다.

희생자들의 가족들은 신이 야속할 겁니다. 차라리 나를 데려가지 왜 금쪽같은 내 자식을 그렇게 빨리 데려갔냐고 하소연도 하고 원망도 하고 그럴 겁니다. 이병헌이 조폭 두목이며, 아버지 같은 존재인 김영철에게 충성을 다하고 궂은일, 나쁜 일 다 하면서 지냈지만 자신을 죽이라는 명령을 내렸다는데서 배신감을 느꼈듯이, 우리들은 이런 사건을 보면서 도대체 신은 왜 이런 선량한 아이들을 데려갔는지 화가 나고 속이 상할 뿐입니다.

불시에 일어나는 사건사고치고 비극적이지 않은 것은 하나도 없습니다. 우리네 인생은 우리가 예측할 수 없는 일들로 인해 고통 받고 절망스럽고 살맛이 안 납니다. 그러니 달콤한 인생이란 없습니다. 하지만 우리는 달콤한 인생을 꿈꾸고 행복한 인생을 꿈꾸기 때문에 우리 인생이 더 힘들어지는 겁니다. 우리가 불행한 것은, 뭔가 바라기 때문입니다. 그걸 바라는데 그게 잘 이루어지지 않으니까, 불행하게 느끼는 겁니다.

제가 달콤한 인생은 없다고 자꾸 얘기하니까, 염세주의자라고 착각을 하는 분도 있을 겁니다. 저는 절대 염세주의자가 아닙니다. 그저 인생의 진실을 여러분에게 말씀드리고 있을 뿐입니다. 진리를 외면하고 있기 때문에 우리는 더 불행하고, 더 씁쓸하고, 더 불행한 인생이 우리 앞에 펼쳐지는 법입니다. 불가능한 것을 가능한 것이라고 우기다 보니 더욱더 우리 인생이 초라해지고, 비참하고, 불행하다고 여기게 됩니다. '인생은 이런 것이다.' 하고 솔직하게 받아들인다면, 그리고 그걸 외면하지 않는다면 인생은 살만해지게 됩니다.

어느 인생치고 병 없는 사람도 없고, 죽은 사람 없는 집 없으며, 어느 가족치고 사건사고 겪지 않은 사람 없습니다. 하지만 나는, 내 가족만은 그런 일이 없어야 된다고 생각하니까, 불행한 일이 닥치면 주저앉아 버립니다. 거기서 꼼짝하지 않고 울고만 있고, 인생을 한탄하고, 신을 저주하고, 원망하면서 남은 인생을 보내는 겁니다. 그러니 인생이 얼마나 더 힘들어졌습니까?

인생이란 이런저런 안 좋은 일들이 있을 수 있고, 그것은 누구에게나 닥칠 수 있으며, 그럼에도 불구하고 우리는 인생을 살아가야만 한다는 것, 이것이 바로 진리입니다. 우리 인생은 깨지면 깨질수록 많은 것을 배우게 됩니다. 인생은 참 혹독하고 가혹한 선생님입니다. 무자비하게 몰아치고 혼내주고 벌을 주면서 우리에게 인생의 진리를 깨닫게 해줍니다.

내 알토란같은 재산을 뺏어버리거나, 내 건강을 망가뜨리거나, 사랑하는 가족을 데려가는 가운데 우리는 인생을 배우게 됩니다. 이렇게 혹독하게 인생이 우리를 다룰 때 우리는 그제야 자기 내면을 보게 됩니다. 내 주변 어떤 것도 내 마음대로 되지 않으며, 재산도, 건강도, 사랑하는 사람도 모두 다 없어질 수 있구나 하는 독한 진리를 깨달아야 진정 우리가 추구해야 하는 것은 마음의 평화라는 것을 알게 됩니다. 어떤 일이 닥치더라도 내 마음이 동요되지 않고, 흔들리지 않고, 그런 시련을 빨리 헤쳐 나갈 힘이야말로 나에게 가장 필요한 것이라는 것을 알게 됩니다. 재산, 지위, 명예 이런 것 모두 뜬 구름 같고 그걸 잡으려고 하다가 결국 더 불행해질 수 있다는 걸 알게 됩니다.

가장 소중하고 내가 추구해야 하는 것은 이런 겉치레 다 없어져도 마음이 행복한 것이란 걸 가르쳐 주는 게 인생이라는 선생님입니다. 그러니 안 좋은 일 생겼다고 너무 속상해 하지 마십시오. 그 고통을 이겨내려는 과정에서 우리는 내면의 평화야말로 가장 소중하며, 재산, 지위, 명예 이런 것들이 나를 절대로 행복하게 해주지 않는다는 걸 깨닫게 되는 겁니다. 그렇게 내 내면으로 마음을 돌리게 되면, 그제야 우리는 여러 가지 사건사고, 질병, 죽음들을 받아들이게 됩니다. 어느 것이 와도 마음이 흔들리지 않고 '그냥 인생은 그런 거야.' 하는 생각이 들게 됩니다. 그러면 마음이 항상 평화로워지고, 그때가 바로 행복한 순간입니다. 그 행복은 누가 빼앗아 가지 못합니다. 내 마음속에 존재하는 것이기 때문이죠. 그러니 달콤한 인생은 없어도 내면만은 달콤하고 행복할 수 있습니다.

그것은 우리가 행복을 쫓지 않을 때 찾아옵니다. 그건 억지로 되는 것이 아니니까요. 그저 순리대로 다 받아들일 때 그때가 바로 우리가 행복해지는 순간이기 때문입니다.

자, 다시 이병헌의 대사로 돌아갑니다.

"왜 그러셨어요? 저한테 왜그러셨냐구요?"

"인생을 가르쳐 주려고 그랬어. 그래야 네가 그 불행을 이겨내려고 네 자신을 볼 테니까."

10.

꽃으로도 때리지 말라

우리는 자신이 피해를 입거나 상처를 받았을 때 상대방이 실재하지 않은 사람으로 여깁니다.
그도 나처럼 나약한 인간에 불과하며, 이런 일로 인해 상처도 받을 거고, 분명 마음도 상할 것이란
생각은 하지 않습니다. 그저 비실재하는 어떤 존재로 여깁니다.
내가 이런 경우에 처했을 때 상대방도 나와 같이 숨을 쉬고 있는 인간이며, 그 사람도 가족을 부양하기
위해 하루하루 힘들게 살고 있으며, 어쩌면 어떤 병을 가지고 있어 투병을 하는 사람일 수도 있고,
내가 받은 불쾌함의 정도를 넘어 수십 배 수백 배 더 그 사람에게 상처를 줄 수 있다는 겁니다.

2014년 6·4지방선거의 가장 큰 이슈는 고승덕 서울시 교육감 후보와 그의 딸과의 설전이었습니다. 미국에 살고 있는 캔디 고라는 고 후보의 딸이 페이스북을 통해 아버지, 아니 아버지란 표현도 하지 않았죠. 그는 자식을 돌보지 않았으며, 돈도 보내지 않았고, 전혀 자식의 양육에 관여를 하지 않고 거의 버렸다고 적어 놓았습니다. 따라서 그런 사람이 서울시의 교육감이 된다는 것은 가당치 않다는 글이었습니다. 27세의 캔디 고는 어린 시절 아버지인 고승덕 후보에게 제대로 양육을 받지 못해서, 굉장히 커다란 실망과 분노, 적개심을 가지고 있었던 듯합니다. 캔디 고가 글을 올린 후 부동의 서울시 교육감 후보였던 고 후보는 굉장히 심한 타격을 받았고 결국 교육감이 되지 못했습니다.

그런데 저는 캔디 고가 쓴 글을 읽어보면서 그 글에 서린 날카로움과 분노, 원한이 자꾸 마음에 걸렸습니다. 사실 교육감 선거 직전 고 후보의 딸이

글을 올린 이유는 다 된 밥에 재 뿌리겠다는 것 이상도 이하도 아닙니다. 그동안 쌓였던 원한을 제대로 아버지에게 복수한 겁니다. 아버지에 대한 적개심을 터뜨리긴 했지만, 자신 또한 언론에 노출되는 위험을 감수했습니다. 이제 그를 알아보는 사람이 많아지게 되었고, 익명성을 포기한 겁니다. 이렇게 페이스북에 글을 올리자 고 박태준 포철 회장의 딸이자 캔디 고의 이모는 정말 잘했다는 댓글을 달았고, 많은 이들은 그 기사에 대한 댓글을 통해 그녀의 용기를 칭찬했습니다. 그리고 고 후보는 자식을 버린 파렴치한으로 몰리고 말았습니다. 이런 게임은 사실 공평하지 않습니다. 물론 고 후보가, 자신은 재혼을 했지만 전처소생의 두 딸을 위해 입양도 안 하고 아이도 안 낳겠다는 내용의 SNS를 딸에게 보냈었다고 공개했습니다. 그것은 자식에 대한 미안함 때문이라고 했습니다. 하지만 이 게임이 공정하지 못한 이유는, 고 후보가 구구절절 자신의 입장을 대변하기는 어렵다는 점입니다. 어린 딸과 사실을 놓고 설전을 벌이는 모습은 그에게 더욱 치명적인 타격을 줄 게 뻔하기 때문입니다. 그러니 딸의 일방적인 공격에 매를 맞을 수밖에 없습니다.

진실은 공정하게 양쪽의 의견을 들어봐야

제가 정신과 의사로 27년 동안 경험을 한 바로는 진실은 공정하게 양쪽의 의견을 모두 다 들어봐야 어느 정도 알 수 있다는 것입니다. 어느 한쪽 편의 이야기만 듣게 되면 진실은 왜곡되는 경우가 많습니다. 또한 사람들은 모두 자신만의 시각으로 세상을 바라보기 때문에 그 시각이 잘못됐을 수도 있습니다. 그러니 무조건 캔디 고의 말만 믿고 고 후보를 평가하는 것은 저는 무리라고 생각합니다. 저는 고승덕 후보를 지지하는 사람이 아닙니다. 여러분들이 잘 아는 사건을 통해서 용서와 화해라는 주제를 이야기한다면, 듣는 분들의 이해가 쉽기 때문에 이 예를 든 것입니다.

어찌됐든 고 후보는 다른 사람도 아닌 자신의 딸에게 파렴치한 아버지라는 개인적인 메일을 받은 것도 아니고, 페이스북에 올리는 바람에 이중의 상처를 받게 되었습니다. 이제 정치인에게 가장 큰 생명인 이미지에 타격을 입었으며, 그 당사자가 바로 자기의 딸이라는 것 때문에 더 큰 상처를 받게 된 것입니다. 저는 캔디 고의 글에서 제 모습을 봤습니다. 저도 그렇게 했으니까요. 제가 캔디 고처럼 아버지를 공격했다는 말은 아닙니다. 전자제품을 제때 A/S해주지 않았다고 A/S 담당자에게 화를 냈고, 공무원들과의 마찰에서 탄원서를 넣기도 했고, 친구에게 섭섭하다고 그의 단점을 지적하는 문자에 심한 말을 쓰기도 했습니다. 또한 글은 아니더라도 상품에 하자가 발생했다고 전화를 걸어 성질을 내거나, 빨리 해주지 않으면 가만있지 않겠다고 반협박성 말을 하기도 했습니다. 그런데 요즘 A/S센터 직원들은 그저 손님이 말하는 대로 듣기만 해야 합니다. 아무리 심한 말을 하더라도 그저 참아야 합니다. 저는 그걸 알고는 마구 뭐라고 해댄 겁니다. 그들의 감정 따위는 관심이 없었습니다. 그저 내가 이렇게 손해를 봤으니, 빨리 원상복구를 해놓던지 해결해달라고 난리를 친 겁니다. 그들은 뻔히 아무런 대꾸도 못하고 그저 당해야 한다는 걸 알고 있기 때문에, 저는 마음 놓고 몰아쳐 댄 겁니다. 또한 친구에게 섭섭했던 점이나 화가 난 점을 문자로 보낼 때는 빠져 나올 수 없는 약점이나 험담을 늘어놓으면서 그를 공격하기도 했습니다.

이런 나의 모습이 캔디 고의 글을 보면서 오버랩되었습니다. 어린 딸이 자신의 가정사를 전 국민에게 알리게 되면, 자신의 아버지가 절대 반론을 할 수 없으리라는 것을 캔디 고는 알고 있는 거죠.

여기서 고 후보가 자신의 입장을 밝히고 딸이 잘못한 점을 세세하게 지적했다가는 고 후보의 입장에선 더욱 불리하게 작용하게 됩니다. 딸과 싸우고 있는 모자란 아버지란 이미지 때문에 더욱 그에게 불리할 수밖에 없습니다.

당신의 생각이 당신을 속이고 있다

그 부녀의 가정사는 인터넷에 퍼져 버렸고, 이제 돌이킬 수는 없습니다. 하지만 다시 말씀드리지만 이건 공정한 게임은 아닙니다. 인간 사이에 일어난 일에 정확한 판단이란 있을 수 없겠지만, 그래도 근접하게 접근하기 위해서는 양쪽의 말을 다 들어봐야 아는 겁니다. 하지만 우리는 한쪽의 정보만을 듣고 판단할 수밖에 없었으며, 게다가 나이 어린 딸의 하소연에 우리의 감정은 기울 수밖에 없었습니다. 감정은 이성을 압도하는 법이니까요.

저는 그래도 부녀지간인데 딸이 너무했다고 얘기하려는 것이 아닙니다. 여전히 효의 사상이 남아 있는데 어찌 그럴 수 있냐고 얘기하고 싶지도 않습니다. 단지 우리 인간이 인간에 대한 분노와 적개심을 어떻게 다뤄야 하며 화해와 용서에 대해 말씀드리고 싶을 뿐입니다.

캔디 고의 글에서 예전의 제 모습을 봤다고 말씀드렸을 겁니다. 제가 피해를 입었고, 내게 상처를 줬고, 내게 불량 제품을 팔았고, 제때 A/S를 해주지 않았기 때문에 저는 화가 났습니다. 그러니 나는 그 화가 난 걸 풀어야 했고, 메일을 통해, 문자를 통해, 전화를 통해 잘못된 점에 대해 지적을 하고 화를 내고, 성질을 부리고, 무리한 요구를 하기도 했습니다. 일견 전혀 문제 없는 행동으로 보입니다.

하지만 시간이 지나고 나니, 저의 그런 모습이 부끄럽더란 겁니다. 분명 좋은 말로 얘기할 수도 있었고, 화를 내지 않을 수도 있었으며, 친구들이 섭섭하게 대한 것을 그렇게 모진 말을 써가면서 문자를 보내지 않아도 됐을 텐데 하는 생각이 들었습니다. 특히 반박을 제대로 하지 못하는 상대에게 마구 화를 내고 성질을 부려대면서 내가 당한 손해나 피해를 빨리 해결해 달라고 성화를 부려댄 것이 창피하다는 생각이 들었습니다. 분명 내가 그들에게 그들의 잘못을 얘기할 수는 있었지만, 저는 그들도 같은 동료 인간이며 저의 글이나 말로 인해 상처 받을 하나의 인간이란 사실을 잊은 겁니다. 그저 내 생각만 한 것이죠. 그들이 잘못했으니, 나는 아무렇게나 해도 된다는 생각으로 그들에게 상처를 주었습니다. 굳이 그렇게 하지 않아도 되었고, 친구들은 제가 용서해줄 수도 있는데 말입니다. 그런 생각을 하던 차에 제가 당해보니 더욱더 그런 생각을 굳히게 되었습니다.

피해를 봤을 땐 상대방을 없는 존재로 여겨

얼마 전 한 환자로부터 심한 항의를 받았습니다. 그분은 자기가 진료한 것을 비보험으로 해달라고 했습니다. 비보험으로 해달라고 하는 데는 여러 가지 이유가 있습니다. 그렇게 비보험으로 진료하는 분이 몇 분 정도 됩니다. 그런데 제가 착오로 인해 보험 청구를 하고 만 겁니다. 분명 100% 저의 잘못입니다. 그런데 그분이 저보고 부당청구를 했다느니, 의료보험공단에 민원을 넣겠다느니, 대한정신과의사협회에 글을 올리고, 연세대학교 의과대학 홈페이지에도 글을 올리겠다고 했습니다.

어느 의사가 얼마나 더 벌겠다고 이중청구를 하겠습니까만은, 저는 이 일을 통해서 '아, 이런 거였구나.' 그분 입장에서는 자신은 하나도 잘못한 것이 없고, 전적으로 의사의 잘못입니다. 이렇게 실제로 이런 일을 겪어보니, 더 실감이 났습니다. 내가 그동안 저렇게 했었지 하는 생각을 말입니다. 무조건 나는 옳으니 나에게 피해를 입힌 상대방에 대해 어떤 말을 해도, 어떤 수단과 방법을 동원해도 전혀 문제가 되지 않으며, 나에게 피해를 입힌 상대방은 그렇게 해도 싸다는 생각을 나도 했었구나 하는 생각이 떠올랐습니다.

우리는 자신이 피해를 입거나 상처를 받았을 때 상대방이 실재하지 않은 사람으로 여깁니다. 그도 나처럼 나약한 인간에 불과하며, 이런 일로 인해 상처도 받을 거고, 분명 마음도 상할 것이란 생각은 하지 않습니다. 그저 비실재하는 어떤 존재로 여깁니다. 내가 이런 경우에 처했을 때 상대방도 나와 같이 숨을 쉬고 있는 인간이며, 그 사람도 가족을 부양하기 위해 하루하루 힘들게 살고 있으며, 어쩌면 어떤 병을 가지고 있어 투병을 하는 사람일 수도 있고, 내가 받은 불쾌함의 정도를 넘어 수십 배 수백 배 더 그 사람에게 상처를 줄 수 있다는 겁니다.

우리가 잊고 있는 것은 자신이 받은 것은 무조건 돌려줘야 한다는 생각입니다. 하지만 조금 크게 생각해서 그 사람도 실재하고 있는 존재라는 걸 잊지 말아야 한다는 겁니다.

저는 고 후보가 옳고 캔디 고가 그르다고 얘기하는 것도 아니고, 그 반대도 아닙니다. 저는 그저 인간 사이에 생기는 용서와 화해의 예로 고승덕 후보 부녀의 얘기를 들은 것입니다. 저는 단언컨대 캔디 고는 나중에 후회할 가능성이 높습니다. 제가 그랬던 것처럼 말입니다. 복수는 당장은 달콤한 것 같지만 남는 것은 아무것도 없으며, 자신의 어두운 면만 나중에 마주쳐야 합니다.

아버지가 낙선을 하는 바람에 멋지게 복수를 했다고 생각할지 모르지만, 나이가 들고 좀 더 사람에 대한 이해가 생긴다면, 자신의 아버지가 비정하고 자신을 돌보지 않았던 사람이 아니라, 그저 자신의 아버지도 나약하고 상처받고 유한한 생명을 지닌 그저 그런 평범한 인간이라는 사실을 알게 될 테니까요. 그러면서 늙어가는 아버지의 모습을 보면서 조금은 연민이 들지도 모릅니다. 그리고 어찌됐든 자신으로 인해 아버지가 상처를 받았으며, 그로 인해 그가 꿈꾸고 있던 행정가의 길을 가로 막았다는 것에 대한 후회를 할지 모릅니다. 사실 교육감이란 자리는 행정가입니다. 고 후보가 만일 자선단체의 이사장에 출마했다던가 한다면 그의 자녀에 대한 태도는 분명 결격사유가 됩니다. 하지만 교육감은 행정가를 뽑는 것이지 자선단체의 장을 뽑는 것은 아니니까요.

폴 토마스 앤더슨 감독의 〈매그놀리아〉라는 영화가 있습니다. 그 영화에서 깊은 병이 들어 이제 언제 죽을지 모르는 부유한 노인이 자신의 아들을 찾습니다. 그 노인은 어떤 여인을 만나 자식을 낳고는 전혀 보살펴 주지 않았습니다. 그래서 그 아들은 어머니와 함께 정말 힘든 어린 시절을 보냈습니다. 하지만 죽기 전에 아버지는 그 아들을 보고 싶은 겁니다. 그래서 아주 힘들게 아들에게 연락이 닿았지만 아들은 원수 같은 아버지를 보려 하지 않았습니다.

하지만 마음을 돌려 병상에 누워 있는 아버지를 보러갑니다. 거기에는 커다란 질병으로 나뭇가지처럼 말라버리고, 늙어버린 한 노인이 가쁘게 숨을 쉬고 침대에 누워있는 겁니다. 어린 시절 아버지에 대한 분노와 적개심으로 아버지에게 복수할 날만 기다렸는데, 아버지를 만나면 실컷 욕을 하고 저주를 퍼부을 거라 생각했는데, 비정한 아버지는 침대에 누운 채 말도 제대로 잇지 못합니다.

그 아들은 죽음을 눈앞에 둔 아버지를 그저 바라보기만 합니다. 그동안 마음속에 담아왔던 아버지의 존재는 악마와 같았으나, 막상 만나보니 참 불쌍한 노인이 누워있었기 때문입니다. 그는 아무 말도 하지 못하고 그저 그 노인을 연민의 눈으로 바라볼 뿐입니다.

용서는 쉽지 않습니다. 화해도 쉽지 않습니다. 용서를 하고 화해를 꼭 해야 하는 것도 아닙니다. 하지만 잊지 말아야 할 것은 내가 미워하고 싫어하고 나를 힘들게 했고 내게 상처를 줬던 사람도 나처럼 나약하고, 상처를 잘 받고, 언제 죽을지 모르며, 작은 일에 의기소침해지고, 인생이란 고달픈 길을 가고 있는 한 사람이란 사실은 잊지 않았으면 하는 겁니다.

당신의 생각이 당신을 속이고 있다

11

사랑하는 사람의 죽음으로 남겨진 사람들

고인이 원하는 바대로 사는 것이 가장 고인의 죽음을 편하게 하는 것입니다.
자꾸 자기 생각에 빠지고 자기 멋대로 해석해서 고인을 편하게 쉬지 못하게 하지 말았으면 합니다.
자기 멋대로 애도반응을 보이고 자기 멋대로 이렇게 하는 것이
도리라고 생각하는 바람에 고인은 편하게 눈을 감지 못합니다.

최근 한 달 보름 사이에 자살로 인해 상처를 받은 분들이 세 분이나 내원했습니다. 개원한지 20년이 가까워 오는데 이런 일은 없었습니다. 최근에 자살률이 더 급증하지 않았나 하는 걱정이 됩니다.

우리나라는 일 년에 15,000명이 자살을 하고 있고, 부끄럽게도 OECD국가 중 부동의 1위 자살왕국입니다. 왜 이렇게 되었는지, 뭐가 잘못되었는지, 저도 잘 알 수가 없습니다. 암튼 자살로 인해 가족들은 남겨집니다. 그들은 평생 씻을 수 없는 상처와 죄책감, 절망감으로 평생을 살아야 합니다. 특히 본인이 직접 자살한 사람을 발견한 경우 그 충격은 더욱 큽니다. 거의 외상후스트레스증후군 정도의 파급력으로 몇 년씩 그 충격적인 장면에서 벗어나지 못하거나 그 무섭고, 떨리고, 혼절할 것만 같은 기분을 떨쳐버리지 못하는 경우가 많습니다.

자살을 막지 못했다는 죄책감에서 벗어나기

얼마 전에 왔던 분도 자살한 아내에 대한 죄책감을 털어놓았습니다. 왜 아내의 우울증을 알지 못했을까? 제대로 치료를 해주지 않았을까? 단지 아내가 게을러졌다고 생각해서 자꾸 타박만 하고, 결혼하고 나서 아내에게 제대로 해준 게 없다는 생각이 들고, 그런 생각들 때문에 도저히 죄책감을 이기지 못해 따라 죽고 싶다고 했습니다. 또 한 분은 아버님이 자살을 하는 바람에 제대로 아버지 봉양을 하지 못했던 점 그리고 모질게 대했던 점들에 대해 눈물을 흘리며 얘기를 했습니다. 또 한 분은 병든 어머니를 나름대로 잘 보살핀다고 했는데 투신자살을 하는 바람에 자신이 크게 잘못했다고 여기고 있습니다. 자살로 남겨진 가족들에게 가장 큰 상처는 죄책감입니다. 살아 있을 때 이렇게 저렇게 잘해줄 걸 하는 생각이 들고 자신 때문에 자살을 했다고 여기기도 합니다. 그리고 부모는 자식이 자살을 했는데, 자신은 이렇게 편안히 잠을 자고, 살겠다고 음식을 입에 넣고 있는 자신이 한심스럽다고 여깁니다. 내 가족은 죽었는데 어찌 나만 살겠다고 자고, 먹고, 살고 있는지 모든 게 죄스러울 따름입니다. 남겨진 가족들은 자살을 막지 못했다는 것도 커다란 죄책감으로 남습니다. "밥 잘 먹고 지내." 이 말을 두 번이나 했다고 합니다. 그리고 아버지는 다음날 새벽 투신자살을 한 겁니다. 자살하는 사람은 자살의 징후를 보인다고 하지만, 일반인들은 알기 어렵습니다. 그리고 자살의 징후를 드러내는 경우도 아주 많은 것도 아닙니다.

어떤 사람은 자신이 소중하게 생각하는 물건을 친한 사람에게 주기도 하고, 어떤 사람은 멀리 떠날 것 같은 문자를 보내기도 합니다. 또 어떤 사람은 자기 없어도 건강하게 잘 지내라는 말을 남기기도 합니다. 하지만 그런 징후들은 자살을 한 다음에나 아는 거지 그 말을 들었을 때 자살을 예측할 수 있는 사람은 거의 없습니다. 그리고 아무런 자살의 징후도 나타내지 않고 자살을 택하는 사람도 있습니다.

심지어 분명 자살시도를 해서 정신병원에 입원했고, 거기서 의료진이 주의 깊게 다시 자살을 하지 않을까 관찰을 하는데도 불구하고, 병원에서마저 자살은 일어납니다. 5분이면 사람의 목숨은 끊어집니다. 예전에 제가 레지던트로 근무할 때 동료의 환자분이 있었습니다. 그분은 아침까지 병동에 나와 다른 환자들과 같이 청소도 하고 밝게 이야기도 나누었습니다. 그런데 교수님들과 회진하기 위해 그 병실 문을 열어본 순간 우리 모두 얼어붙고 말았습니다. 침대를 세워서는 침대 밑에 있는 지지대에 수건으로 목을 매서 자살을 한 겁니다. 이렇게 전문적으로 환자를 관찰하는데도 불구하고 자살은 일어나니, 일반적인 상황에서 자살을 마음먹고 실행하는 사람을 막는다는 것은 어려운 일입니다. 자살하고 나니 이런저런 아쉬움이 남는 것일 뿐입니다. 그러니 자살로 남겨진 가족들은 제발 자살을 막지 못했다는 죄책감을 갖지 말았으면 합니다.

항상 자살로 인해 남겨진 가족들이 왔을 때 제가 하는 말이 있습니다. 제발 자기 고집대로, 자기 원하는 대로 고인을 애도하지 말고, 고인이 원하는 대로 애도를 하고, 고인이 원하는 대로 살라고 말씀을 드립니다.

고인이 원하는 바대로 사는 것이 가장 고인의 죽음을 편하게 하는 것입니다. 자꾸 자기 생각에 빠지고 자기 멋대로 해석해서 고인을 편하게 쉬지 못하게 하지 말았으면 합니다.

자기 멋대로 애도반응을 보이고 자기 멋대로 이렇게 하는 것이 도리라고 생각하는 바람에 고인은 편하게 눈을 감지 못합니다. 제발 고인이 영면하게 남은 가족들은 도와주어야 합니다.

그래서 아버지의 자살로 내원한 청년에게 이렇게 질문했습니다. 그 청년은 하도 울어서 목이 쉬었고, 정신이 다 나간 상태입니다.

"자, 당신에게도 자식이 있죠. 그렇다면 말이에요. 당신이 자살을 했든, 사고로 죽었든 간에 자신이 죽었다고 생각한다면 아들에게 뭐라고 얘기해 줄 것 같나요?" 이렇게 물었습니다. 머뭇거리면서 대답을 하지 못합니다.

그래서 제가 그 청년에게 이야기를 해주었습니다. 당신이 이미 결혼을 했고 자식이 있다고 가정을 합시다. 그런데 당신이 먼저 죽었다고 생각한다면, 자식에게 이런 말을 해주었을 거라고 했습니다.

"제발 나를 빨리 잊어버리고, 내 죽음에 대해서 죄책감도 갖지 말고, 그리고 내가 이렇게 죽어서 정말 미안하다. 게다가 이런 죄책감까지 안겨주었으니, 너무 미안하다. 그러니 제발 그런 죄책감일랑 갖지 마라. 나는 이게 내 운명인 거고, 내 죽음으로 인해서 우리 아들의 인생에 조금도 영향을 받지 않았으면 좋겠다. 그래서 내가 죽기 전날 밥 잘 먹으라고 했잖아. 그러니 밥 잘 먹고, 잘 자고, 요즘 날씨도 좋으니 꽃구경도 하고, 산책도 하고, 친구 만나서 술 한잔하면서 힘든 얘기도 하렴. 네가 자꾸 내 죽음에 대해 슬퍼하면 내가 이곳을 떠날 수가 없고, 마음이 편치 않잖아. 그러니 나는 이미 죽었으니 잊어버리고 너는 네 길을 가렴." 이렇게 말씀하지 않을까요?

그랬더니 고개를 끄덕입니다.

남은이들, 망자를 잊고 일상생활로 돌아가야

망자는 남은 가족들이 자신이 죽었다고 해서 밥도 안 먹고, 잠도 안자고, 하루 종일 울기만 하고, 죄책감을 가지고 자신을 탓하는 걸 원치 않습니다. 지금 이 책을 읽고 있는 분들은 잠깐, 자신이 죽었다고 가정해 보세요. 내 남편이, 내 아들이, 내 아내가 밥도 잘 먹고, 잠도 잘 자고, 심지어 TV보면서 웃기까지 한다고 원한을 가질까요? 그리고 괘씸하다고 생각할까요? 그런 분은 하나도 없을 겁니다. 내 죽음으로 인해 조금이라도 영향을 미치지 않기를 바랄 겁니다.

물론 살아남은 가족들의 슬픔을 이해하지 못하는 건 아닙니다. 하지만 제대로 애도를 하고 제대로 슬퍼하자고요. 그게 고인이 바라는 거니까요.

고인은 남은 가족들이 잘 먹고 잘살고 좋은 옷 입고, 놀러가고, 웃기도 하고, 친구를 만나 수다도 떨고, 빨리 일상으로 돌아가길 바랍니다.

그런데 남아 있는 가족들은 자기식대로 애도를 합니다. 고인이 바라는 바대로 하지 않습니다. 죽은 게 자신의 탓 같아 죄책감을 가지고 잠을 자도, 밥을 먹어도, 웃음이 나와도 편히 쉬고 싶어도, 잠깐 돌아가신 분 잊고 내 볼일 보기만 해도 내가 정말 못됐구나, 내가 도대체 사람인 건가 하면서 다시 슬퍼하고 자기 탓하고, 계속 죄책감 속으로 들어가 꼼짝하지 않고 지냅니다. 집에 틀어박혀 있거나, 계속 죽은 사람을 떠올리고 있고, 죽은 사람 사진 붙들고 있으면서 그저 자신이 못해준 것만 떠올립니다.

이 세상에 완벽한 부모도, 완벽한 자식도, 완벽한 남편도, 아내도 없습니다. 가만 돌이켜 보면 자신이 잘못한 것 있지요. 그걸 끄집어내서 자책합니다. 완벽한 건 신밖에 없습니다. 그러니 자신이 고인에 대해 소홀히 했던 것, 못 해준 것들 다 잊어버리십시오. 아무리 잘 해준다 해도 100% 완벽하게 부모노릇, 자식노릇, 남편노릇, 아내노릇 할 수 있는 사람은 없습니다. 그러니 그런 불가능한 것은 생각하지도 마십시오. 그리고 돌아가신 분도 우리들에게 완벽한 것을 원하지도 않습니다.

그러니 제발 자기 고집대로 애도하지 마시기 바랍니다. 고인이 원하는 대로 애도하시기 바랍니다.

그리고 이렇게 혼잣말을 하십시오.

"여보, 오늘은 내가 친구들과 등산을 다녀왔어. 이렇게 운동을 하고나니 너무나 좋아, 정말 잘했지, 여보?"

"엄마, 오늘은 제가 친구들과 술 한잔하고 들어왔어요. 친구들과 이야기를 하고 나니 속이 시원해요. 엄마, 잘했죠?"

"여보, 오늘은 계절이 바뀌어서 기분 전환할 겸 양복을 새로 샀어. 잘 어울리는 것 같아. 정말 잘했지, 여보!"

이렇게 혼잣말을 하면서 하늘 한 번 쳐다보면서 씨익~ 웃기 바랍니다. 그게 바로 고인이 원하는 것입니다.

그래야 고인들은 편히 쉴 수 있습니다. 가뜩이나 자신의 죽음으로 인해 가족들에게 상처를 주고 떠난 망자들이 자신으로 인해 슬퍼하고, 절망하고, 죄책감을 갖는 걸 원치 않습니다. 그리고 망자는 이곳에서 떠나고 싶어 합니다. 살아있는 가족들이 망자를 붙들고 있는 겁니다.

망자가 편하게 떠날 수 있는 것은, 남은 가족들은 망자를 잊어버리고 일상생활로 돌아가 즐겁고 행복하게 살 때입니다. 그러니 자기 고집으로, 자기 연민에 빠져 망자를 제발 붙들어두지 마십시오.

집에 걸려있는 죽은 사람의 사진도, 물건도 안 보이는 곳에 다 치워버리십시오. 정 보고 싶을 때나 꺼내보시기 바랍니다. 항상 눈에 띄는 곳에 고인을 떠올리는 물품이나 사진을 놓아두는 것 아닙니다. 그래서 예로부터 우리나라 장례 풍습에 죽은 사람의 옷가지며 이불이며 다 태워 버린 겁니다. 그리고 관을 묻고 나서 흙을 관위에 뿌리고는 남아 있는 가족들보고 그 흙을 밟으라고 합니다. 매정해 보이죠. 죽은 사람 위에 올라타서 밟으라니 말입니다. 이건 이제 정을 떼고 일상으로 돌아가라는 우리 조상들의 지혜인 겁니다. 더 이상 죽은 자에게 붙들려 지내지 말고 자기 살길 찾으란 얘기죠. 냉정하게 들리지만, 인정도 없어 보이지만, 망자가 원하는 바입니다.

그러니 자살로 남겨진 가족 여러분, 물론 그 슬픔이 어찌 쉽게 없어지겠습니까만은, 고인이 뭘 원하는지만 생각하십시오. 그게 망자를 위하는 가장

•
당신의 생각이 당신을 속이고 있다

좋은 방법이며 망자가 편하게 눈을 감는 걸 도와주는 겁니다.

세월호 참사로 남겨진 가족들에게도 해당되는 얘기입니다. 어린 자식들을 잃고 유가족들은 식음을 전폐하고 계실 겁니다. 하지만 아이들이 내게 뭘 원하는지 그걸 잊지 마시기 바랍니다. 그럼 아이들은 좀 더 편히 쉴 수 있을 겁니다.

저는 예전에 대구 지하철 방화사건으로 인해 많은 사람들이 죽었던 걸 떠올렸습니다. 그 사건이 있고 나서 대구에서 진혼굿을 한 적이 있습니다. 그걸 저는 TV에서 봤습니다. 유가족들이 참석하고 많은 시민들이 참석했습니다. 처음 무당이 나와 "너무 뜨거워. 엄마, 살려줘."라고 비명을 지르고, 참사 당시의 상황을 재연했습니다. 유가족들은 그 모습을 보고 대성통곡을 했고요. 곧이어 무당이 이런 얘기를 합니다. "나는 잘 지내고 있으니 걱정 말고 엄마, 아빠 잘 지내."라고 말입니다. 그런 진혼굿의 의식이 이어지고, 굿의 마지막엔 굿상에 차려졌던 음식이 나눠지고 유가족과 시민들이 서로서로 손을 맞잡고 굿판을 벌인 겁니다. 처음 진혼굿은 무겁게 시작했습니다. 유가족들을 실컷 울게 한 겁니다. 그나마 남아 있는 울음을 다 짜내기 위한 겁니다. 남아 있는 감정들을 다 뽑아내기 위한 거죠. 눈물, 콧물 범벅을 만들어 유가족들이 더 이상 울지 못할 때까지 밀어붙여서 그들의 슬픔을 다 쏟아내게 한 겁니다. 그러고 나서 무당이 원혼의 입을 빌어 나는 잘 지내고 있으니 잘 살라는 말을 합니다. 그렇게 유가족들을 안심시킵니다. 감정을 다 발산시키고, 잘 있다는 안부를 전해 듣고, 유가족들은 마음의 부담을 덜고 굿판에서 춤을 췄던 겁니다.

미신이라고 해도 상관이 없습니다. 심리학적인 치유효과가 분명히 있으니까 말입니다. 그 당시 화재로 불에 타죽었던 영혼들은 유가족들의 굿판을 보고 아마 조금은 편안해졌을지 모릅니다.

자, 이승은 산자의 세계입니다. 죽은 자의 세계가 절대 아닙니다. 산자는 살아가야 합니다. 대구 지하철 방화사건 희생자를 위한 진혼굿은, 사실은 죽은 자가 아니라 산자를 위한 잔치였습니다. 유가족들이 남은 슬픔마저 다 토해내고 이제 이생에서 망자를 잊고 지내라는 의식인 겁니다. 산자는 죽은 자를 잊고 춤을 춥시다. 그래야 죽은 자가 마음 편히 눈을 감습니다.

•
당신의 생각이 당신을 속이고 있다

12

항상 죽음을 생각하라,
메멘토 모리(Memento mori)

여러분, 하루하루 메멘토 모리라는 말로 하루를 시작하시기 바랍니다. 그럼 그 하루가 얼마나 소중하고,
만족스럽고, 충만한지 모릅니다. 내일 죽어도 여한이 없을 정도로 사시기 바랍니다. 죽음은 항상 우리에게
속삭입니다. 언제 당신에게 내가 찾아갈지 모르니, 카르페 디엠, 현재를 붙잡고 살라고 말입니다.
그 현재를 붙잡는다면 우리는 모든 것을 가진 겁니다. 여한이 없는 삶은 미래에 오지 않습니다.
바로 현재 이 순간, 내일 죽음이 다가올지라도 아쉬울 게 하나 없는 삶을 사시기 바랍니다.

메멘토 모리는 라틴어로, Memento는 기억, Mori는 죽음이란 뜻으로 '자
신이 언젠가 죽는 존재임을 잊지 말라.'라는 의미를 가집니다. 간단하게 '죽
음을 기억하라.' '죽음을 잊지 말라.' 등으로 해석됩니다. 그래서 중세시대의
그림을 보면, 그림 속에 해골이 등장하는 경우가 많았습니다. 그 그림을 집
에 걸어두고 해골을 보면서 항상 죽음을 떠올리기 위해섭니다. 중세 수도사
들은 아침에 일어나면 "메멘토 모리."라고 인사를 했다고 합니다. 늘 죽음을
기억하는 삶 속에서 자신의 신앙을 되돌아보는 계기로 삼았다는 것이죠.

메멘토 모리의 유래는 로마 공화정 시절로 거슬러 올라갑니다. 전쟁에서
승리한 장군에게 허락되는 개선식은 로마인으로서 가질 수 있는 최고의 영
광이었습니다. 개선식 하루만은 관습에 따라 장군은 얼굴을 붉게 칠하고 네
마리의 백마가 이끄는 전차를 탄 '살아있는 신'이 됩니다. 하지만 그 전차를
따르는 노예가 있었으니, 그 노예는 개선식 동안 끊임없이 메멘토 모리(죽음

을 잊지 말라.)라는 말을 외쳐서 개선장군이 너무 우쭐대지 말라고 경고하였다고 합니다.

죽음은 항상 우리 주변에 같이 있다

현대인들은 죽음과 아주 멀리 있다는 착각을 하고 삽니다. 의학의 발달은 우리 주변에서 죽음의 그림자를 많이 몰아냈기 때문입니다. 예전에는 10명의 자식을 낳으면 성인이 될 때까지 살아 있는 아이는 2~3명에 불과했습니다. 기근으로 죽고, 전염병으로 죽고, 잦은 전쟁으로 죽어나갔습니다. 그래서 과거 인류의 수명이 서른 살도 되지 않을 때가 있었습니다. 과거 3대가 같은 집에 살았을 때 죽음은 항상 우리 주변에 같이 있었습니다. 죽음은 우리가 맞닥뜨리는 현실이었고, 무덤은 집근처 어디에나 널려 있었습니다. 그러나 현대인들은 죽음을 떠올리고 싶어 하지 않기 때문에 우리 주변에서 죽음의 그림자를 애써 지우려고 합니다. 그래서 납골당도, 공원묘원도 주거지에서 멀리 떨어진 곳에 위치하고 있습니다. 또한 죽음은 조용히 몇몇의 가족에 둘러 싸여 병원의 차가운 형광등 불빛아래 찾아옵니다. 그리고 황급히 3일장을 치르고 조용히 우리는 죽음의 흔적을 지우고 맙니다. 그리고 우리는 아무것도 일어나지 않은 양 살아가고 있습니다.

현대인들은 절대 죽지 않을 거라는 착각을 하고 삽니다. 실제로 또 평균수명은 80세에 이르게 되었습니다. 예전에 비해 이렇게 오래 살다 보니 우리가 죽음을 잊고 살만 합니다. 하지만 우리는 오래 살 뿐 죽지 않는 것은 아닙니다. 이렇게 오래 살수록 우리는 죽음을 기억해야 합니다. 하지만 모든 이들이 다 오래 살 수 있는 것은 아닙니다. 안타깝게 사망한 가수 신해철 씨는 46세에 불과합니다. 또한 세월호 사건의 희생자들은 고등학생입니다. 또한 대장암으로 사망한 탤런트 김자옥 씨는 64세밖에 되지 않았습니다. 제 의과대학 동기동창도 올해 2명이나 유명을 달리했습니다. 둘 다 겨우 50을 갓 넘긴 나이에 불과했습니다. 아무리 평균수명이 늘었다고는 하지만 그 누구도 내일 일을 모르는 게 또 우리의 운명이라는 걸 잊지 말아야 합니다.

메멘토 모리는 영화 〈죽은 시인의 사회〉에서 나왔던 대사인 카르페 디엠과 맥락을 같이 합니다. 카르페 디엠은 "현재를 잡아라."라는 말입니다. 그리스의 시인인 호라티우스의 시 구절 입니다. "되도록 현재를 잡아라. 그리고 가능한 미래에 최소한의 기대를 걸면서 말이네."라고 적었습니다. 현대인들이 엄청 잘난 체를 하지만 이미 몇 천 년 전에 우리가 어떻게 살아야 하는지 다 적혀 있단 것 또한 잊어선 안 됩니다. 수 천 년 전의 삶이나 지금의 삶이나 인생을 살아가는 것에선 차이가 없기 때문입니다.

인간은 죽는 존재이며, 질병에 시달리고, 이런저런 걱정으로 고달픈 인생을 살아야 하고, 이런저런 사건사고로 언제 죽을지 모르는 존재라는 겁니다.

자, 그렇다면 중세시대부터 아니 고대 그리스시대부터 죽음을 생각하라고 했고, 또 현재를 잡으라고 이미 말을 했지만, 우리는 왜 이 말을 자주 잊어버리는 걸까요? 지금 살아있다고 하지만, 내일 무슨 일이 일어날지 모르는 게 사람운명인데 우리는 왜 그걸 모를까요?

느닷없이 들려오는 친구나 친척, 회사동료의 부고를 듣고도 우리는 그건 남의 일이라고 생각합니다. 그런데 그게 왜 남의 일입니까? 내게도 닥칠 일인데 말입니다. 메멘토 모리, 죽음을 항상 우리는 떠올려야 합니다. 아니 결국 죽을 건데 우울하게 매일 죽음을 떠올려서 뭐하냐고 할지도 모릅니다. 하지만 죽음을 떠올리지 않으면 이 삶이 풍성해지지 않으며 가치 있게 살지 못합니다.

6개월 시한부 인생을 산 사람처럼 살아보자

"나는 죽을 것이다. 그것도 언제 죽을지 모른다."고 되뇐다면, 우리는 진리를 보게 됩니다.

자신이 암선고를 받았다고 합시다, 그것도 6개월밖에 못산다는 얘기를 들었다고 합시다. 그럼 과연 무엇이 귀하게 여겨질까요? 무엇이 가장 가치 있게 느껴질까요? 그 순간 가치 있게 느껴지는 것이 우리 인생이 추구해야 할 바입니다. 그리고 그것을 해야 합니다. 하긴 어느 누구도 시한부 인생을 살지 않는 사람은 없습니다. 누구나 죽기 때문이죠.

자, 살날이 6개월밖에 없다고 합시다, 뭘 하시겠습니까? 더 많은 돈을 벌기 위해 사업을 확장하고 밤새도록 일을 하시겠습니까? 아니면 더 유명해지기 위해, 명예를 얻기 위해 노력하시겠습니까? 아니면 남들에게 과시하기 위해 명품시계를 사고 명품 옷을 자기 몸에 걸치시겠습니까? 아니면 자식이 명문대학에 들어가기 위해 뒷바라지를 하느라 시간을 보내시겠습니까? 아마 남은 삶을 보람 있게 살고 싶어질 겁니다.

남은 삶을 행복하게 살고 싶을 겁니다. 그런데 가만히 행복한 게 뭔가 하고 자문을 하게 되면, 남은 인생 친구들 만나서 실컷 술 마시고 노는 게 아니란 생각이 들 겁니다. 아니면 실컷 하고 싶은 거 즐기고, 못가본 나라 다니면서 여행하면서 보내고 싶지는 않을 겁니다. 가장 행복한 것은 마음의 평화라는 것을 이제야 느낄 겁니다. 조용히 침잠해서 자기 내면을 들여다보고 싶겠죠. 그동안 눈에 안 보이는 것들이 보이기 시작할 겁니다.

아침에 일어나 산책을 갑니다. 그러면 내가 다니던 야산의 오솔길이 이렇게 아름다웠나 하고 느낄 겁니다. 그리고 몇 잎 남아 있지 않은 단풍잎이 그렇게 아름다웠나 하고 또 느낄 겁니다. 그리고 산길에서 내 코끝으로 들어오는 나무 냄새가 그렇게 상큼하고 내 폐를 깨끗하게 하는 느낌도 가질 겁니다. 그리고 문득 올려다본 하늘은 왜 저리 파랗고 아름다운지, 그리고 구름이 이리저리 모양을 바꿔가며 그림을 그리고 있는 모습에 감탄할 겁니다. 내

당신의 생각이 당신을 속이고 있다

가 하찮게 여기고 지나쳤던 모든 것들이 다 아름답고, 감탄스럽고, 내게 영감을 가져다준다는 걸 느끼게 될 겁니다. 그리고 번잡스런 인간관계에서 놓여난 것도, 인간관계 속의 노예에서 벗어난 것도 행복할 수 있단 걸 알게 될 겁니다. 그전에는 거절하지 못해서, 또 인간관계가 끊어지면 내가 뭔가 소외된다는 느낌 때문에, 이런저런 연줄로 내가 억지로 참석했던 모임들이 참 별거 아니고, 그것이 행복이 아니었단 것도 알게 됩니다. 이제 누가 연락을 해도 거절할 수 있습니다. 이제 6개월밖에 살지 못하는데 무슨 인간관계가 중요하고, 사회 속에서 내가 뭘 그리 중요한 역할을 하는 게 필요한 걸까요? 그제야 내가 지금 살아 있다는 게 얼마나 감사한지 알게 됩니다. 그리고 홀로 있는 것의 즐거움도 알게 됩니다. 모든 것이 다 아름다워서 아마 눈물이 날지도 모릅니다. 그리고 이 세상의 아름다움에 반해서 어쩌면 더 살고 싶은 마음이 들지 모릅니다. 이런 소중한 것들, 예전에는 아무것도 아니라고 여겼던 것들을 두고 세상을 떠나는 게 정말 억울하고 속상하다는 생각이 들 겁니다. 내가 벌어놓은 많은 재산, 내가 모아놓은 귀금속, 내가 수집한 골동품을 놔두고 이 세상을 떠나는 게 아쉬운 게 아니라, 내가 그동안 보지 못했던 세상을 두고 떠나는 게 아쉬워지게 됩니다. '아! 그동안 나는 왜 이런 시간을 갖지 못했을까.' 속이 상하기도 합니다. '왜 나는 이런 아름다운 것을 발견하지 못했을까.' 후회가 될 겁니다. 그저 외적으로, 또 물질로 쌓아놓기만 했던 것이 행복이라 생각했던 자기 자신이 참 어리석다고 여길 겁니다.

자, 6개월의 시한부 인생을 산 사람처럼 살아봅시다. 그게 지금 우리가 해야 할 일입니다. 그게 바로 참다운 행복의 길이고 말입니다. 천년만년 살 것처럼 우리는 움켜쥐고 그것을 내놓지 못해 불행합니다. 얼마 전 제가 알고 있던 분이 돌아가셨습니다. 커다란 빌딩 3채와 연립주택만 30채를 남기고 돌아가신 겁니다. 그러자 자식들 간의 유산싸움이 시작되었습니다. 건물마다 돌아다니면서 오빠는 오빠대로, 여동생은 여동생대로, 월세를 자기 통장으로 넣어달라고 한 겁니다. 그리고 그것도 모자라 몸싸움이 벌어지고 서로 육탄전을 벌이기도 했습니다. 그런데 저는 안타까운 게 돌아가신 분이 평생 재산을 쌓아놓기만 했다는 겁니다. 그 많은 재산을 아마도 자식들 서로 사이좋게 가지라고 그렇게 모았을 텐데, 결과는 반대로 되고 말았습니다. 그 재산이 자식들의 욕망을 부추기고, 그 많은 재산을 물려받고도 서로 모자라서 억울하고 분하게 만든 겁니다. 그리고 자식들은 서로 화목하게 지내지 못하고, 원수지간으로 만든 게 그가 남긴 재산입니다. 살아 있을 때 그 재산의 반이라도 남들에게 베풀었다면 얼마나 좋았을까요?

남들에게 주는 것에서 오는 행복이 얼마나 크고 만족스러운데 끝까지 움켜잡고 자식에게는 커다란 불행만 남겨두고 가버린 겁니다. 그분은 이미 오래전부터 투병을 했는데 왜 죽음이 임박해서도 그걸 몰랐을까요? 베푸는 기쁨만이라도 누렸다면 죽음 앞에서 조금은 덜 두려웠을 것이고 만족스런 죽음을 맞이했을지도 모릅니다.

여러분, 하루하루 메멘토 모리라는 말로 하루를 시작하시기 바랍니다. 그럼 그 하루가 얼마나 소중하고, 만족스럽고, 충만한지 모릅니다. 내일 죽어도 여한이 없을 정도로 사시기 바랍니다. 죽음은 항상 우리에게 속삭입니다. 언제 당신에게 내가 찾아갈지 모르니, 카르페 디엠, 현재를 붙잡고 살라고 말입니다. 그 현재를 붙잡는다면 우리는 모든 것을 가진 겁니다. 여한이 없는 삶은 미래에 오지 않습니다. 바로 현재 이 순간, 내일 죽음이 다가올지라도 아쉬울 게 하나 없는 삶을 사시기 바랍니다.

나바호 인디언의 '메멘토 모리'를 끝으로 이 글을 마치겠습니다.

"당신이 세상에 태어날 때 너는 울었지만 세상은 기뻐했으니, 당신이 죽을 때 세상은 울어도 너는 기뻐할 수 있도록 그런 삶을 살아라."

6분.
변덕스런 마음

13, 박복한 내 팔자, 안 좋은 내 사주

14. 하나님과 부처님 좀 그만 괴롭힙시다

15. 돌고 도는 인생의 고통에서 벗어나기

16. 사랑, 그 가벼움에 대하여

17. 내 일이 아냐, 부질없는 충고와 간섭

18. 나는 왜 우울한가

박복한 내 팔자, 안 좋은 내 사주

인생 자체가 사실 다 박복한 겁니다. 사주 자체가 다들 좋으리라 기대하지 마십시오.
질병과 노화에서 벗어날 수 있는 사람 없으며, 자식 자기 마음대로 되는 사람 많지 않으며,
인간이 지금 존재하는 것 자체가 외로움이고 고통입니다. 그러니 우리 모두 박복하고 사주가 안 좋은
겁니다. 그런데 자기 팔자 박복하다, 내 사주 안 좋다고 자꾸 생각하면 인생 더 꼬이고 힘들어집니다.

이제 정신과 의사를 한지도 27년이나 되다 보니 점쟁이가 다 된 건지, 점쟁이 말투를 흉내 낼 때가 있습니다.

얼마 전에 내원한 새댁이 하도 철이 없길래, "점보면 결혼 늦게 하라고 하죠?"라고 그랬더니 "맞다!"고 합니다. 점쟁이들이 그런 말한 건 당연할 겁니다.

그 새댁은 결혼해서도 여전히 친구들 만나서 술 마시고 노는 데 관심이 많은데 결혼생활이 감옥 같겠죠. 게다가 애까지 딸렸으니, 야생마를 집에 가둔 꼴입니다. 점집이란 데가 인생을 살다보면 힘들고 어렵고 자기 결정하기 힘들 때 찾아가는 데라서, 정신과에 와야 할 환자들이 점집에가서 5만 원 복채 내고 점을 보면서는 아까워하지 않습니다. 하지만 병원에서 5만 원을 받았다고 하면, 제 멱살 잡을지도 모릅니다. 왜 이렇게 진료비가 비싸냐고 말입니다.

암튼 간에 이왕 점집이야 있는 거고, 좋은 점쟁이들은 경험적으로 치료법을 알고 있습니다. 점쟁이가 아니더라도 몇 마디 말하는 거 들어보고, 그 사

람 하소연하는 내용을 들어보면 그 사람 성격이 나옵니다.

그래서 점쟁이들은 그 사람 성격을 유추해서는 그가 하지 말아야 할 직업들을 말해주곤 합니다. 각자 개성이 다르고 성격이 다른 법인데, 그 적성에 맞춰서 직업을 갖는 게 성공의 지름길이라는 것은 누구나 아는 사실입니다. 내성적이고 말수가 적은 사람이 자동차나 보험 세일즈를 한다면 맞지 않을 것이고, 허풍이 많고 일확천금을 노리는 사람은 사업을 해서는 안 됩니다. 그들은 꼼꼼하지 못해서 금방 사업을 말아먹기 십상입니다.

그러나 사람들은 자기 적성이나 성격은 무시한 채 욕심만 앞세워 자기에게 맞지도 않는 직업을 선택해서 금방 부자가 되려고 합니다. 또한 처세술 책을 보면 금방 내가 성공할 것 같고 부자가 될 것만 같습니다. 그렇지만 현실은 냉정해서 자기한테 맞지 않는 일을 하게 되면 실패하기 마련입니다.

사주는 그 사람의 성격

저는 제일 싫어하는 책이 '누구 엄마의 교육법', '누구 엄마의 육아법' 이런 겁니다.

그 저자들을 보면 자녀 둘 모두 서울대에 보냈다거나, 자식 모두를 훌륭한 음악가로 만들었다거나, 아니면 아이비리그에 모든 자식들을 보낸 사람들의 수기입니다.

그거 읽고 나면, 보통의 엄마들은 열등감에 다 쓰러집니다. 당연히 그래야 합니다. 이런 책은 일부러 열등감 일으키려고 만든 책이니까요.

아이들의 장래는 부모의 육아법이 그렇게 큰 비중을 차지하지 않습니다. 아이가 가지고 있는 성격이나 성향이 거의 대부분이라고 보시면 됩니다.

저는 서울대 두 명 보낸 어머니에게 우리 아이들 좀 데려다가 교육 좀 시켜달라고 부탁하고 싶습니다.

서울대 갈 정도면 영재나 수재소리 듣는 애들이 간다는 건 모두 다 인정하실 겁니다.

그래서 기본적으로 지능은 높은 편이구요. 그 다음에 성격을 잘 타고 나야 됩니다.

일단 경쟁심이 많아야 하죠. 남보다 잘하고자 하는 욕구가 있거나 엉덩이가 무거워서 한번 책상에 앉으면 좀체 일어나지 않습니다. 그리고 남들 놀 때 공부하고, 놀고 싶은 욕구를 참을 수 있는 능력이 있는 겁니다.

그리고 서울대 갈 정도면 어린 시절부터 영재성이 발휘됩니다.

유치원에 가도 선생님들이 아이가 똘똘하다고 영재교육을 권합니다.

그럼 어머니는 영재교육을 시키게 되고, 그리고 어디 가더라도 더 좋은 학원이나 교육기관에 보내보라고 합니다. 그렇게 어머니가 그런 사람들의 조언을 따르다 보면 어머니는 어느새 사교육의 중심인 서울 대치동에 전세를 살고 있는 겁니다.

육아법이 훌륭한 게 아니라, 어디 가도 천재소리를 듣다 보니, 아이를 뒤좇아 가다보니, 아이는 어느새 서울대에 입학하는 겁니다. 정말 뛰어난 천재들은 따로 공부 안 시켜도 잘합니다. 어머니들은 이렇게 얘기합니다. 공부하란 소리 한 번도 한 적 없고, 아이가 어릴 때부터 책을 좋아해서, 책을 많이 사주고 기타 등등 이런 말합니다.

서울대 갈 정도 아이들은 어느 집에서 키워도 다 서울대 가죠. 특별한 비법이 있는 건 아닙니다. 일단 성공하는 아이들은 부지런해야 하고, 굉장히 치밀해야 합니다. 그리고 끈기가 있어야 하고, 남의 말을 들을 줄 알아야 합니다.

실패하기 좋은 성격은 일확천금을 노리고, 게으르고, 지나치게 낙천적이고, 남의 말을 절대 듣지 않습니다.

우리가 잘 못 알고 있는 것 중의 하나가 음악이나 미술은 재능이 있어야 성공한다고 알면서, 사업이나 비즈니스 쪽은 왜 재능을 별로 따지지 않을까요?

사업이나 비즈니스 쪽은 생사가 달린 문제고, 집안이 거덜 나느냐 마느냐 하는 그런 큰 돈 이 걸린 건데도 불구하고, 왜 자기 적성은 무시할까요?

단지 이렇게 하면 나도 성공할 수 있다. 이렇게 하면 나도 큰 부자가 될 수 있다. 어느 벤처기업가의 성공기나 성공한 사람들의 강의 몇 개 듣고는 자신도 할 수 있다고 생각합니다.

사주는 그 사람의 성격입니다. 사주 나쁘다는 것은 그 사람 성격이 안 좋다는 얘기라고 보시면 됩니다.

가끔 충동적이고 성질부리고, 나이 50~60되어서도 자기 분에 못 이겨 다른 사람이랑 싸움하고, 그리고는 상대방 다치게 해서 무릎 꿇고 합의 봐달라고 사정하는 사람 많이 봤습니다.

그렇게 성질부리니 친구들 떠나가고, 직장에서 쫓겨나고, 마누라도 떠나갑니다.

사업 잘하고 성공하는 것도 재능이며, 타고난다는 겁니다.

그런데 그런 재능을 타고 나지 않은 사람들이 있습니다. 그런 사업적 재능을 타고 나지 않은 사람들은 대개 자신만 모르고, 주변에서는 다 알고 있습니다. 아내가 뜯어말리면 왜 뜯어말리는지 곰곰이 생각하고, 친구가 하지 말라고 하면 왜 하지 말라고 하는지 생각 좀 하고 뛰어 들어야 하는데, 무조건 자신이 하면 된다는 생각으로 사고를 칩니다. 그러니 항상 비참한 결과를 가져오는 경우가 대부분입니다.

성공한 사람들의 강연이나 책을 보면, "이렇게 하면 성공한다, 나처럼 하라."고 얘기합니다.

"그건 네 얘기."고. 저는 그렇게 생각합니다.

그건 네가 잘나서 성공한 거고, 네 강의 듣는다고, 네 책 읽는다고 다 성공하는 건 아니잖아.

그러니까 양심 있는 사람 같으면, 책에다 주의문구도 좀 넣어야 된다고 생각합니다.

TV 프로그램의 마술쇼나 진기명기 이런 프로그램을 보면, 깨진 유리 위를 걷는다거나 못을 자기 코에 박는 사람, 심지어 쇳조각을 잘라서 먹는 사람도 있고, 드릴로 자기 관자놀이랑 목구멍에 대고 안 뚫리는 거 보여주는 그런 엽기적인 장면이 나옵니다. 그럼 밑에 이런 자막 뜹니다. "시청자 여러분은 절대 따라하지 마십시오."라고 말입니다.

그러니까 성공한 사람들이 강연하는 프로그램을 방영할 때도 "성격이 일확천금을 노리거나, 게으르거나, 남의 말을 잘 안 듣거나, 치밀하지 못한 사람은 절대 이 사람의 성공비법을 따라하시면 집안 거덜 나고 길거리에 나 앉을 수 있습니다."라고 자막을 넣어야 됩니다.

그리고 책에도 "이 책을 읽는다고 해서 모두 성공하는 건 아니고, 나는 잘나서 성공한 거니까 잘못 따라하면 알거지 되고, 자식 등 돌리고, 이혼당할 수 있으니 대충대충 사업을 시작하려 하거나, 일확천금을 노리거나, 고생할 각오가 되어 있지 않고, 어찌 저절로 돈이 들어올 거라고 생각하는 사람은 절대 따라하지 마시기 바랍니다." 이렇게 경고문구 정도는 넣어줘야 되는 것 아닌가요?.

아니 성공해서 돈벌어, TV강의 나가 돈벌어, 스타 강사 되면 한 시간 강의에 수백만 원 받아 돈벌어, 그리고 책 팔아서 돈벌어, 그러니 되는 놈은 정말 잘 되는 게 세상입니다.

그래서 제가 말씀드리고 싶은 것은 자기 재능 좀 제발 객관적으로 살펴보시라는 겁니다.

생각해보세요. 1억을 투자했다고 합시다.

차라리 그 1억을 은행에 넣으면 일 년에 이자 몇 백만 원 나오고, 원금은 그대로 남아있고, 요즘은 알바천국 들어가면 쉰 살 넘어도 한 달에 150~200만 원 정도 되는 일자리 많습니다.

그런데 그 사람이 사업해서 3천만 원을 손해 봤다고 합시다. 그럼 일 년에 기회비용합해서 5천만 원에서 6천만 원 정도 손해 본 겁니다. 그리고 정신적인 피해는 어떻게 하고요. 그로 인해 우울증 걸리면 치료비용 들죠, 일 못해서 손해죠, 사업 안 되면 가정불화생기죠, 그런 눈에 안 보이는 치명적인 손실은 어찌할 겁니까.

그러니 성공한 사람들, 돈 많이 번 사람들, 그런 사람들은 그렇게 사는 거고, 내가 그런 비즈니스할 능력 없으면 알토란같은 월급 받는 게 정답입니다.

요즘 불황이다 보니 창업하는 사람들이 많습니다. 만만한 게 분식집이죠. 그런데 그런 분식집도 부지런하고, 센스 있고, 감각 있어야 돈 법니다. 우리 병원 근처 분식집 돌아보면, 제대로 된 김밥집은 한 군데밖에 없어요.

다른 집은 파리 날릴 수밖에 없습니다. 맛이 없으니 손님이 없는 거죠. 제대로 준비를 안 하고 창업을 한 겁니다. 그럴 바엔 속 끓여 가면서 뭐 하러 사업해서 돈 잃고, 속 버리고, 우울증이나 공황장애 걸리는지 모르겠습니다.

그러니 성공한 사람들의 책이나 성공한 사람들의 강의, 다 믿지 마세요.

아니 법정스님, 성철스님, 김수환 추기경님, 법륜스님, 혜민스님 강의 TV에서 들어보시고, 책 읽어보셨잖아요. 책 읽어보니, 우리가 금방 성불하고, 성자가 돼서, 마음이 편안해지고, 천사가 되더란 말입니까?

자신이 그동안 쌓은 선업의 공덕이 있어야 그 책 한 권 읽고, 강의 한 번 듣고도 아! 하면서 깨우치는 것이죠. 준비된 사람만이 그런 책 읽으면 효과

있는 것입니다.

하지만 이런 책들이 아무런 효과가 없다는 것은 아닙니다. 우리가 물질에 너무 치우치니까, 이런 책들 보면서 자기 삶을 돌아보는 계기가 되는 단초는 제공하는 셈이니 이런 책들이 무용하다는 건 아닙니다.

박복과 유복은 종이 한 장 차이

우리가 박복하다는 말을 잘 합니다. 자신이 부모복도 없고, 자식복도 없고, 인복도 없다고 말입니다.

제가 예전에 신점으로 점치는 양반이 환자로 온 적이 있습니다. 성형외과 하는 친구가 소개해서 오게 되었는데, 그 친구가 미리 귀띔을 해주었습니다. 그 양반이 유명한 점쟁이고, 해외로 돌아다니면서 점 본다고, 그리고 당연히 돈도 많이 벌었다고 말입니다.

그래서 상담하던 중에 그 양반이 내 점을 보겠다고 합니다. 이게 웬 횡재냐 하고 들어봤습니다.

저보고 아버지 복이 없대요. 그리고 이런저런 얘기해줬는데, 점쟁이들 말이 내가 다 아는 거 얘기하지, 내가 모르는 거 얘기합니까? 사람들 너무 웃기죠. 자기가 다 아는 거 점쟁이가 맞추는 게 뭐가 그리 신기합니까?

그렇게 생각해보니, 우리 아버지가 열심히는 사셨으나, 사업 감각은 없어서 여러 번 말아먹었습니다. 사람 너무 믿고, 워낙 숫기가 없어 돈 주고도 돈 달란 소리 못하고, 그러니 밑에 사람이 다 해먹었죠.

제 어릴 때 소원은 아버지한테 용돈 한 번 받아보는 것이었습니다. 그리고 사립초등학교 다니는 거, 그리고 유치원 다닌 친구들이 그리 부러울 수가 없었습니다.

씩씩한 여장부 우리 어머니가 아버지가 망할 때쯤 되면 달려가서 몇 푼이라도 건져서 나오시곤 했습니다. 그러고 보니 아버지 복이 없네 하는 생각이 들었습니다.

그리고 그 점쟁이가 제 점을 보고 나서 한참이 흐른 뒤 이런 생각이 든 겁니다. 제가 아버지 복이 없는 게 아니더란 말입니다. 우리 아버지는 어린 시절 할머니가 재혼하는 바람에 집도 절도 없이 전국을 떠돌아 다녔습니다. 그러니까 무학이죠. 그럼 환경조사서 작성하는 날은 그리도 창피하더란 말입니다.

"아버지가 초등학교 나온 사람 손들어!" 중학교, 고등학교, 대학교, 어디에도 손을 들 수가 없어 창피하고, 어린나이에도 우리 아버지가 사업적으로 무능한 게 보였습니다.

그래서 아버지를 미워했습니다.

그런데 가만 생각하니 아버지 복이 왜 없습니까? 우리 아버지 돈 잘 벌었으면, 제가 그거 믿고 공부도 제대로 안했을 수도 있고, 아버지 재산만 바라고 아무것도 하지 않았을 수 있습니다. 또 우리 아버지 무학이라서 그 콤플렉스 때문에 제가 더 공부를 열심히 했습니다. 그리고 우리 아버지 사업은 무능했지만, 우리 어머니 돈 버느라고 우리 보살피지 못할 때 초등학교 6년, 중고등학교 6년. 그렇게 12년을 우리 아버지가 도시락 싸줬습니다. 그리고 의과대학 다닐 때 그 많은 시험때 아버지한테 깨워달라고 하면 우리 아버지 열심히 깨워주셨습니다. 항상 피곤하니 제대로 일어날 수가 있나요. 수십 번을 깨워야 일어났으니 그 얼마나 힘드셨겠습니까? 그러니 저는 아버지 복이 많은 겁니다.

예전에 어떤 분이 내원하셨습니다. 그분은 엄마가 언니만 좋아해서 자신한테는 신경을 안 쓰는 바람에 그 앙금이 남아 결혼하고 이제 자식도 낳았지만 여전히 엄마가 밉다는 말을 했습니다.

그래서 넌지시 물어봤습니다.

당신의 생각이 당신을 속이고 있다

"그래서 꼭 잃은 것만 있는 것은 아니죠? 얻은 것은 뭘까요?" 그랬더니 생활력이 강해졌다고 합니다. 어머니가 자기한테 신경을 안 쓰는 바람에 자기 혼자서도 잘하게 되었다고 말입니다.

그래서 우리가 박복하다는 게 나쁜 게 아닙니다. 박복한 게 진짜 복이 많은 거고, 부모 복 많은 게 도리어 독이 될 수 있습니다.

그리고 인생 누구나 다 박복합니다. 자식 복, 남편 복, 아내 복, 인복이 없다고 하는데, 그 말 맞습니다.

아니 인생 결국 혼자 가는 겁니다. 어찌 자식이, 남편이, 아내가 내 맘 다 알아서 해주길 바라나요. 그런 복을 바라니까 문제가 되고, 자신이 박복하다고 생각하니까 힘든 겁니다.

우리가 부러워하는 사람들을 보세요.

박복하고 사주가 별로 안 좋아요. 나경원 의원은 서울대 법대 나오고 법조인에 국회의원까지 했습니다. 그룹 부활의 김태원 씨도 잘나가는 뮤지션입니다. 하지만 그들도 고민은 있죠. 아이가 발달장애입니다. 이분들은 자식이 서울대 가는 게 아니라 혼자서 생활하는 게 소원일 겁니다. 그리고 가수 김장훈, 차태현, 김하늘, 김구라, 이병헌. 이분들 모두 공황장애로 고생했던 분들입니다. YG패밀리 양현석 사장도 공황장애를 앓았습니다. 공황장애는 죽음의 공포라고 하죠. 그 고통은 엄청 심하고, 결국 그들의 바쁜 생활 때문에 이 병을 얻은 것입니다.

예전 정주영 회장도 살아생전 아들이 자살하는 바람에 상처를 받았고, 삼성의 이건희 회장도 셋째 딸이 미국에서 교통사고로 죽었습니다.

세상 입장에서 볼 때 부럽고 지위가 높고 학식이 대단하신 분들이지만, 이걸 복이 많다고 해야 되나요? 박복하다고 해야 되나요? 사주가 좋은 건가요? 아님 나쁜 건가요?

인생 자체가 사실 다 박복한 겁니다. 사주 자체가 다들 좋으리라 기대하지 마십시오.

질병과 노화에서 벗어날 수 있는 사람 없으며, 자식 자기 마음대로 되는 사람 많지 않으며, 인간이 지금 존재하는 것 자체가 외로움이고 고통입니다. 그러니 우리 모두 박복하고 사주가 안 좋은 겁니다. 그런데 자기 팔자 박복하다, 내 사주 안 좋다고 자꾸 생각하면 인생 더 꼬이고 힘들어집니다.

인생이란 게 어찌 항상 좋은날만 있습니까? 나쁜 것과 좋은 것 뒤섞여 있는 게 인생입니다.

사람으로 태어난 게 고통이고 힘든 일의 연속인데, 박복하지 않은 사람 나와 보라고 하세요. 아무도 없을 겁니다.

어느 인생도 고민 하나 없고, 식구 중에 아프지 않은 사람 없으며, 성공하면 성공한 대로 또 그 성공이 구설수에 자주 오르게 해서 고통을 주고, 힘들게 합니다.

제가 존경하는 고 장영희 교수님은 생후 1년 만에 두 다리를 쓰지 못하는 소아마비 1급 장애인이 되었으나 이를 이겨내고 박사학위를 받고 모교에서 교수로 재직하였습니다. 그런데 2001년에 유방암 선고를 받고 두 번의 수술과 방사선 치료를 받은 끝에 회복되었으나, 2004년에 척추에서 암이 발생하여 2006년에 회복되었습니다. 그러나 2008년에는 간암까지 발병하여 학교를 휴직하고 치료를 받았지만 2009년 사망하였습니다.

이걸 세상의 관점으로 보면 박복하고, 좋은 사주가 아니라고 볼 수 있지만, 그가 가진 질병과 그가 암과 투병하면서 겪은 경험은 지혜가 되었습니다. 그리고 장영희 교수님은 그걸 다 받아들이고 행복하게 살다 가셨습니다.

그러니 무엇이 박복한지, 무엇이 유복한지는 사실 종이 한 장 차이요, 어찌 보면 박복한 게 유복한 것이고 유복한 게 박복한 것입니다.

당신의 생각이 당신을 속이고 있다

자신이 박복하면, 남이라도 잘살게 복을 주고 사시기 바랍니다. 그럼 그 기쁨으로 자신이 유복해집니다. 내 사주 안 좋으면 남의 사주라도 좋게 하기 위해 도와주시기 바랍니다. 그러면 자신의 사주도 좋아지게 마련입니다. 그 만족감 때문에 말입니다.

14.

하나님과 부처님 좀 그만 괴롭힙시다

절대로 하나님, 부처님은 치졸한 분이 아닙니다.
나만 믿는 사람만 건어주지 않습니다. 모두 똑같이 사랑할 뿐입니다. 그러니 돈 벌게 해달라고,
잘살게 해달라고 하는 기도, 기복기도 좀 그만하시고, 그저 마음의 평화와 행복을 위해서,
그리고 남을 위해서, 나랑 원수진 사람한테까지라도 기도하시기 바랍니다.
항상 무엇을 얻고자 하는 기도만 하니까, 종교생활을 수십 년 해도 마음의 평화가 없는 겁니다.

본론에 들어가기 전 제 종교적 배경을 일단 말씀드리겠습니다. 어린 시절엔 불교신자인 어머님을 따라 절에 가곤 했습니다. 우리 어머니가 저랑 형님 잘 되라고 보문사에 시주를 해서 탑에 제 이름을 새겨주셨습니다.

중학교 때는 가톨릭계 중학교에 들어가서 매 주마다 미사를 올렸습니다. 신부님이 국어선생님이셨고, 수녀님이 음악선생님이었습니다. 일주일에 1시간은 교리시간도 있었습니다. 그 교리시간에 친구들과 떠들다 수녀님에게 걸린 겁니다. 제가 어릴 땐 산만했나 봅니다.

제가 어린 시절 어머니를 따라다니면서 절밥을 얻어먹은 게 얼만데, 다른 종교인 가톨릭의 교리시간을 갖는 게 그리 달갑지 않았습니다. 부처님한테 밥도 얻어먹었는데 배신하는 것 같아서 약간의 반항심도 있었습니다. 그래서 수녀님이 무슨 얘기를 떠드냐고 하기에 "불교얘기를 좀 했는데요."라고 당돌하게 대답을 했습니다.

그랬더니 그 수녀님이 "너 중 될래?" 그러시는 거예요.

그런데 그 수녀님 말씀대로 어릴 때 출가해서 불교에 귀의했다면 참 좋았 겠다는 생각이 듭니다. 수행의 길이란 게 사실 아무나 갈 수 있는 게 아니란 걸 알지만 말입니다. 다음 생이 있다면 전 수행자가 되고 싶습니다. 그게 불 교든 가톨릭이든 상관없습니다.

그리고 고등학교와 대학교는 기독교학교에 다니게 되었습니다. 대학교 다 닐 때 채플에 참여했고, 그때는 종교서클에도 가입해서 교리공부도 했으며, 교회에도 다녀서 성가대에 서기도 했습니다.

요즘은 불교신자는 아니고, 불교공부를 하고 있습니다.

그러니 세 개 종교에 대한 맛은 본 상태입니다. 이게 제 종교의 이력입니다.

성경과 에피크족의 이야기

자, 그건 그렇고. 아프리카의 에피크족에 내려오는 이야기를 들려드리겠습 니다. 이 이야기는 성경의 창세기와 매우 흡사합니다. 신은 낙원을 만들어 한 쌍의 인간을 살게 합니다. 물론 아담과 이브처럼 에피크족 최초의 인간도 먹 을 것과 입을 것을 걱정하지 않고 평화롭게 살 수 있었습니다. 배가 고프면 신은 종을 울려 밥 먹을 시간을 알려주었고, 인간은 때가 되면 배불리 먹을 수 있었고, 어떤 불편함도 없이 신은 인간을 배려해주었습니다.

여기까지 성경과 에피크족의 이야기는 똑같지만 이후 이야기는 사뭇 달라 집니다.

에피크족 최초의 인간은 이런 편안함에 길들여지는 것에 점차 지루함을 느끼기 시작합니다. 이들은 신에게 종속되어 먹을 것과 입을 것에 의존하는 게 너무 재미없는 일이라고 생각합니다. 그래서 이들은 감히 신에게 낙원을 나가겠다고 선언합니다. 물론 이 한 쌍의 인간은 이런 결정을 내리기까지 많은 갈등을 겪었습니다. 당장 자신의 먹을거리를 마련하기 위해 힘든 노동을 해야 하고, 찬바람을 막을 집을 지어야 하며, 사나운 짐승으로부터 자신을 보호하고, 병마와 싸워야하기 때문입니다.

신에게서 독립하는 대가치고는 너무나 희생이 컸습니다. 그래서 이들은 오랫동안 낙원에서 살 것인가, 아니면 낙원을 뛰쳐나갈 것인가에 대해 오랫동안 고민을 거듭합니다. 이런 고민을 하는 동안 식음을 전폐하기도 하고 여러 날 불면의 밤을 보내기도 합니다.

신은 점점 야위어가는 인간을 보면서 왜 종을 울려도 제때 밥을 먹으러 오지 않는지 궁금해 합니다. 고민으로 인해 피골이 상접한 한 쌍의 인간이 드디어 신과 만날 것을 요청합니다.

그들은 신에게 "모든 것이 갖춰진 낙원의 삶은 더 이상 지루하고 답답해서 견딜 수가 없습니다. 이곳을 떠나겠습니다."라고 얘기합니다.

신은 두말없이 그들의 부탁을 들어줍니다. 창세기의 아담과 이브는 신의 노여움을 사서 낙원에서 쫓겨났지만, 에피크족 최초의 인간은 수많은 갈등을 겪은 후에 스스로 낙원에서 나가는 용기를 보여 준 겁니다.

그래서 저는 아프리카 에피크족의 신화가 구약의 창세기보다 좋습니다. 감히 신이 마련해준 보금자리를 박차고 나오는 인간의 자유의지가 정말 마음에 든 겁니다.

인간은 참 이상한 동물이라는 생각이 듭니다. 인간에게는 자유의지라는 것이 있어서 인간은 자율적으로 자신이 선택하고 결정한 것에 커다란 가치를 두는 성향이 있습니다. 많은 사람들이 아무리 좋은 환경에 있다 하더라도 어떤 틀 속에 갇혀 사는 것을 원치 않고, 자기가 선택한 험난한 길을 걷는 걸 좋아합니다.

인간에게는 누구나 자유의지가 존재합니다. 하지만 그것을 잊고 사는 경우도 많습니다. 어린 시절부터 교육받아온 대로, 부모가 알려주고 지시한 대로, 사회가 정한 규칙대로 살아오다 보면 인간이 가진 자유의지는 억압되고 숨어버립니다.

이런 자유의지가 억압되는 것은 종교에서도 존재합니다. 종교를 자의적으로 해석하고, 인간의 수준으로 떨어뜨려 생각하고, 그래서 자신이 믿는 종교를 욕되게 하는 경우도 많습니다.

'불신지옥 믿음천국', 이런 게 자신의 종교를 욕되게 하는 대표적인 말입니다. 아프리카 에피크족의 최초의 부부처럼 우리는 신으로부터도 독립을 해야 합니다.

지나치게 신에 의존하고 있는 건 아닌가요? 자기가 할 일은 하지 않고 신에 빌붙어서 매일 뭔가 해달라고 떼만 쓰는 건 아닌지 모르겠습니다.

우리가 얼마나 종교에 바라고 또 지나치게 의존하고 사는지 봅시다.

기독교 간증을 가보십시오. 간증 내용 중에 교회 열심히 다니고 하나님께 순종했더니 사업이 불 일어나듯 일어나고, 아들이 명문대학에 가고, 남편 건강이 좋아졌다는 얘깁니다.

또한 자신이 하도 몸이 아파 매일 기도했더니 암이 치유되었다는 것도 얘기를 합니다.

목회자들도 하나님 열심히 믿으면 부자가 되고 만사형통한다고 얘기합니다. 또한 기독교를 믿는 나라는 잘살고, 그렇지 않은 나라는 가난하다는 말까지합니다.

하지만 예수님은 부자들을 싫어했습니다. 부자가 천국에 가는 것은 낙타가 바늘구멍 통과하는 것보다 어렵다고 했습니다.

하지만 부자가 될 수 있다는 것, 건강하게 해준다는 것, 가정을 행복하게 해준다는 것으로 종교를 선전하고 있습니다.

그래서 신자들은 어느 교회가 영험하고 '기도빨'이 잘 받는다고 하면 철새처럼 옮겨 다닙니다. 그건 불교신자들도 마찬가집니다.

그러면 이런 주요 종교들이 모시는 신이 잡신들과 다를 바가 어디 있습니까?

잡신들도 부자가 되게 하고, 병 고쳐주고, 만사형통하게 해줍니다.

하나님, 부처님께 매일매일 달라고만 하는 게 염치없다고 생각하지 않으셨습니까?

내가 하나님 믿고 부처님 믿는다고 나 돈 많이 벌어주게 해주고, 내 병 낫게 해준다는 굳은 믿음은 도대체 어디서 나온 걸까요?

그런데 하나님, 부처님이 내 기도 안 들어주면 어쩌려고 그러십니까? 그럼 하나님, 부처님 원망하고, 획하니 등 돌리고 다른 종교로 개종하는 사람들도 있습니다. 어디서 점을 보니 지금 믿는 종교가 나랑 맞지 않는다는 점괘가 나온 겁니다.

어떤 경우는 종교를 바꿨더니, 안 좋은 일이 생겨서 점을 봤더니 점쟁이 말이 함부로 종교를 바꾸는 바람에 액이 끼여서 그러니 다시 원래 종교로 돌아가란 얘기를 듣고는 얼른 다시 개종하는 사람도 있습니다.

그런데 하나님이 재벌총수도 아니고, 의사도 약사도 아니고, 모든 것 원하는 대로 다 주는 분입니까?

여러분 생각해보세요.

우리가 믿는 종교에 대한 믿음이 진정한 것인가요?

수능 때만 되면 대구 팔공산 갓바위에 신도들이 수없이 몰려들어, 자식 수능 잘 보게 해달라고 기도합니다.

물론 기도 안 하는 것보다야 낫지만, 자기 자식, 자기 남편, 자기 집안만 잘되게 해달라고 하는 것이 지나치게 이기적이란 생각해보신 적 없으십니까?

당신의 생각이 당신을 속이고 있다

그럼 남의 집 애들은 수능 못 봐도 되고, 다른 집은 거리에 나앉아도 되며, 나만 병 고쳐서 오래 살고, 남은 병들어서 죽어도 상관없습니까?

그렇게 나만 잘되게 해달라고 우리는 부처님, 하나님께 기도를 합니다.

하나님과 부처님을 인간의 좁은 마음으로 대한다

성경 말씀에 믿음이 있으면 산도 옮긴다고 했습니다.

그리고 종교에서는 믿음을 강조합니다. 어느 종교도 믿음을 강조하지 않은 종교는 없습니다.

모두들 굳은 믿음을 가지고 기도를 하고, 시주를 하고, 헌금하면, 부처님과 하나님이 돈도 주고, 건강도 주고, 자식 좋은 대학과 좋은 직장 보내주고, 집안이 화평하고, 만사형통하리라 봅니다.

그런데 부처님이나 하나님이 그렇게 속이 좁은 분일까요?

지나치게 부처님과 하나님을 우리 수준까지 끌어내려서 본 것 아닌가요?

분명 그분들은 우리랑 차원이 다른 세상에서 우리를 굽어보고 있을 텐데, 우리 수준으로 자의적으로 해석해서는 그걸 진리라고 목회자나 스님들이 떠들고 있다는 생각을 해본 적이 없나요?

믿음이 있으면 모든 것이 이루어진다고 말씀들을 합니다.

굳은 믿음을 가지고, 매일 내가 부자가 되게 해달라고, 내 병이 낫게 해달라고, 그리고 우리 자식 좋은 대학, 좋은 직장 합격하게 해달라고 기도해도 안 되는 사람들은, 믿음이 부족한 걸까요?

그들은 믿음이 없고, 기도를 덜해서 가난하고, 병이 들고, 자식이 속 썩이고, 대학에 떨어지는 걸까요?

하나님께 분명 매달리고, 부처님께 시주하고 108배도 모자라 3천배를 하는데도 불구하고 돈도 안 생기고, 집안 꼴은 엉망이 되고, 회사는 망하고,

남편은 바람피우고, 자식은 교도소 가는 것은 분명 하나님이나 부처님에 대한 믿음이 부족하고, 뭔가 잘못했기 때문에 그분들이 벌을 내리신 걸까요?

자, 하늘에 계신 분들 얘기는 그만하고, 땅으로 내려와 봅시다.

우리 인간들도, 나한테 잘해주고, 나를 믿어주고, 나에게 순종하고 내가 시키는 대로 다 해주는 사람 마다할 사람 없고, 그런 사람 좋아하지 않을 사람 없습니다.

너무 좋지요. 그런 사람이 있다면 말입니다.

그렇게 나를 신뢰해주는데 내가 그런 사람한테 등 돌리고, 싫어하고, 멀리할 이유가 있을까요?

가까이 두고 항상 같이 지내고 싶을 겁니다.

하지만 문제는 미운 놈들입니다. 내게 불친절하고, 내 돈 떼어먹고 도망가고, 내 재산만 노리고 아무 일도 하지 않고 말도 안 듣는 자식이나, 사사건건 시비나 걸고 아무리 좋은 음식을 대접해도 고마워하지 않는 시어머니나, 내가 아무리 열심히 살림을 해도 나를 믿지 않고 10원 한 푼까지 계산해서 생활비를 낱낱이 파고드는 남편이 좋을 리 없을 겁니다.

사람들도 자기 좋다고 하는 사람, 자기한테 친절한 사람에게 잘 대해주는 건 누구나 합니다.

문제는 내게 미운 놈들에게까지 미운 마음 갖지 않는 겁니다. 우리는 흔히 자신에게 잘못했다고 앙심을 품고, 매번 그 사람 만날 때마다 불쾌한 표정을 짓는다거나 예전에 아무것도 아닌 일로 나를 섭섭하게 했는데 10년이 지나도 여전히 그놈에 대한 원한이 남아 있어, 볼 때마다 때려주고 싶고 밉다는 겁니다.

사람들 수준에서도 나 잘해주는 사람 좋고, 내가 밉거나 내가 싫어하는 사람들 싫어하는 건 당연하다는 겁니다.

당신의 생각이 당신을 속이고 있다

그런데 하나님, 부처님도 그럴 거라고 생각하고 있다는 겁니다.

너무 인간의 좁은 마음으로 그분들 수준을 우리가 판단하고 있지 않나요?

내가 하나님 믿는다고 그분이 나만 예뻐하고, 내가 하나님한테 매일 기도한다고 더 좋아해서, 나 부자 만들어주고, 내 병 고쳐주고, 우리 자식 출세시켜준다고 생각한다면 하나님의 속이 너무 좁은 건 아닌가요?

그건 인간도 하는 거잖아요. 나 좋아하고 나를 믿어주는 사람한테 뭐라도 더 주고 싶고, 뭐라도 더 해주고 싶은 건 누구나 하는 겁니다.

그런데 하나님도 부처님도 그럴 거라고 생각한다는 게 문제입니다. 하나님, 부처님을 지나치게 속 좁은 인간으로 우리가 생각하고 있는 겁니다.

테레사 수녀님을 보세요. 그분이 인도의 빈민들 도와줄 때 말입니다. 가톨릭 신자인 사람만 도와 준 거 아니잖아요. 인도는 거의 대부분 힌두교 민습니다. 종교랑 상관없이 자기가 돕고 싶은 마음에 고통 받는 한 인간들로 보이니까, 그 사람들이 과거에 도둑질을 했건, 누구에게 사기를 쳤건, 아내를 때렸건, 누구를 죽였건 상관없이 인간이라는 존재 자체의 어려움을 알고, 또 병마에 시달리고 있어 고통 받는 것이 마음이 아파서 그들을 도와 준 겁니다.

이런 마음이 바로 하나님이나 부처님과 가장 가까운 겁니다.

하나님이 기독교를 믿는 사람만 예뻐하고, 불교신자는 미워하고, 그들을 악마로 규정하고 그들을 지옥으로 보낼까요? 부처님이 기독교 신자라고 해서, "그래, 너 무간지옥 경험 좀 해보라."고 해서 저 지옥의 맨 밑바닥으로 보낼까요?

아, 그러면 그분들 우리랑 똑같잖아요.

나 좋아하는 사람은 예뻐하고, 나를 안 믿거나 나에게 등진 사람은 미워하고 벌주고 그렇다면, 그건 우리도 하는 거잖아요.

그러면 하나님 부처님의 존재는 도대체 무엇인가요?

우리랑 수준이 같으면 뭐 하러 믿어요? 뭐 하러 그분들 말씀에 순종하나요?

이렇게 우리는 종교라는 도그마에 빠져서 종교도 인간의 의식수준만큼만 생각합니다.

그 이상을 생각하지 못하니까 개종하면 원래 믿던 하나님이 나를 벌줄 것 같고, 내가 절에 잘 안다니면 부처님이 내 소원 안 들어줄 것만 같습니다.

그런 아주 야트막한 우리 인간의 마음으로 종교를 헤아리지 마시기 바랍니다.

종교인의 선민의식

이렇게 하나님과 부처님의 넓은 마음은 무시하고 자기만의 종교의 틀을 만들게 되면 우리는 다른 사람들을 배척하기 시작합니다.

나는 기독교 신자이기 때문에 하나님의 아들이요, 딸이라는 생각. 그런 생각을 하게 되면 기독교 신자가 아닌 사람들은 모두 불가촉천민이 되는 겁니다. 접촉하면 할수록 내 신앙심에 안 좋은 영향을 끼치는 상종하지 못할 존재들이 되고, 지옥의 유황불에 태워질 인간들로 비춰집니다.

그래서 더욱더 종교를 가진 사람들끼리 어울리게 되고, 내가 하나님의 아들이며 딸이라는 선민의식을 가지게 됩니다. 그 선민의식은 다른 사람을 배척하고 이제 오만해지기 시작합니다. 그런데 그 오만함은 종교에 대한 믿음과 충성으로 포장되어집니다.

어느 정도 교회나 절에 다닌 사람들은 자신도 모르는 사이에 '내가 종교인이다.' 하는 권위의식을 가집니다.

그걸 모르는 경우가 너무나 많습니다.

내가 교회 장로니까, 내가 집사니까, 내가 법사니까, 내가 절에서는 보살이란 얘기 듣고 사니까, 그리고 이 교회를 위해서 내 재산 다 바치고, 내가 헌신했다고 생각하니, 그 교회가 자기 것만 같고, 그래서 마음에 안 드는 목사님 들어오면 쫓아냅니다.

이런 자기도 모르는 권위의식을 알지 못하는 경우가 많습니다. 그런 오만함을 경계해야 합니다.

이제 내가 하나님의 후광을 받고 있으니 남들한테 으스대고, 다른 사람들의 종교는 하찮게 여기고, 무당 푸닥거리 같은 짓이나 하는 우상숭배자로 타 종교인을 생각합니다.

그리고 자신은 하나님의 귀염둥이 예쁜 아들, 딸이라서 천국이 보장되어 있고, 죽으면 하나님이 나를 맞이할 날만 기다립니다.

그런데 말입니다. 그건 당신 생각이구요.

하나님, 부처님이 그렇게 치졸하던가요? 나 믿으면 천당 보내고, 나 안 믿으면 지옥 보내고, 나 믿으면 부자 되고, 안 믿으면 가난뱅이로 살게 하고, 나 믿으면 무병장수, 나 안 믿으면 유병단명으로 만드는 분들일까요?

하나님의 눈에는 자신의 종교를 믿든 안 믿든, 무신론자이든 아무 상관없이 그냥 자신의 사랑스런 자식들입니다.

하물며 인간의 어머니들도 자식이 다른 사람을 살인하고 감옥에 가도 자식 옥바라지하잖아요. 남들이 볼 때는 살인자요, 극악한 흉악범이지만, 그 자식을 낳은 어머니에게는 여전히 귀한 자식이요, 보살피고 사랑해주고 싶은, 눈에 넣어도 아프지 않을 귀한 존재입니다.

아니 인간의 어머니들도 그런 사랑을 베푸는데, 하나님, 부처님은 자기 종교만 믿는 사람만 골라내서 예뻐하고 사랑해준다는 건 도대체 어디서 나온 걸까요? 그건 인간의 생각에서 나온 것입니다. 하나님이나 부처님이 그럴 것이라는 인간의 얄팍한 판단력에서 비롯된 것입니다.

그래서 종교 간의 전쟁이 끊이지 않는 것입니다.

하나님의 이름으로, 알라신의 이름으로 그들은 총을 들고, 상대방이 다른 종교를 가졌다는 이유만으로 상대방을 악마로 생각하고 죽여도 전혀 죄책감을 갖지 않습니다.

그들은 자신의 하나님을 욕되게 했다는 것으로, 자신의 하나님을 믿지 않는다는 이유로, 알라신의 율법을 더럽혔다는 이유로 상대방을 죽이고 고문합니다.

그래서 종교가 다르다는 이유로 유사 이래 전쟁은 끊임없이 일어나고 있습니다. 사실 하늘에서 하나님, 알라신, 부처님이 자기들의 종교로 인해 서로 죽이고 전쟁을 일으키고, 전쟁고아가 생기고, 또 피해자는 나중에 또 복수를 하는 걸 보면 복장 터져 돌아가셔도 수만 번은 더 그러셨을 겁니다.

누가 감히 내 종교의 이름으로 다른 사람을 죽이라고 했냐고 우리를 꾸짖지 않을까요?

그런데 하나님, 부처님, 알라신이 그렇게 속이 좁을까요?

성경에 이런 말씀이 있습니다.

인간은 하나님이 자신의 형상대로 지어 만들었다고 말입니다.

인간을 그렇게 만든 겁니다. 기독교 신자만 그렇게 만든 게 아니고 모든 인간은 그렇게 하나님이 창조한 아들이요, 딸들입니다.

그런 아들이나 딸이 자신을 믿지 않고, 자신을 배신하고, 자신에게 불경스런 짓을 저지르거나, 심지어 다른 종교를 믿는다고 하더라도 그분들 눈도 깜짝하지 않습니다.

그저 변덕스런 자신의 자식들이 그런 행동을 하나 보다 생각하고, 그렇더라도 사랑의 끈은 놓지 않을 겁니다.

당신의 생각이 당신을 속이고 있다

그러면 종교에 대한 믿음은 뭐 하러 가지냐고 할 겁니다.

그런 믿음이 모든 종교의 근본인데, 믿음이 없는 사람도 하나님, 부처님이 모두 다 사랑하고 모두 예뻐한다면 내가 그런 믿음을 가질 필요가 뭐가 있냐고 할 겁니다.

그 믿음이란 것은 말입니다. 예수님이 간 길, 예수님이 하신 말씀, 예수님이 몸소 행하신 말씀대로 한다면 우리는 분명 행복해질 수 있다는 겁니다.

부처님이 간 길과 말씀을 제대로 우리가 해석한다면 분명 우리는 행복해질 수 있으며, 인생을 제대로 살 수 있다는 믿음입니다. 그리고 예수님, 부처님이 우리가 본받아도 좋은 존재라는 믿음이기도 합니다.

분명 내가 가는 길이 험난하고, 분명 세속에서는 손가락질을 받고, 돈 되는 일이 아닐지라도, 그분들이 분명 먼저 가셨고, 그 길을 통해 그분들이 진리를 얻었다는 것을 믿는 것이 믿음입니다.

그런 믿음이 있어야 우리는 하나님, 부처님 앞에서 내가 가진 재산 다 없어져도 마음이 부유하다면 나는 행복해 질 수 있고, 내가 암 선고를 받고 얼마 못살지라도 그분들이 간 길과 말씀대로 한다면 육신은 고통스럽지만, 분명 그분들처럼 나는 행복하게 나의 인생을 마무리할 수 있다는 믿음이며, 당장 내 자식이 좋은 대학에 못가고 취직을 못해도 그런 것들은 나의 걱정일 뿐, 하나님, 부처님의 눈으로 보면 정말 아무것도 아닌 걱정이며, 그분들의 말씀대로 산다면 산 너머 산처럼 벌어지는 인간의 수많은 역경들을 우리가 거기에 휩쓸리지 않고 덜 상처받고, 도리어 그 역경이 우리에게 얼마나 많은 진리를 알려주는가 하는 것을 믿는 것입니다.

그것이 바로 믿음입니다.

그러니 이제 그만 복을 빌자고요.

그만 하나님, 부처님 괴롭히잔 말입니다.

우리가 하나님, 부처님한테 기대지 않고 홀로 잘 살아가면 또한 그분들도 기뻐하지 않을까요?

조금만 힘들어도, 조금만 아파도, 조금만 걱정스런 일이 닥쳐도 쪼르륵 달려가서 나 좀 살려달라고 빌고 애걸복걸하고 그런 모습보다, 이 정도는 하나님, 부처님한테 손 벌리지 않고 내가 스스로 해결한다고 생각하면, 하나님이 봤을 때 얼마나 대견한 자식이겠습니까? 그리고 얼마나 믿음직한 자녀라는 생각이 들겠습니까?

무조건 기대고, 의존하고, 아무것도 안 하고 하나님이 다 해주실 거라고 믿고, 그저 주여, 주여 외치는 자식보다 더 하나님은 기뻐하시라 생각합니다.

이제 그래서 그만 좀 인간의 생각대로 하나님, 부처님을 끌어내리지 말았으면 합니다.

이제 기도 제목 좀 바꾸세요. 내 자식 시험 잘 보게 해달라고 하지 말고, 이번 수능시험 본 모든 수험생들의 마음에 평화가 있고 건강하기를, 이번 수능시험 본 수험생 부모님들의 걱정 근심 모두 걷어가 주시기를 빕니다.

그리고 우리 아들 서울대 꼭 보내달라고 기도하지 말고, 우리 아들 어느 대학을 가더라도, 뭘 하더라도 하나님, 부처님의 진리를 깨달을 수 있게 해달라고 기도하면 얼마나 좋습니까?

"내가 행복하고 고통을 받고 싶지 않듯이, 이 세상 모든 존재가 행복하고 고통을 받지 않게 해주시고, 이 세상 병마에 시달리고 마음의 시름과 고통이 있는 우리 동료 인간들이 모두 행복하고 건강하게 해 주십시오." 하는 기도를 하면 또 얼마나 좋습니까?

항상 내 자식, 내 남편, 내 가정, 내 교회, 내 절만을 위해 기도하니 내 마음이 더 좁아지는 겁니다.

하나님이나 부처님은 자신을 믿든 안 믿든, 십일조 헌금을 내든 안내든,

다른 종교를 믿건 안 믿건, 모두 다 소중한 자식이라고 생각하실 겁니다.

그러니 자꾸 기도를 좁히지 말고, 부처님과 하나님의 마음이 돼서 기도를 해보세요.

그러면 내 마음이 넓어집니다. 내 집안에 국한해서 걱정하고, 근심했던 것들이 하찮게 여겨지게 됩니다.

그렇게 큰마음, 한 마음 내서 이제부터 기도해 보시기 바랍니다.

그럼 하나님과 부처님, 이제 기분 좋아 춤출 겁니다.

그리고 우리가 근본으로 돌아가, 예수님과 부처님이 간 길이 어떤 길이며, 내가 십자가를 매고 골고다 언덕을 걸어갈 용기를 내야 하며, 부처님이 왕자의 자리를 박차고 그 수많은 금은보화를 모두 버리고 출가를 하셨던 이유가 뭔지를 알게 된다면, 우리의 마음은 어느새 두 분의 마음에 닮아갈 겁니다.

덜 바라는 만큼 우리는 행복해진다

절대로 하나님, 부처님은 치졸한 분이 아닙니다.

나만 믿는 사람만 걷어주지 않습니다. 모두 똑같이 사랑할 뿐입니다. 그러니 돈 벌게 해달라고, 잘살게 해달라고 하는 기도, 기복기도 좀 그만하시고, 그저 마음의 평화와 행복을 위해서, 그리고 남을 위해서, 나랑 원수진 사람한테까지라도 기도하시기 바랍니다.

항상 무엇을 얻고자 하는 기도만 하니까, 종교생활을 수십 년 해도 마음의 평화가 없는 겁니다.

아니 종교 생활하는 게 뭡니까, 내 마음의 평화와 인생에서 벌어지는 이런저런 잡다한 걱정거리 하찮다고 여기게 만들고, 그리고 무엇이 나를 진정 행복하게 하는가를 깨닫는 겁니다.

그런데 교회나 절이 슬롯머신인가요, 일단 십일조 헌금, 감사헌금 그리고 절에 가서는 시주합니다.

이제 슬롯머신에 돈 넣은 거죠. 그리고 당깁니다. 그래서 100원 동전 넣고, 헌금이나 시주했는데 수천만 원 쏟아지길 바라는 거나 마찬가집니다.

그렇게 바라기만 하니, 항상 도박장의 도박꾼처럼 눈은 충혈되어 있고, 언제나 하나님, 부처님이 내 소원 들어줄까만 생각합니다.

그런데 그런 물질적인 것을 영적인 곳에서 바라니 마음은 항상 갈급합니다.

하지만 교회나 절에서는 열심히 헌금하고 기도하고, 믿음을 가지고 시주해서 연등 달고, 절에 기와 얹는 데 시주하면 자식 잘 되고 가족 모두 건강하고 행복해진다고 합니다.

실제로 목사님, 스님들이 그런 얘기합니다.

아니 속세에서도 항상 우리는 뭔가를 바라고, 뭔가를 얻기 위해 지쳐 죽겠는데, 절이나 교회에 가서도 그렇게 바라기만 하니, 우리는 우리가 원하는 걸 얻지 못하게 되면 항상 자신을 탓하거나 하나님, 부처님 욕합니다.

내 신앙심이 안 좋아서 그렇다고 생각할 수도 있고, 하나님, 부처님이 나보다 교회나 절에도 안 나오고 제대로 헌금이나 시주도 안 하는 놈들은 떵떵거리고 잘살게 하는데, 나는 왜 안 돌봐주냐고 짜증이 납니다.

그러니 항상 마음은 조급하고, 하나님께 원망하고, 하나님께 항상 조르기만 하고, 기도해서 안 되면 내 기도의 정성이 모자라다고 또 자책합니다.

종교가 왜 그리 복잡해요.

종교는 무엇이 진실이고 무엇이 거짓인지 알려주는 것입니다. 우리가 행복이라 믿었던 것이 실제로는 가짜이며, 진짜 행복은 아무것도 바라지 않을 때 생긴다는 것을 알려주는 것이 종교입니다.

우리가 교회에 가서, 또 절에 가서 해야 할 것은 하나밖에 없습니다. 그냥 모두 내려놓고 오면 됩니다.

그동안 내가 가졌던 탐욕이나 욕심, 이런 게 우리를 불행하게 하고 지치게 하고, 항상 뭔가 부족하게 만들고 마음의 평화를 깨뜨리고 있었습니다.

그래서 모두 다 내려놓고, 흙탕물이 들어 있는 컵을 자꾸 흔들면 어떻게 됩니까? 계속 흙탕물이죠.

교회나 절에 가서는 그냥 흙탕물이 든 컵을 그대로 놔두기만 하면 됩니다. 그럼 진흙과 맑은 물이 분리됩니다.

그렇게 우리의 마음을 편안하게 하고, 그렇게 편안하게 하다 보면 동료 인간들도 나처럼 힘들구나 하는 연민과 자애의 마음도 생기고, 나도 힘들지만 남도 내가 도와주고 싶은 생각이 저절로 들게 됩니다.

이런 마음으로 종교를 믿고, 또 기도를 하면, 우리의 근심은 조금씩 사라지고, 내 고민은 아주 사소한 것이 될 것이며, 예수님의 왕좌 바로 옆에 내 자리를 마련하는 것이고, 부처님 자리 바로 옆 보살의 자리에 내가 앉게 되는 겁니다.

자, 이제 그만 괴롭히세요. 그리고 제발 그만 복달라고 하자고요.

절대 우리가 비는 지금의 소원들로 우리는 행복해지지 않습니다.

하나님과 부처님이 무슨 라스베이거스의 카지노 주인이나 강원랜드 사장이 아닙니다. 그냥 당기면 당기는 대로 와르륵~ 잭팟 터뜨려주는 분이 아닙니다.

그분들은 우리에게 낮은 곳으로 향하도록 하고, 우리가 우리의 몸을 낮추어 겸손하게 살기를 바라며, 우리보다 더 힘든 이웃을 돌봐주라고 합니다.

그런데 우리는 우리 마음대로 종교를 해석하고는 무조건 빌고 또 빌고 세속의 욕심만을 채우려 합니다.

그러니 하나님과 부처님이 얼마나 속이 타겠어요.

도대체 너희들은 왜 그렇게 내게 바라는 게 많니, 그렇게 바라니 너희들의 마음의 평화는 절대 있을 수 없다고 하실 겁니다

그리고 너희들 우리한테 의지하지 말고 홀로서서 걸어가라고 당부하고 싶을 겁니다. 그게 바로 그분들이 원하는 우리의 삶입니다.

무소의 뿔처럼 혼자서 가되, 그분들이 진정 걸었던 진리의 길이 험하고, 힘들고, 고통스럽더라도 따라갈 수 있는 그런 사람을 원하며, 그렇게 했을 때 그분들은 우리를 대견하게 생각할 겁니다.

그만 바라세요. 덜 바라는 만큼 우리는 행복해집니다.

당신의 생각이 당신을 속이고 있다

15

돌고 도는 인생의 고통에서 벗어나기

윤회사상을 우리네 하루하루의 삶에 대입한다면 우리네 삶은 달라질 수 있습니다.
하루를 한 번의 인생이라고 생각하고 살아보시기 바랍니다.
오늘 하루를 한 번의 생이라고 생각하고 내가 다음 생 즉 내일은 좀 더 나은 인생을 기대한다면,
오늘 하루를 의미 있게 사시기 바랍니다. 그럼 내일, 즉 다음 생은 좀 더 나아지게 마련입니다.

한동안 전생열풍이 불어서, 자신의 전생이 무엇인지 알고 싶어 하는 사람이 많았습니다. 자신이 전생에 바보 온달인지, 평강공주인지, 선덕여왕인지, 아니면 이율곡인지, 암튼 사람들은 과거에 자신이 대단했던 인물이기를 바라는 눈치들이었습니다.

우리나라에 불교가 오래전에 도래해서 생활화되다 보니, 우리나라 사람들은 전생과 윤회의 개념에 익숙합니다. 윤회를 믿지는 않더라도 "내가 전생에 무슨 죄를 지었길래 이렇게 고생을 하나." 하는 푸념을 합니다. 또한 유행가 가사를 보면, 이루지 못한 사랑을 절절하게 얘기할 때 다음 생에 다시 만나자고 합니다. 이렇게 우리는 전생과 윤회를 믿고 싶고 또 믿고 있는지도 모릅니다.

윤회의 반복은 계속되는 방황을 뜻한다

힌두교와 불교에서는 모든 존재는 무수한 삶을 반복한다고 가르칩니다.

산스크리트어로 윤회는 '삼사라'라고 하며, 탄생과 죽음의 순환에서 해방되지 않으면, 모든 존재는 끝없이 삶을 되풀이할 수밖에 없다고 합니다. '삼사라'는 '방황'이라는 뜻이기도 합니다.

윤회를 반복한다는 것은 계속되는 방황을 한다는 뜻이죠.

인간이 반복적으로 윤회의 사슬을 끊지 못하는 이유는 자신의 업(카르마) 때문입니다. 이 카르마에서 벗어나 대자유를 얻으려면 도덕과 헌신, 참다운 지식을 통해 무집착의 마음에 이르러야만 합니다. 이 집착(업)이야말로 생과 사를 반복하게 만드는 원인인 것입니다.

이런 윤회사상이 동양에만 있다고 흔히들 생각하지만, 서양에서도 윤회사상은 존재했었습니다.

그리스신화를 보면, 조물주는 물, 불, 흙, 공기의 네 원소를 결합하여 영혼을 만들게 되었습니다. 이때 영혼은 네 원소 중 가장 탁월한 요소인 불을 종자(種子)로 하여, 여기에 흙을 여러 비율로 섞어 인간이 만들어집니다.

그런데 흙의 비율이 높을수록 인간은 순수성이 적어지게 된다고 보았습니다. 나이가 든 사람일수록 육체와 영혼이 결합하고 있는 시간이 많아 불순성은 영혼으로 옮겨간다고 생각했습니다.

이러한 불순성을 사후에 없애야 하는데, 영혼에 바람을 쐬어 깨끗하게 하든가, 물속에 담그든가, 아니면 불로 불순성을 태워버려야만 합니다. 물론 극소수의 사람들은 이런 불순성을 없앨 필요 없이 추위도, 비도 없고 항상 미풍이 부는 영웅들의 천국인 엘리시온으로 가게 됩니다.

그러나 대부분의 사람들은 육체에 깃들인 흙의 불순성을 없애고, 망각의 강인 레테에서 전생의 기억을 완전히 지운 후, 정화된 영혼이 다른 육체를 만나 새 삶을 시작한다는 겁니다.

동양의 윤회사상과 아주 비슷하지 않습니까?

이런 식으로 계속해서 세 번의 죄 없는 삶을 산 사람은 페르세포네가 탄생의 쳇바퀴에서 풀어주어 엘리시온에서 영생을 누리게 된다고 했습니다. 물론 영혼이 너무 부패하여 인간의 신체를 받을 수 없는 사람들은 사자, 범, 고양이, 개, 원숭이 등과 같은 짐승으로 만들어지게 됩니다.

이것을 고대 사람들은 메템프시코시스(Metempsychosis), 영혼의 윤회라고 불렀습니다.

이런 윤회관은 플라톤의 《국가론》 제10권에도 기록되어 있습니다.

고대 로마의 팜필리아 태생으로 아르메니우스의 아들이었던 에르가 죽은 지 12일째 되는 날 다시 소생해서 자신이 겪었던 저승의 이야기를 전하는 대목이 나옵니다.

에르에 의하면 저승에서 영웅인 오디세우스는 자신이 참여했던 여러 전쟁을 떠올리고 야망이란 덧없는 것이라고 고백합니다. 그래서 다음 생에는 아무 걱정근심이 없는 평범한 인간의 삶을 살기로 선택했다고 하며, 음악가였던 오르페우스는 백조로 환생하기를 바라고, 아가멤논은 독수리로 태어나기를 바랐다고 전합니다.

이런 서양의 윤회사상은 기독교의 보급으로 자취를 감추게 됩니다. 성경의 원전에는 분명히 인간의 윤회에 대한 언급이 있었다고 합니다. 기독교가 태동하고 나서 성경을 만들 당시 성경의 작가들은 성경원전 중에서 그들의 입맛에 맞는 것만 골라서 구약과 신약을 만들게 되었습니다. 서기 325년 로마의 콘스탄티누스 대제와 그의 어머니가 신약에 실려 있던 환생에 대한 내용을 삭제하라고 하였습니다. 또한 서기 553년 콘스탄티노플에서 열린 제2차 공의회는 이 조치를 승인하고 윤회의 개념을 이단으로 규정했습니다. 당시의 교회 지도자들은 이 개념이 인간에게 구원의 기회를 여러 번 부여함으로써 성장하는 교회의 권위를 약화시킬지도 모른다고 판단했던 것입니다.

윤회가 계속되는 것은 전생에 잘살지 못했기 때문

《티벳 사자의 서》에는 동양적인 윤회, 환생사상이 잘 담겨 있습니다. 사람이 죽어 육신을 떠나면 다시 태어나기 전까지 49일 동안 바르도라고 불리는 중간상태에 머물게 됩니다. 그래서 요즘에도 49제를 지내는 겁니다. 이 49일 동안 죽은 자를 위해 다시 태어나지 않거나 짐승이나 미물로 태어나지 않고 사람으로 태어나게 해달라고 기도를 하는 것입니다.

이 49일 동안 중간상태에 머물 때 살아생전 욕망이 많고 욕심이 많은 사람은 자신의 욕망이 이끄는 대로 흘러서 다시 자궁으로 영혼이 들어가 인간으로 태어나게 됩니다. 하지만 전생에 수양을 닦은 사람들은 그런 욕망이나 욕심이 없어, 자신을 유혹하고 자신을 위협하는 환영을 봐도 이끌리지 않기 때문에 인간의 자궁으로 빠져 들어가지 않아 그 윤회가 끝난다고 적혀있습니다.

윤회가 계속되는 이유는 전생에 제대로 살지 못했기 때문입니다. 전생에 욕심이나 욕망을 많이 가진 자는 그 업에 의해 다시 태어나는 일을 반복합니다.

그런데 사람들은 다시 태어나면 좋지 뭘 그러냐고 말합니다. 하지만 저는 다시 태어나고 싶지 않습니다. 윤회가 정말 존재한다면 윤회를 끊는 게 제 소망입니다.

불교에서도, 서양의 윤회사상에서도 윤회가 끝나는 게 가장 큰 인간의 행복이라고 여겼습니다.

그건 다시 태어난다는 것이 고통이기 때문입니다.

다시 태어나서 생로병사를 겪어야 하는 게 인간의 삶입니다.

몸은 병이 깃들고, 언제 자신이 죽을지 모르는 운명에 놓여 있습니다. 오래

산다 해도 우리는 늙어가면서 자신의 몸도 지탱하지 못하고 대소변도 못 가리는 처지에 놓이게 되는 게 인생입니다. 그래서 사랑하는 가족조차 냄새 나고 늙어버린 자신을 멀리하게 만드는 게 인생의 말로입니다. 그래서 불교에서는 윤회를 끊고 다시는 이 세상에 태어나지 않기를 바라는 것입니다.

자, 그런데 전생이 있는지 없는지도 모르지만, 그걸 논하기 전에 우리는 하루하루가 윤회입니다. 우리는 하루 일을 끝내고, 잠을 자고, 다시 일어나 새로운 날을 맞이합니다.

잠은 작은 죽음이라고 흔히들 말합니다. 잠을 자는 동안 우리는 짧은 죽음을 경험합니다. 잠을 자는 동안엔 의식은 단절되고 우리는 아무것도 하지 못합니다.

그러니 하루하루 우리는 죽었다 깼다 하는 걸 반복하는 겁니다.

우리가 저 멀리 다음 생이나 전생을 따질 것 하나도 없습니다.

바로 이번 생의 하루하루가 윤회의 연속이라고 생각해 보시기 바랍니다. 어제의 나는 오늘의 나가 아닙니다. 그제의 나도 오늘의 나가 아닙니다. 내일의 나는 오늘의 나가 또한 아닙니다.

그런데 내일의 나를 좀 더 낫게 만들 수는 있습니다.

과거는 현재를 규정합니다. 가만히 생각해 보십시오. 과거에 내가 살아왔던 궤적이 바로 현재를 만들었습니다. 과거에 열심히 살았던 사람은 지금 좀 더 물질적으로 풍요롭게 지낼 겁니다. 과거에 아무것도 하지 않고 놀고만 지냈던 사람은 현재의 삶이 고달플 겁니다. 과거는 어김없이 현재를 만들고 있습니다. 그렇다면 미래의 나는 현재가 결정하겠죠. 현재를 어떻게 사느냐에 따라 미래의 나가 만들어집니다.

우리 한평생이 수십, 수백, 수천 번의 생이 반복하는 윤회와 너무 닮아 있지 않습니까?

과거 생에 제대로 된 삶을 산 사람은 윤회의 사슬에서 벗어나거나 다시 태어난다고 하더라도 몇 생만 더 살면 더 이상 윤회하지 않고 인간으로 태어나지 않아도 되니 말입니다.

마찬가지로 우리 하루하루가 한 번의 인생이라고 생각해 보십시오. 내가 하루하루를 어떻게 보내느냐에 따라 우리는 단잠을 자고 나서 다음 날이 더 행복해질 수 있습니다. 그런 하루하루의 삶이 모여 우리는 이번 생에서도 충분히 행복해질 수 있습니다.

전생을 알고 싶어 하고, 다음 생을 생각할 필요도 없습니다. 전생이 있는지, 다음 생이 있는지, 윤회가 정말 있는지조차도 알지 못합니다. 확실한 것은 그런 윤회사상을 우리네 하루하루의 삶에 대입한다면 우리네 삶은 달라질 수 있습니다.

하루를 한 번의 인생이라고 생각하고 살아보시기 바랍니다.

오늘 하루를 한 번의 생이라고 생각하고 내가 다음 생, 즉 내일은 좀 더 나은 인생을 기대한다면, 오늘 하루를 의미 있게 사시기 바랍니다. 그럼 내일, 즉 다음 생은 좀 더 나아지게 마련입니다.

매일매일 하루에 10분이라도 명상을 한다면, 매일매일 좋은 책을 읽으면서 마음에 안정을 주는 구절을 메모하고 그걸 생각날 때마다 본다면, 하루하루 지나치게 삶에 집착하지 말고 그냥 흐르는 대로 살아가다보면, 나만 생각하지 말고 남도 잘되기를 간절히 원하고 얼마라도 조금씩 남을 위해 기부하고 산다면, 따로 떨어진 존재가 서로 연결되어 있는 대자연의 일부분이라는 사실을 자꾸 떠올린다면, 우리의 다음 생, 즉 미래에는 분명 우리를 괴롭히는 인생의 굴레에서 조금씩 벗어날 수 있을 겁니다.

우리를 괴롭히는 욕망이나 죽음에 대한 두려움, 우리를 괴롭히는 질병이 찾아오더라도 우리의 마음이 흔들리지 않게 되는 날이 찾아옵니다. 그러니

당신의 생각이 당신을 속이고 있다

이생이 바로 천국이요, 극락이 되는 겁니다.

있을지 없을지도 모를 다음 생을 기약하지 말고, 지금 하루하루의 삶에 투자를 하게 된다면 우리는 점점 윤회의 사슬에서 벗어날 수 있게 됩니다.

그렇게 하루하루 살다보면, 몸이 아파도 이것도 인생의 한 부분이니 받아들여지고, 죽음이 코앞에 닥쳐도 이것도 내가 거쳐야 할 인생의 한 부분이며, 부모님이 돌아가셔도, 배우자가 죽어도 그것도 또한 인생의 한 부분이라고 받아들여지게 되는 날이 옵니다.

그렇게 모든 것 받아들이고 모든 것이 흘러가는 게 인생이라는 진리를 깨닫게 되는 날 우리는 이번 생에서도 충분히 극락을, 천국을 맛볼 수 있습니다.

극락과 천국이 따로 있나요? 욕심 다 내려놓고 고통이든, 슬픔이든, 죽음이든, 어떤 것이 닥쳐와도 그저 있는 그대로 받아들이는 순간, 그게 바로 천국이요, 극락이 아닐까요?.

그러니 하루하루의 삶이 하나의 인생이라는 것을 잊지 마시고, 하루하루의 삶을 의미 있게 보내시기 바랍니다.

그렇게 매일매일 조금씩 옳은 선택을 하고, 내가 욕망에 끄달리지 않으려 노력하고, 또한 하루하루 행복하게 지내려는 노력을 하다 보면, 우리네 삶은 분명 행복해질 수 있습니다.

그렇게 되면 전생이 있든, 다음 생이 있든 아무런 상관하지 않게 됩니다. 그건 내가 지금 온전한 존재로 이 세상에 머물 수 있게 되기 때문입니다.

16.

사랑, 그 가벼움에 대하여

사랑은 우리가 생각하는 것보다 정말 하찮도록 가벼운 것입니다.
우리 마음이 하루에도 열두 번씩 바뀌는데, 사랑의 감정인들 바뀌지 않을까요? 우리는
사랑에 목숨을 걸고, 모든 인생을 걸고 나서는 후회하고 땅을 치게 됩니다.
사랑의 속성이 뭔지 알아야 합니다. 사랑은 자기 자신이 독립적인 존재가 되고 혼자 설 수 있을 때
할 수 있는 게 사랑입니다. 상대방의 사랑이 나를 구원해 줄 것이란 믿음은 참 어리석은 생각입니다.

옛날에 사랑하는 남자와 여자가 있었습니다. 둘은 너무나 사랑해서 결혼을 하고 싶었지만, 두 집안의 반대가 너무 심했습니다. 둘은 같이 죽겠다는 협박도 하고, 둘이 아무도 모르는 곳으로 도망치겠다고까지 했습니다. 하지만 양가 부모님은 요지부동 둘의 결혼을 반대했습니다. 결국 사랑하는 두 사람은 결혼을 하지 못했습니다. 그리고 둘 다 독신으로 평생을 아주 행복하게 살았습니다. 이 이야기는 아잔 브라흐만이 지은 《성난 물소 길들이기》에 나오는 겁니다.

남녀 간의 사랑, 현대사회에선 종교보다 더 신성하게 여겨

남녀 간의 인연만큼 번뇌와 고통이 따르지 않는 것이 없습니다. 불가에서는 절대로 스님이 주례를 서지 않습니다. 새로운 인연이란 결국 번뇌를 낳는 것이니 그걸 장려할 마음이 없는 겁니다. 사랑하는 아내, 자식 다 놔두고 출

가를 하는 판에 남의 인연을 이어준다는 것은 그들을 고통으로 이끄는 것이라고 생각하기 때문입니다.

낭만적인 사랑이 아주 오래 된 것 같지만, 17세기 이전에는 낭만적인 사랑이란 존재하지 않았습니다. 그저 서양이나, 동양이나 부모가 짝지어주는 대로 결혼했습니다. 그리고 이성간의 사랑을 그리 중요하게 생각하지도 않았습니다.

그러다가 18세기에 들어오면서 자유연애 바람이 불게 되었고, 현대사회에서 남녀 간의 사랑은 이제 종교보다 더 신성하고, 고결하며, 가장 큰 가치를 가진 것으로 사람들은 생각하고 있습니다. 현대처럼 이성간의 사랑이 추앙을 받고 중요하게 여겨지고, 사랑이 과대평가 된 적은 없습니다. 사랑을 위해서라면 남자는 여자를 위해 뭐든지 해야 할 것 같은 의무감을 가지며, 여자도 사랑을 위해서라면 상대방에게 헌신해야 한다고 생각합니다. 그리고 영화나 드라마, 로맨스소설을 보면 남녀 간의 사랑은 지고지순하고 인간의 가치 중 가장 중요하고 소중한 것이라고 표현하고 있습니다. 사랑하는 여자를 위해 자신의 모든 것을 주거나 사랑하는 여자를 위해 대신 죽기도 하고, 사랑하는 남자를 위해 자신의 모든 것을 버리는 여자들이 드라마나 영화에 등장하고 있습니다. 이런 줄거리를 가진 드라마나 영화, 소설은 부지기수로 많이 있습니다.

〈레옹〉이란 영화를 봐도 사랑하는 마틸다를 위해 레옹은 자신의 목숨을 바칩니다. 오래된 영화 〈태양은 가득히〉에서 리플리란 남자 주인공은 사랑하는 여자를 차지하기 위해 친구를 죽이고 그의 재산을 가로 챕니다. 영화 〈쉬리〉에서도 남파 간첩이었던 여자 주인공은 사랑하는 남자를 위해 자신의 목숨을 결국 던지고 맙니다. 이런 이야기들은 젊은이들의 가슴속에 각인되어, 사랑만이 인간의 가치 중 가장 숭고하고 지켜야 할 것이라는 것을 마음에 새기게 됩니다. 하지만 현대인들의 사랑은 많은 부분 상업주의의 장난이라는 것을 아는 사람은 많지 않습니다.

세계 최대 다이아몬드 회사인 드비어스의 광고 문구는 '사랑은 영원히'입니다. 다이아몬드를 여자에게 사줘야 사랑은 영원하며 사랑의 증표라는 뜻이지요. 남자들의 주머니를 털기 위한 전략이었고, 이전에 사랑의 증표는 금반지 정도였을 뿐입니다. 하지만 다이아몬드 회사가 꾸준히 수십 년간 사랑의 증표는 다이아몬드라는 것을 광고하는 바람에 이제 다이아몬드는 결혼식 예물에서 빠질 수 없는 것이 되었습니다. 그들의 광고 전략에 우리는 넘어가고 만 것이죠. 또한 이런 광고를 본 여자들은 다이아몬드 반지는 받아야 남자가 능력 있고, 자신을 사랑하고 있다는 착각을 하게 됩니다. 그러니 남녀 모두 광고의 최면에 빠진 것입니다. 밸런타인데이나 화이트데이를 보더라도, 기업들은 사랑을 이용해서 우리의 돈을 빼앗아 갈 뿐입니다. 그러니 현대사회의 사랑은 소비의 대상이며 또 다른 욕망의 한 표현일 뿐입니다.

사랑은 우리를 불행하게 만들기도

제가 예전에 두 분의 남성분과 상담을 한 적이 있습니다. 두 분 다 결혼도 하고 자녀도 두었지만, 사랑하는 여자가 나타난 겁니다. 그 사랑의 불길은 걷잡을 수 없이 불이 붙어 도저히 끌 수 없는 상태까지 되었습니다. 두 분의 소원은 하루라도 상대방과 같이 살아보는 것입니다. 그래서 결국 유부남, 유부녀였던 두 사람은 각자 이혼을 하고 같이 살게 되었습니다. 또 다른 남자분도 마찬가지였고요. 처음 몇 달은 정말 행복한 시간이었습니다. 사랑하는 사람과 한 지붕아래 같이 산다는 것이 꿈만 같았습니다.

하지만 시간이 지나면서 그 사랑은 고통으로 바뀌게 되었습니다. 새로 맞은 아내는 술만 마시면 버리고 온 자식이 보고 싶다고 눈물을 흘리는 겁니

당신의 생각이 당신을 속이고 있다

다. 그걸 바라보는 남자분도 사실은 똑같은 심정입니다. 버리고 온 자식에 대한 죄책감에 본인도 시달리고 있었던 거죠. 그렇기 때문에 그렇게 울고 있는 배우자를 보면 더 화가 나고 짜증이 나는 겁니다. 자신의 모습을 새로운 배우자에게서 보기 때문입니다. 하루만 살아도 여한이 없겠다고 생각했으나, 살아보니 상대방에게 단점이 보이기 시작합니다. 아내는 감정기복도 심하고, 주사도 있고, 살림도 제대로 못하는 겁니다. 그러면서 다툼이 잦아지게 되었고, 1년 만에 새로운 아내는 짐을 싸서 나가버렸습니다.

이제 그 남자에게 남은 것은 아무것도 없습니다. 새로운 출발을 위해 가족과 인연을 끊은 상태이고, 친구도, 아는 사람도 모두 버렸습니다. 이제 홀로 남겨진 그 남자가 돌아가려고 해도 돌아갈 곳이 없습니다. 그 남자는 분노감에, 떠나 버린 그녀를 죽여 버리고 싶었습니다. 그래서 그녀의 직장을 배회하기도 하고 실제로 칼을 들고 다니기도 했습니다. 그러다가 상대방 여자의 고발로 인해 법적 처벌을 받게 된 겁니다. 남자는 자신의 모든 것을 버리고 그 여자를 만났는데, 어떻게 떠날 수 있느냐며 분노감에 치를 떨었습니다. 그래서 상담을 하러 오게 된 겁니다. 그 남자는 살아나갈 힘이 없다고 했습니다. 이제 혼자 밥을 차려 먹어야 하고, 혼자 잠을 자야 된다고 생각하니 막막하다고 호소를 하였습니다.

그래서 제가 이런 말을 해드렸습니다. "대신 이제 매일매일 다투고, 싸우고, 언쟁을 하고, 혹시 그 여자가 다른 남자를 만나지 않을까 하는 걱정을 안 해도 되고, 그 여자의 실망스런 모습을 보면서 고통을 겪지 않아도 되지 않습니까?" 그랬더니 수긍을 하는 눈치였습니다.

실제로 그 1년간의 세월은 행복하지 않았던 겁니다. 자신이 버린 전처와 자식에 대한 죄책감, 가족들과 왕래도 끊고, 친구도 만나지 못하는 생활이었고, 잦은 말다툼과 심한 싸움을 하곤 했던 겁니다. 이제 그는 그것에서 벗어난 겁니다. 그래서 그는 잃은 것도 많았지만, 이제 얻은 것도 있게 된 겁니다. 사랑이란 이름아래 자신이 치렀던 수많은 고통과 굴레에서 해방된 것이죠. 그렇게 오래 홍역을 치르고 나서 그분은 이제 안정된 삶을 찾았습니다. 하지만 그 대가는 예전보다 훨씬 못한 직장에 다니고 있고, 여전히 자신의 선택에 대한 후회가 남아 있는 겁니다.

자, 이 사례를 통해 보니 《삼국유사》에 나왔던 조신의 꿈이 생각납니다. 신라시대 조신이란 스님이 있었습니다.

그는 절에 자주 왔던 고을 태수 김흔의 딸을 좋아하게 되었습니다. 그래서 여러 번 낙산사 관음보살 앞에 가서 남몰래 그 여인과 살게 해 달라고 빌었습니다. 그의 소원이 이루어져 조신은 승적을 버리고 그녀와 함께 살게 되었습니다. 그녀와 사십여 년 간 같이 살면서 자녀 다섯을 두었으나, 집이 찢어지게 가난해서 연명할 방법이 없었습니다. 조신은 식구들을 이끌고 다니며 이 마을, 저 마을로 얻어먹고 다니다 보니 옷은 다 찢어지고 헐벗은 상태로 지낼 수밖에 없었습니다.

그러다 열다섯 살 된 큰아이가 굶어죽고 말았습니다. 이들 내외는 이제 늙고 병마저 들어 둘 다 몸져누워 있다 보니, 열 살 된 딸아이가 마을로 내려가 밥을 구걸하러 갔다가 개에게 물려서 큰 상처를 입고 돌아온 것입니다. 그래서 부부는 끌어안고 하염없이 눈물만 흘릴 수밖에 없었습니다. 이윽고 부인이 눈물을 씻더니 이런 말을 했습니다.

"내가 처음 그대를 만났을 때는 얼굴도 아름답고, 나이도 젊었으며, 입은 옷도 깨끗했습니다. 한 가지 음식도 그대와 나누어 먹었고, 옷 한 가지도 그대와 나누어 입어 집을 나온 지 오십 년 동안에 정은 맺어져 친밀해졌고, 사랑도 굳게 얽혔으니 가위 두터운 인연이라고 하겠습니다. 그러나 근년에 와서는 쇠약한 병이 해마다 더해지고 굶주림과 추위도 날로 더욱 닥쳐오는데 남의 집 곁방살이나 하찮은 음식조차도 빌어서 얻을 수가 없게 되었으며, 수많은 문전에 걸식하는 부끄러움은 산더미보다 더 무겁습니다. 아이들이 추워하고 배고파해도 미처 돌봐주지 못하는데 어느 겨를에 사랑에 있어 부부간의 애정을 즐길 수가 있겠습니까? 붉은 얼굴과 예쁜 옷도 풀 위의 이슬이요, 지초(芝草)와 난초 같은 약속도 바람에 나부끼는 버들가지입니다. 이제 그대는 내가 있어서 누(累)가 되고, 나는 그대 때문에 더 근심이 됩니다. 가만히 옛날 기쁘던 일을 생각해 보니, 그것이 바로 근심의 시작이었습니다. 그대와 내가 어찌해서 이런 지경에 이르렀습니까? 뭇새가 다 함께 굶어죽는 것보다는 차라리 짝 잃은 난조(鸞鳥)가 거울을 향하여 짝을 부르는 것만 못할 것입니다. 추우면 버리고 더우면 친하는 것은 인정에 차마 할 수 없는 일입니다. 하지만 행하고 그치는 것은 인력으로 되는 것이 아니고, 헤어지고 만나는 것도 운수가 있는 것입니다. 원컨대 이 말을 따라 헤어지기로 합시다."

조신이 이 말을 듣고 크게 기뻐하여 각각 아이 둘씩 나누어 데리고 장차 떠나려 하니 여인이 "나는 고향으로 갈 테니 그대는 남쪽으로 가십시오."라고 말했다.

이리하여 서로 작별하고 길을 떠나려 하는데 그게 바로 실제가 아니라 조신이 꾼 꿈이었던 것입니다. 조신은 잠깐 졸았으나 사랑하는 여인과 50여 년을 같이 살고 자식을 다섯이나 낳은 꿈을 꾼 것입니다. 꿈에서 깨어난 조신은 인간의 욕망의 허망함 그리고 인간의 사랑의 덧없음을 느끼고, 평소 흠모하던 태수의 딸을 단념하게 되었던 것입니다.

이미 《삼국유사》에서도 남녀 사이에 일어나는 사랑이란 것이 도리어 고통을 주고, 번뇌를 만들며, 절대 행복하지 않다는 것을 알려주고 있는 겁니다. 우리가 세상을 살면서 잘못 알고 있는 것이 사랑입니다.

현실에서 백마 탄 기사는 없다

모두들 사랑이 자신을 행복하게 해 줄 것이라고 생각합니다. 하지만 우리가 행복이라고 생각했던 것들의 대부분은 우리를 불행하게 만들거나 수많은 고통과 번뇌를 불러온다는 것을 모릅니다. 여자들은 백마 탄 기사를 기다립니다. 자신이 처한 어려움에서 단번에 구해줄 어떤 남자를 기다립니다. 또한 남자들도 자신의 외로움을 없애줄 동반자를 고대합니다. 하지만 세상에 백마 탄 기사는 없습니다. 내가 찾는 그 사람이 바로 나와 똑같이 연약하고, 외롭고, 이리저리 마음이 변하고, 세월이 지나면 늙어지고, 병들고 마는 사람이라는 것을 우리는 잊습니다. 우리는 사랑하는 사람에게 전지전능한 힘을 기대합니다. 그 남자가, 그 여자가 자신의 인생을 확 바꿔주고 영원히 행복하게 해줄 것이라고 믿습니다. 현실에서는 그렇지 않습니다. 사랑은 지나치게 과대 포장되었고, 인간의 마음은 지나치게 쉽게 변해버립니다. 그래서 과도한 기대감으로 한 결혼은 이혼으로 끝날 수밖에 없으며, 과도한 상대방에 대한 평가는 곧 평범하고 연약한 한 남자 또는 여자를 발견하게 될 뿐입니다.

백마 탄 기사는 없습니다. 백마 탄 기사란 자기 자신을 상징하는 것입니다. 자신만이 자기를 구해줄 수 있으며, 자기 자신만이 자신의 외로움과 고통을 같이 나눌 수 있다는 것을 모릅니다. 백마 탄 기사란 우리 내면의 각성을 뜻합니다. 외부의 어떤 대상이나 어떤 기대감으로 내가 나아질 것이란 기대를 하는 것이 아니라, 내 내면의 변화만이 나를 구해줄 수 있고, 나를 구원해줄 수 있다는 생각이 백마 탄 기사입니다. 외로우면 외로운 대로 슬프면 슬픈 대로 내가 나를 부여안고 가는 것이 인생이라는 것을 아는 것이 나를 강하게 하고 이런 어려움을 극복하게 해주는 열쇠인 겁니다. 그러니 현실에서

당신의 생각이 당신을 속이고 있다

백마 탄 기사를 기다리지 마십시오. 절대 오지 않을뿐더러 왔다고 하더라도, 그 기사가 갑옷을 벗고 본연의 모습을 드러내는 순간, 초라하고 외롭고 왜소한 몸짓으로 인해 크게 실망할 것입니다. 어떤 사람은 평생 백마 탄 기사를 찾아다니는 사람도 있습니다. 그래서 이혼을 하고 또 이혼을 하고 또 이혼을 해서 자신을 구원해줄 어떤 사람을 찾아 나서기도 합니다. 그런 기대감을 가지고 있다는 것은 자기 자신을 제대로 들여다 볼 줄 모르거나 자기 자신을 제대로 보기 싫고 부정하고 싶은 사람들의 행동입니다.

사랑은 우리가 생각하는 것보다 정말 하찮도록 가벼운 것입니다. 우리 마음이 하루에도 열두 번씩 바뀌는데, 사랑의 감정인들 바뀌지 않을까요? 우리는 사랑에 목숨을 걸고, 모든 인생을 걸고 나서는 후회하고 땅을 치게 됩니다. 사랑의 속성이 뭔지 알아야 합니다. 사랑은 자기 자신이 독립적인 존재가 되고 혼자 설 수 있을 때 할 수 있는 게 사랑입니다. 상대방의 사랑이 나를 구원해 줄 것이란 믿음은 참 어리석은 생각입니다.

그리스신화에서는 사랑의 신이 비너스, 또는 큐피드라고 불리었지만, 인도에서는 사랑의 신을 카마라고 부릅니다. 카마도 큐피드처럼 화살을 가지고 다닙니다. 그 화살을 맞으면 사랑의 열정에 불타올라서 판단력이 없어지고, 상대방이 여신이나 남신으로 보이게 만드는 효력을 가지고 있습니다. 카마가 가지고 다니는 활의 끝에는 꽃이 달려 있습니다. 그 꽃의 향기는 감미롭고 가슴을 꿰뚫는 듯하며 거절하기 힘든 사랑이 찾아올 것임을 알려줍니다. 그런데 카마는 여러 가지 이름으로 불리고 있으며, 그 각각의 이름들이 바로 사랑의 속성을 드러내고 있습니다. 카마의 또 다른 이름은 파괴자, 정열의 줄기, 불, 불타는 존재, 날카로운 존재, 속이는 존재라고 불리었습니다. 이 카마의 이름 안에 사랑의 모든 것이 담겨 있다는 것을 알 수 있습니다. 사랑, 참 가볍습니다.

17

내 일이 아냐, 부질없는 충고와 간섭

우리가 말하는 것보다 상대방의 말을 듣는 것이 더 어렵듯이,
우리가 남의 일에 관여하거나 간섭하지 않고 남의 인생을 관조하고 지켜보는 것이 더 어렵습니다.
하지만 그것은 현명한 일입니다. 그저 들여다 볼 것은 내 마음뿐입니다.
그것 하나 하기에도 힘들고 어렵습니다. 우리는 너무 남의 일에 빠져들어 헤어나지 못하고 있습니다.

제 지인이 한 분 있습니다. 그분이 오랫동안 사무직으로 근무하다가 더 이상 나이가 많아 취업이 되지 않는 겁니다. 그래서 새로운 기술을 배워서 새로운 직장에 취업하게 되었습니다. 기술을 요하는 작은 점포입니다.

거기서 하는 일은 이런저런 기계의 정비도 해야 하지만, 물건도 팔아야 하는 서비스직이기도 합니다. 평소 내성적인 성격이고, 자기만 아는 그런 타입이었기 때문에 잘 해나갈 수 있을까 생각했습니다. 손님 앞에 나서는 일이라 외모도 좀 바꾸는 게 좋을 것 같았습니다. 그래서 제가 아는 피부과에 데려가서 이런저런 잡티도 빼고, 점도 빼고, 보톡스도 좀 맞았습니다. 암튼 우리 사회는 젊어보여야 버티니까요. 그리고 안경이 너무 딱딱한 느낌이 들어 안과에 데려가서 라식 수술도 해주었습니다. 그리고 이미 노안이 왔기 때문에 일할 때 필요한 안경은 멋진 패션안경으로 바꿔드렸습니다. 그리고 헤어스타일도 바꿔드리고 암튼 그동안 고지식한 이미지에서 벗어나도록 시도한 겁니다.

그리고 저는 그분에게 당부했습니다. 다른 직원들과의 관계에서 먼저 밥이나 커피라도 사주라고 말입니다. 아마 퍼주는 성격이었다면, 제발 사람들한테 이것저것 사주지 말라고 했겠죠. 그리고 손님들에게 친절하게 대하라고 말입니다. 그렇게 해서 취업을 했지만 1년이 가지 않아 그만두게 되었습니다. 제 부탁으로 취업을 시켰던 사장님 말이 그 지인이 다른 직원들의 불만을 사고 있다는 겁니다. 게다가 적극적인 성격이 아니라서 손님들과의 관계도 원만치 않았던 겁니다. 하는 수없이 그 지인은 그 점포에서 쫓겨나고 말았습니다. 그렇게 여러 번 얘기하고 당부했건만 아무런 변화도 없었던 겁니다. 그래서 저는 저대로 속이 상했고, 그 지인은 제가 잔소리를 한다고 여겼을 겁니다. 그러니 관계가 좋을 수 없겠죠. 여기서 과연 누가 잘못한 걸까요? 무엇이 잘못된 걸까요?

제가 잘못을 한 것입니다.

사람은 쉽게 바뀌지 않는다

여기서 가장 큰 잘못은 내가 누군가를 변화시키려고 했다는 점입니다. 사람은 절대 바뀌지 않습니다. 20년 수도생활을 하더라도 조금 바뀌는 게 사람의 성격입니다. 제 오지랖이 넓었던 겁니다. 우리는 가끔 개과천선했다는 말을 듣곤 합니다. 하지만 개과천선은 그리 쉬운 일이 아닙니다. 어떤 커다란 사건이나 큰 질병이 생겨서 인생관이 달라지는 수가 간혹 있지만, 그나마 조금 성격이 바뀌었다가는 다시 돌아오는 경우가 대부분입니다. 사람들은 다 자기의 방식대로 살아갑니다. 그 방식을 허물기란 좀체 쉽지가 않으며 아예 불가능한 경우가 대부분입니다.

그럼에도 우리는 다른 사람을 바꾸려는 헛된 시도를 하다가 관계만 더 나빠지는 경우가 많습니다. 이제 누구에게 저는 충고를 하지 않습니다. 그건 그 사람의 몫인 것이고, 그 사람은 자신의 경험을 통해서만 바뀐다는 것을 알게 되었습니다. 내가 하는 충고는 그 사람에게는 괜한 지적과 잔소리였습니다. 그러니 여러분은 저와 같은 실수를 하지 마시고 아예 다른 사람에 대한 충고는 접기 바랍니다.

남편과 갈등이 심해 이혼을 결심한 주부들은 이럴 줄 알았으면 진작 이혼할 걸 그랬다고 후회합니다. 남편의 바람기나, 남편의 의처증, 아니면 남편의 술버릇이 세월이 지나면 나아질 거라고 생각하고 참아왔다는 겁니다. 그런데 아무리 세월이 지나도 남편은 하나도 달라진 게 없어서 이제는 도저히 참을 수 없어 이혼을 결심했다고 합니다. 그래서 저는 상담을 할 때 이런 말을 합니다. 현재 남편이 바뀌기를 기대하지 마시고, 대개는 둘 중 하나라고 말입니다. 현재의 남편을 있는 그대로 받아들이거나, 그렇지 않거나 둘 중 하나이지 남편이 바뀔 거란 기대를 하지 말라고 말입니다. 실제로 사람은 달라지지 않기 때문입니다.

우리가 흔히 세 살 버릇 여든까지 간다는 말을 합니다. 그건 본인이 가지고 있는 기질이 죽을 때까지 지속된다는 말입니다. 제가 중학교나 고등학교 동창을 만나도 의과대학을 졸업하고 25년이 지나서 만나본 동창들도 학교 다닐 때 보던 모습 그대로인 걸 알 수 있었습니다. 사람들의 성격이나 취향은 별로 달라지지 않기 때문입니다. 그러니 여러분도 그런 헛수고는 하지 마시기 바랍니다. 그러니 자식이 아침 잠 많다고 아침 일찍 깨워서 아침형 인간 만들려고 하지 마시고, 내성적인 아이를 외향적인 아이로 억지로 인간개조하려고 시도하지 마시고, 공부에 뜻이 없는 애를 너무 이런저런 과외나 학원에 보내서 돈들이고 애도 엄마도 스트레스 받지 마시기 바랍니다. 저도 자식 키워본 사람이고, 제 형제들이 사는 걸 옆에서 지켜봤습니다.

같은 부모 아래서 자라난 형제도 제각각이고 아무리 부모가 이리 해라, 저리 해라 해도 바뀌지 않는 법입니다. 저도 우리 애 둘 키워보니, 어찌 그리도 성격이 다르던지, 타고난 기질이 이렇게도 무섭구나 하고 실감하게 됩니다. 아무리 이런저런 것 시켜봐도 결국 자기 하고 싶은 것만 하게 되고, 아무리 몰아쳐도 좋은 성적 나오지 않는 법이고, 한 놈은 시험 때만 되면 불안에 떠는 반면, 또 한 놈은 시험 때가 되도 천하태평 잠만 쿨쿨 자는 걸 보면서, 더욱더 우리가 가지고 있는 기질이 이렇게 발현되는 걸 보면서 놀라게 됩니다. 물론 부모 마음으로는 어찌 저렇게 태평할 수 있을까 하고 생각하지만, 그걸 내가 말로, 충고로 깨우칠 수 없다는 겁니다.

내가 관여해도 안 되는 것은 아주 많다

우리가 부모의 인생에 끼어들려고 하는 경우도 많이 있습니다. 제가 아는 분 중에 치매로 고생하시는 노모를 둔 분이 있었습니다. 그런데 그분이 노모를 모시고자 서울에서 직장도 그만두고, 아내와 자식들 다 놔두고, 시골로 내려간 겁니다. 그렇게 그분은 시골에서 치매를 앓고 계시는 노모를 3년이나 모시게 되었습니다.

한편으로 보면 효자인 것은 사실입니다. 그 선택이 옳다, 그르다 판단하기는 곤란합니다. 제가 나중에 치매에 걸린다면, 내 자식이 그런 희생을 치르게 하고 싶지는 않습니다. 자기 가정을 꾸렸으니 아내와 자식들과 행복하게 살기를 바라지, 내 곁에서 3년씩 병수발하기를 원치 않을 겁니다. 내가 병이 걸리고 또 죽어가는 것은 내 운명이고 내 몫이지 거기에 자식이 끼어드는 것은 원치 않기 때문입니다. 부모님은 늙어가고 병이 들고 또 죽는 게 운명입니다. 하지만 전전긍긍하면서 부모가 병이 나면 어찌 되지 않을까 걱정을 하고, 또 늙어가는 걸 안타까워하며 항상 부모님 생각뿐이고, 부모님이 죽게 되면 자신은 어찌 살아갈지 걱정을 하는 것은 자식의 일이 아닙니다. 우리가 관여한다고 해서 달라지는 건 하나도 없습니다. 그저 자신이 만들어낸 걱정과 자신의 지나친 욕심이 자기 인생을 힘들게 할 뿐입니다. 그저 지켜보십시오. 조금 떨어져서 그분들의 운명을 보시기 바랍니다. 그분들의 운명을 그저 받아들이십시오. 내가 어쩔 수 없는 부분까지 끼어들려고 하지 마시기 바랍니다. 그건 자식의 일이 아닙니다.

내가 관여해도 안 될 것은 인생에 부지기수로 널려 있습니다. 내 몸도 내 것이 아닙니다. 아무리 노력해도 몸은 세월을 이겨내지 못하며, 아무리 몸을 가꾸고 섭생을 잘해도 우리 몸은 자기 갈 길을 가게 되어 있습니다. 늙고 병들고 죽는 것입니다. 그렇다고 내 몸에 대해 아무런 관심도 가지지 말라는 것은 아닙니다. 관리를 하게 되면 당연히 우리의 몸은 더 건강한 게 사실입니다. 하지만 그뿐입니다. 길게 보면 내가 병이 들고 몸이 늙어가는 것은 피할 수 없는 사실입니다. 여기서 내 몸에 관여하지 말라는 것은 이런 피할 수 없는 사실을 받아들이라는 것입니다. 마치 내 몸을 자기 것으로 착각하는 사람들이 많습니다. 내가 잘 가꾸고 관리하고 보살피면 내 몸이 영원불멸하고 영구히 살 것처럼 착각하는 사람들이 있습니다. 그런 사람들은 자기 몸에 병이라도 들고, 자기 몸이 늙어가며 팔다리에 힘이 빠지기라도 하면 심하게 낙담합니다. 어떻게 가꾸고 보살핀 몸인데 이렇게 자신을 배신하느냐고 여깁니다. 하지만 몸은 내 것이 아니기에 내가 아무리 해도 병들고 늙고 또 죽는 것입니다. 그러니 내 몸도 가만히 생각해보면 내가 관여할 것은 아닙니다.

그러니 내가 관여할 것은 별로 없습니다. 내 자식도, 부모도, 친구도, 심지어 내 몸까지도 내 마음대로 움직여지지 않습니다. 그걸 알게 되면 우리가 불필요하게 간섭을 하고 관여하고 신경 쓰는 것에서 벗어날 수 있습니다. 내 것이라 확신하는 내 몸조차도 내 것이 아닌데 타인은 말할 것도 없습니다. 그러니 내 일이 아니란 것은 이기적인 생각이 아니라, 인생을 냉철하게 보고 불필요하게 다른 사람에 대한 기대로 인해 내가 실망하거나 다른 사람의 일에 간섭을 해서 그로 인해 자신이 상처받는 것을 막을 수 있는 길입니다. 우리는 자신의 일이 아닌데 너무 지나치게 관심을 가집니다. 가만히 생각해 보면 내 일은 별로 없습니다. 그저 내가 할 수 있는 일이란, 내 마음을 지켜보는 것밖에 없습니다. 내 마음이 변덕을 떨고, 내 마음이 이랬다저랬다 하며 나를 가지고 노는 것을 지켜보는 것, 그것만이 우리가 할 수 있는 일입니다. 그렇게 자신을 들여다보게 되면 우리는 내 마음에 휘둘리지 않게 되어 마음이 평온해지는 걸 느끼게 됩니다. 오직 그것만이 우리가 할 수 있을 뿐입니다. 우리는 그동안 내 것이 아니고 내 일이 아닌 것에 너무 많이 신경을 쓰고 집착을 하면서 살았습니다.

그동안 우리는 내 것이 아닌 것에 너무나 많은 관여를 해왔습니다.

그런데 남은 것은 과연 무엇일까요? 성과 없는 노력과 그로 인한 실망감뿐이었습니다. 내 일이 아닌 것은 과감히 손을 떼야 합니다. 혹시 지금도 내 일이 아닌 것에 손을 대고 있다면 지금이라도 늦지 않았습니다. 친구도, 부모도, 형제도, 자식도 다 자기 길을 가게 마련입니다. 내가 어떤 충고를 했다고 남의 인생이 달라지리란 기대를 하지 마십시오. 그들은 때가 되고 자신의 경험이 쌓이고 어떤 인생의 전환점이 와서 스스로 깨달아야 바뀔 뿐, 내 말 한 마디로 그들의 인생을 바꿀 수 있다는 착각을 하지 마시기 바랍니다.

그래서 고승이나 훌륭한 성직자들은 남의 인생에 끼어들지 않습니다. 그저 지켜보고 간단한 조언을 해줄 뿐입니다. 그것 이상 해봤자 어떤 변화도 기대할 수 없다는 걸 알기 때문입니다. 그들이 고승이고 존경받는 성직자인 이유는 그들이 우리의 인생에 끼어들지 않고 그저 조용히 지켜보며 기다리기 때문입니다. 그러니 우리도 그저 바라만 보고 기다립시다. 기다리고 관여하지 않고, 그들이 그들의 인생을 살아가는 것을 지켜보는 것 또한 정말 대단한 일입니다. 우리가 말하는 것보다 상대방의 말을 듣는 것이 더 어렵듯이, 우리가 남의 일에 관여하거나 간섭하지 않고 남의 인생을 관조하고 지켜보는 것이 더 어렵습니다. 하지만 그것은 현명한 일입니다. 그저 들여다 볼 것은 내 마음뿐입니다. 그것 하나 하기에도 힘들고 어려운 일입니다. 우리는 너무 남의 일에 빠져들어 헤어나지 못하고 있습니다.

18

나는 왜 우울한가

의사들은 자신 있게 어떤 병을 낫게 해주겠다는 말을 잘 못합니다.
하지만 원인이 이미 밝혀진 질환이고 약물에 잘 반응하는데 뭐가 어렵습니까?
제대로 약물만 잘 선택해서 치료하면 우울증은 치료가 잘됩니다.
운동 많이 하고, 마음 편하게 먹고, 이런 거 다 소용없습니다.
그건 우울증 걸리기 전의 예방책일 뿐 우울증이 걸리면 무조건 약물치료를 하십시오.

이 글은 이 책의 어떤 꼭지보다 제일 중요합니다. 우울증은 한 개인의 생사가 달린 문제이며, 가족들까지 영향을 끼치고, 가족은 평생 마음의 짐을 지고 살아야 할 수도 있기 때문입니다.

저는 정신과 의사로서 가장 중요한 질환이 뭐냐고 묻는다면, 우울증이라고 대답합니다. 그래서 어느 지면이나 강의를 통해서 제일 먼저 강조하는 것이 우울증입니다. 많은 분들이 자신이 우울증인지 모르고 고통에 시달리다 자살로 생을 마감하는 경우가 많기 때문입니다. OECD 자살률 1위인 우리나라는 한 해에 15,000명이 자살로 생을 마감합니다. 이는 우울증에 대한 홍보가 제대로 되지 않았고, 우울증을 제때 치료하지 않기 때문입니다. 우울증은 남녀노소 지위고하를 막론하고 또 외향적인 성격이든 내성적인 성격이든 간에 누구나 걸릴 수 있다는 것을 모르고 있습니다.

우울증 환자의 10%는 자살로 이 세상을 마칩니다.

하지만 많은 사람들이 우울증의 심각성을 모르고 있습니다.

몇 년 전 한 남성이 상담을 받으러 왔습니다.

한 달 전 부인이 자살을 했다는 겁니다. 부부싸움을 하던 도중 느닷없이 베란다에서 부인이 투신을 한 것입니다.

그로 인한 충격과 죄책감으로 인해 이 남성은 불안과 불면증으로 치료를 받으러 온 겁니다.

또 몇 달 전 내원한 한 남성도 똑같이 아내가 자살을 하는 바람에 상담을 받으러 왔습니다. 아내가 몇 달 전부터 기운도 없고, 의욕이 없어 보이기에 그저 게을러졌다고만 생각을 했다고 합니다. 그런데 어느 날 옷을 찾다가 못 찾아서, 아내를 깨워서 자신이 찾던 옷을 찾아내라고 성화를 부린 겁니다. 이 부인도 남편이 잠든 사이 투신자살을 하고 말았습니다. 두 남성 모두 아내의 자살로 죄책감이 심해 아내를 따라 죽고 싶다는 얘기를 눈물을 흘리면서 할 뿐이었습니다.

그래서 자세히 물어보니 부인이 몇 달 전부터 우울하고, 짜증을 많이 부리고, 아무것도 하지 않고 누워 지내는 경우가 많았다고 합니다. 그리고 죽고 싶다는 얘기도 했답니다.

하지만 그냥 대수롭지 않게 넘어갔다고 합니다.

남편은 아내가 우울증이 그리 깊은지 몰랐고, 그 위험성도 몰랐던 겁니다.

그래서 그걸 사전에 막지 못한 자신이 원망스럽고, 그리고 부부싸움 도중에 자살을 하는 바람에 자신이 아내를 죽음으로 몰아갔다는 죄책감으로 거의 초주검이 된 것입니다.

우리는 우울증의 증상을 우울하다, 죽고 싶다 정도로만 생각합니다.

하지만 우울증의 증상은 아주 다양하게 나타납니다.

우울증이 시작될 때 제일 먼저 나타나는 것이 피곤한 느낌입니다.

당신의 생각이 당신을 속이고 있다

아무리 자도 피곤이 풀리지 않고, 몸이 축축 늘어집니다. 대개 이때쯤 사람들은 자신이 과로해서 그런 것은 아닌가 하는 생각이 들어 쉬어보기도 하지만 좀체 증상은 좋아지지 않습니다. 혹시 기가 허해서 그런 것은 아닌가 해서 보약을 지어먹는 분들도 있습니다. 하지만 보약을 몇 재씩, 몇 달을 먹어도 피곤함은 사라지지 않습니다.

또한 혹시 몸에 이상이 있는 것은 아닐까, 내가 큰 병에 걸리지 않았을까 하고 종합검진을 받는 분도 있지만 결과는 모두 정상으로 나오게 됩니다. 이처럼 몸에 기력이 떨어지고 기운이 없고 하루 종일 누워만 있고 싶은, 신체증상으로 나타나는 게 우울증입니다.

그다음 나타나는 증세는 집중력과 기억력이 떨어집니다.

그래서 수험생들이 이런 증세가 나타나면 공부양이 10분의 1도 안되고, 좀체 암기도 되지 않으며, 머리 회전이 안 됩니다.

그래서 문구점을 하는 어떤 아주머니는 이런 말을 제게 했습니다. 5천원짜리 물건을 팔고 만원을 받았는데, 거스름돈 5천원을 돌려주는 것조차 계산이 안 된다고 말입니다.

그러니 집중력을 요하는 수험생들은 우울증이 발병하면 학습능력이 떨어져 자신의 능력 탓만 하게 됩니다. 직장에 다니는 사람들은 업무능력이 떨어져서 자신이 무능해졌다고 여깁니다. 자신이 일을 잘 못해 직장상사에게 미안한 생각이 들고, 일을 더 이상 할 수 없다고 생각해서 휴직을 하거나 회사를 그만두기도 합니다.

다음으로 식욕에도 변화가 옵니다.

우울증 하면 입맛이 떨어진다고 생각하는 사람들이 많습니다.

물론 입맛이 썩 좋아지는 것은 아닌데 많이 먹게 됩니다. 우울증으로 인한 기분 저하나 피로감을 먹는 것으로 해소하는 겁니다.

그래서 특히 단 것을 찾게 되고 초콜릿 같은 걸 많이 먹습니다. 탄수화물 섭취량이 늘고 배가 불러도 자꾸 먹게 되어 우울증 환자의 70%는 도리어 체중이 늘게 됩니다.

체중이 줄어드는 경우는 10~20%에 불과합니다.

수면에도 영향을 줍니다.

우울증은 꿈꾸는 수면을 늘려줍니다. 그래서 꿈이 많아졌다고 표현합니다. 그리고 꿈의 내용이 아주 이상스럽고 불길하다는 얘기를 많이 합니다. 따라서 꿈이 많아졌다고 생각하는 분은 우울증을 의심해볼 필요가 있습니다.

우울증은 대개 잠이 안 오는 경우가 많이 있습니다. 하지만 반대로 피로감으로 인해 자도 자도 피로가 풀리지 않아 계속 잠을 자는 경우도 많습니다.

무엇보다 우울증은 우울감부터 시작되기보다 짜증이나 화가 늘어나는 경우가 많습니다.

아주 작은 일에도 짜증을 내고, 화를 내기 때문에 청소년이 우울증에 걸리면 부모들이 아이들한테 말 걸기가 겁난다고 합니다. 조금만 말을 붙이려 해도 애들이 성질을 부리고 화를 내니까 살 수가 없다고 표현을 합니다. 특히 청소년 우울증의 특징은 우울감을 덜 느끼기 위해 게임중독에 빠지는 경우가 많습니다. 게임에 빠지면 우울감을 적게 느끼기 때문입니다. 그래서 자신의 감정을 게임을 통해 마취시키는 겁니다. 그래서 게임중독에 빠진 청소년들은 우울증 검사를 할 필요가 있습니다.

우울증이 불러오는 치명적인 사고의 왜곡

얼마 전에도 한 중년남성을 치료한 적이 있었습니다.

걸핏하면 화를 내고 물건을 던져서 살 수가 없다고 부인이 하소연을 했습니다. 그런데 우울증 약을 먹고 2주가 지나자 부인이 이제는 살 것 같다고 합니다.

남편이 가족에게 얼마나 화를 내던지 모두 숨을 죽이고 살았는데, 이제 천사로 바뀌었다고 좋아합니다. 게다가 TV를 보면서도 거기 나오는 사람들이 다 못마땅하다고 욕을 하고 TV채널을 이리저리 돌리면서 출연자를 헐뜯고 욕을 하는 등 정말 그 짜증을 당해낼 수가 없었다고 합니다.

그리고 평소에는 없던 주사도 부렸다고 합니다.

평소에는 술을 마시면 집에 들어와서 잠만 잤는데, 몇 달 전부터 술을 마시고 들어오면 언성을 높이고, 싸우려고 덤비고, 트집을 잡는 통에 정말 힘들었다는 말을 했습니다.

이처럼 우울증은 없던 주사도 생기고 짜증이나 화를 내고 성질을 부리게 됩니다.

그리고 참을성이 없어집니다.

이런 짜증이나 화는 주부들에게 우울증이 나타났을 때 아이들에게도 영향을 미칩니다. 어떤 주부는 요즘 들어 아이들을 너무 자주 혼내고 때린다고 오게 되었습니다.

그리고 나서는 자신이 어머니답지 않다는 생각이 들고 아이들에게 미안해서 병원에 오게 되었다고 합니다.

그런 경우 대부분은 우울증에 걸렸을 확률이 높습니다.

이는 아이와 어머니 사이의 갈등 때문이 아니라, 어머니가 우울증으로 인해 아주 작은 자극에도 짜증이 나기 때문입니다. 이럴 때 어머니가 우울증 치료를 하게 되면, 몇 주 후에 아이들이 엄마가 너무 달라졌다고 좋아하고, 아이들이 다시 엄마 곁에 같이 있으려고 한다고 얘기합니다. 우울증을 치료함으로써 짜증과 화내는 것이 없어졌기 때문입니다.

우울증이 무서운 이유는 우리의 생각을 왜곡시키기기 때문입니다. 그걸

'터널 비전'이라고 합니다. 터널 속에 있는 사람은 딱 터널의 크기만큼 세상을 바라봅니다. 그런 것처럼 생각의 폭이 매우 좁아집니다.

여기서부터 우울증은 아주 위험한 단계로 진입한 것입니다.

예를 들어 한 주부가 우울증에 걸렸다고 합시다.

일단 우울증으로 인해 살림하는 것도 제대로 못하고 아이들을 챙기는 것이 힘들어집니다.

그렇게 되면 아이들 밥도 제대로 못해주고, 숙제도 도와주지 못한다는 죄책감이 생깁니다. 그 다음엔 평생 자신이 이런 상태로 지낼 것만 같은 생각이 듭니다. 그러다가 차라리 자신이 없어진다면 아이들에게 도움이 될 것이라고 생각합니다.

또는 자신이 남편을 제대로 챙겨주지 못할 바에야 내가 없어진다면 남편에게 더 도움이 될지 모른다고 생각합니다.

그 다음 단계는 자신이 이 세상에서 사라지자고 마음먹습니다. 그러면 가족들에게 더 도움이 될 거라고 확신합니다.

더욱 비극적인 것은 사고의 왜곡이 거기서 멈추지 않는다는 겁니다.

내가 죽고 나면 아이들을 누가 키워줄까 하는 생각에 빠집니다. 그렇게 되면 아이들은 분명 불행한 인생을 살아야 할 거고, 차라리 같이 죽자는 생각까지 하게 됩니다.

그래서 주부들이 우울증에 걸렸을 때 자식들과 같이 동반자살을 하는 겁니다.

이는 우울증 증상에 따라오는 사고의 왜곡 때문입니다.

이런 사고의 왜곡이 우울증 환자들이 자살을 하는 가장 큰 이유가 됩니다.

탤런트 고 최진실 씨의 자살을 보고, 일반인들은 충격이 컸을 겁니다.

당신의 생각이 당신을 속이고 있다

매우 생활력도 강했던 사람이었고, 이혼의 실패를 딛고 재기에 성공했던 무렵이었습니다.

게다가 금쪽같은 두 어린아이와 홀어머니를 남겨두고 자살을 했으니 일반인들은 이해하기 어려웠을 겁니다.

이는 우울증이 사고의 왜곡을 불러왔기 때문입니다.

우울증이 오면 정상적인 생각을 할 수가 없고 이미 말씀드린 대로 불필요한 죄책감과 자신이 무가치하다는 생각 그리고 자신이 없어지면 가족들에게 도움이 될 거라는 심한 사고의 왜곡으로 인해 자살을 선택하는 것입니다.

동생인 고 최진영 씨의 자살도 우울증이 원인입니다.

자신이 돌봐야 할 어린 조카들과 누나의 자살로 상처받은 홀어머니를 놔두고 고 최진영 씨는 자살을 선택했습니다. 이는 우울증이 사람의 생각을 한쪽 방향으로 이끌기 때문입니다.

그러니 현대그룹 고 정몽헌 회장의 경우도 재산이 없는 것도 아니고, 자식이 없는 것도 아니고, 내조를 잘하는 부인도 있었습니다. 하지만 평소 가지고 있었던 자신의 가치관이 흔들리고 자신만 없다면 모든 것이 잘 해결되리라는 사고의 왜곡이 자살을 부른 것입니다. 특히 이런 사고의 왜곡은 우울증으로 인해 생기는 걱정과 근심도 한 몫을 합니다.

우울증은 걱정하지 않아도 되는 일이 걱정이 들고 모든 것이 다 비관적으로 보입니다.

남편이 출근길에 자동차 사고로 죽을 것 같고, 자신이 앞으로 암으로 죽을 것 같기도 하고, 자식에게 커다란 사고가 닥칠 것 같은 생각을 합니다.

하고 있는 사업도 망할 것 같고, 암튼 모든 미래가 다 부정적인 생각뿐입니다.

우울증은 그 말로가 비참합니다.

한 사람이 자살하게 되면, 연관된 가족의 일원 중 최소 6명에게 아주 깊은 상처를 남겨준다고 했습니다. 자살을 하게 되면 남은 가족들은 자살을 막지 못한 죄책감에 빠지게 되고, 갑작스럽게 예고 없이 닥친 죽음 앞에 커다란 상처를 받게 됩니다.

우울증은 생물학적인 질병

자, 그렇다면 우울증은 왜 생기는 것일까요?

우울증은 지속되는 스트레스로 인해 발병합니다.

스트레스를 계속 받게 되면 스트레스를 줄여주는 스테로이드 호르몬이 우리 몸에 많이 분비되게 됩니다. 그런데 이 스트레스를 줄여주는 호르몬이 뇌를 공격한다는 겁니다.

스테로이드 호르몬은 우리의 기분을 조절하는 물질인 세로토닌을 떨어뜨립니다. 이 세로토닌은 뇌의 신경말단에서 분비되어 사람의 몸을 피로하지 않게 하고, 집중력을 높여주고, 식욕을 조절하게 해주고, 기분을 좋아지게 하는 물질입니다.

그런데 이 세로토닌이 줄어들게 되면, 위에 말한 우울증의 증세가 생깁니다.

하지만 많은 사람들이 여전히 우울증이 의지력이 약해서, 정신력이 약해서 걸린다고 생각합니다.

우울증은 분명 생물학적인 질병입니다. 당뇨나 고혈압과 같다고 보면 됩니다.

당뇨병이 인슐린이 안 나와서 생기듯이 우울증은 뇌에서 세로토닌이 안 나와서 생기는 질병입니다.

그런데 여전히 많은 사람들이 우울증은 정신력이 약해서 생긴다고 여깁니다.

우울증이 생물학적인 질병이라는 걸 모르는 의사들도 많습니다. 그러니 일반인들이 그걸 알기는 어렵습니다.

그래서 주부들이 우울증에 걸렸을 경우, 남편에게 핀잔을 받는 경우도 있습니다.

"당신이 몸이 편해서 그런 거다, 정신력으로 이겨내라, 차라리 집에서 놀지 말고 일을 하면 좋아 질 거다." 등등입니다.

그러니 우울증을 앓는 주부들은 이중으로 힘든 겁니다. 우울증 자체의 증상만으로도 힘이 드는 것도 모자라 주변사람들이 이해를 해주지 않기 때문입니다.

그래서 우울증의 치료는 당연히 약물치료가 최선입니다.

세로토닌을 높여주는 약물을 쓰게 되면 우울증은 분명 좋아지고 치료됩니다.

그래서 우울증치료를 할 때 저는 감히 "우울증을 낫게 해주겠다."고 자신 있게 얘기합니다.

의사들은 자신 있게 어떤 병을 낫게 해주겠다는 말을 잘 못합니다.

하지만 원인이 이미 밝혀진 질환이고 약물에 잘 반응하는데 뭐가 어렵습니까? 제대로 약물만 잘 선택해서 치료하면 우울증은 치료가 잘됩니다.

운동 많이 하고, 마음 편하게 먹고, 이런 거 다 소용없습니다. 그건 우울증 걸리기 전의 예방책일 뿐 우울증이 걸리면 무조건 약물치료를 하십시오.

요즘은 그래도 우울증에 대한 인식이 좋아져서, 작년에 목사님 사모님을 치료한 적이 있습니다. 목사님이 기도로만 치료 안 하시고, 우울증이 생물학적인 원인이라는 걸 아시고 사모님을 모시고 온 것입니다. 특히 종교를 가지고 계신 분들은 우울증치료가 더 늦습니다.

기도 열심히 하다가 오시거든요. 우울증은 기도로 나아진다고 생각하고 기도를 해보지만, 그분들 모두 우울증에 걸리니 기도도 안 된다고 합니다.

이후에 목사님뿐 아니라 목사님 사모님께서 많은 환자분들을 우리 병원에 소개를 해주셨던 기억이 납니다. 우울증 약물은 습관성이나 중독성도 없습니다. 6~9개월 정도 꾸준히 치료하십시오, 약물 반응이 빠른 분은 1주일만 드셔도(이제 조금 견딜 만하다고 표현합니다) 효과가 나타나고, 대개 한 달에서 세 달이면 거의 원래 컨디션을 유지합니다. 그리고 이후 3~4개월은 재발 방지를 위해 유지해야 합니다.

우울증처럼 쉽게 치료되는 질병도 없고, 정신과 의사가 보람을 느끼는 질환도 없습니다.

벼랑 끝에 서서 자살을 생각했던 우울증 환자분들이 몇 주간의 약물치료 후에 다시 살아갈 힘이 생기고, 그때는 왜 그런 극단적인 생각을 했었는지 모르겠다고 했을 때 저는 보람을 느끼고, 저도 한 생명을 구하는 외과의사 못지않은 자부심을 느낍니다.

의사라고 해서 우울증에 걸리지 말란 법 없습니다.

가끔 동창들에게서 전화가 옵니다. "자살하고 싶고 하루하루 아무것도 못 하겠다."고 합니다. 그럼 약을 처방해줍니다. 그럼 한 달 후면 많이 좋아졌다고 합니다. 그래서 꾸준히 6개월 이상 약물치료를 받으라고 권유합니다. 특별한 상담을 한 것도 없습니다. 단지 우울증이 생물학적인 질환이고 꾸준히 약물치료만 하라고 하며 약만 줬을 뿐입니다.

우울증은 우울증에 대한 자세한 설명만 필요하지, 상담은 그다지 필요 없습니다. 당뇨나 고혈압 같은 다른 생물학적인 질병이 그렇듯이 말입니다.

하지만 1~3개월 정도 약물치료 후 좋아진 다음에 약을 끊는 분이 많이 있습니다. 그러면 재발할 확률이 높습니다. 그래서 임의로 약을 끊고 다시 치료를 시작하는 분이 많습니다.

우울증에 걸린다는 것은 스트레스로 인해 나의 뇌에서 세로토닌이 떨어졌다는 것일 뿐 내 의지력과 정신력에는 아무런 상관이 없습니다.

그러니 무조건 치료를 하십시오. 그래서 이 짧은 인생 즐겁게 보내시기 바랍니다.

우울증은 뇌의 질환입니다.

9분.

행복한 마음

19. 행복할 수밖에 없는 이유

20. 불행을 막아주고 행운을 불러오는 부적

21. 어릿광대를 보내주오

22. 비난받으며 살아가기

23. 원인과 결과

행복할 수밖에 없는 이유

마음을 가라앉히고 자신의 내면을 살펴보십시오. 자신의 내면을 들여다보면
무한한 공간이 있을 뿐 아무것도 없습니다. 이런 것을 느낄 때 그것이 바로 행복입니다.
어떤 분은 그게 무슨 행복이냐고 하실지 모르지만, 그게 행복인 걸 어떡합니까.
밋밋하고 아무 맛도 없고 자기 자신 여여하게 지켜보며 이런저런 내 인생의 일들이 일어났다
사라지고 있다는 것을 지켜보는 것, 이런 것이 바로 행복입니다.

요즘 제가 허리디스크가 심해져서 물리치료를 받고 있습니다. 다행히도 걷
거나 등산을 할 때는 문제가 없으나, 단지 진료할 때만 아픈 겁니다. 오랫
동안 의자에 앉아있으면 왼쪽 허리가 많이 아픕니다. 게다가 자판을 두드
려보면 느끼는 것이 목 디스크가 있어 신경을 누르는 바람에 왼쪽 손에 힘
이 빠진다는 걸 느낄 수 있습니다. 어떨 때는 손바닥 절반의 감각이 떨어지기
도 합니다. 그래서 집에 허리견인기와 목견인기 그리고 저주파 치료기는 3대
나 있습니다. 허리디스크와 목 디스크가 생긴 지는 오래 돼서 매번 물리치료
를 받을 수 없어 집에서 목과 허리를 견인하고 나면 증상이 줄거나 없어지기
도 합니다. 그리고 이제 바야흐로 늦가을로 접어들다 보니 목이 아프기 시작
하고요. 그리고 감기도 벌써 2차례나 걸렸습니다. 감기가 사실 별거 아닌 것
같아도 걸리면 기운도 없고, 목이 많이 아프니 상담할 때 참 힘이 듭니다. 말
한마디 하기 싫어지니까요.

그동안 허리디스크는 집에 있는 허리견인기로 열심히 견인을 받아서, 허리 통증이 있을 때마다 몇 주만 하면 거뜬히 낫곤 했는데, 디스크도 퇴행성 질환인지라 나이가 들수록 회복속도가 늦고 더 자주 아픈 것 같습니다. 그래서 할 수 없이 정형외과에서 신경차단술이란 걸 세 번이나 받게 되었습니다. 이렇게 여기저기 아픈 게 제 몸입니다. 항상 말씀드리지만 제 몸이 제 것이 아닌지라 자기 마음대로 아픈 걸 저도 어쩔 수 없습니다. 제가 아프다고 하면 사람들이 놀랍니다. 아니 의사도 아프냐고 말입니다.

그래도 우리는 행복하다

더 놀라운 걸 알려드릴까요? 이거 알려드리면 많은 분들이 놀라실 텐데, 그래도 말씀드리겠습니다. 의사도 심지어 병으로 죽기도 합니다. 이제 나이가 50에 접어드니, 부모님의 부고가 아니라 의과대학에 같이 다니던 동창의 부고가 날아오기 시작합니다. 6년을 같이 공부했던 한 동창은 몇 달 전 자다가 유명을 달리했습니다. 아마 심근경색으로 추정됩니다. 또 다른 동창은 얼마 전 오랜 투병생활을 하다가 위암으로 사망했습니다. 이렇게 의사라고 해서 질병에서 벗어날 수는 없는 겁니다. 의사들이야말로 무의촌이라고 하듯이 자기 건강을 보살피지 않아 병이 이미 진행돼서 늦게 발견하는 경우가 많습니다.

자, 이렇게 허리도 아프고, 목도 아프고, 왼쪽 팔에 힘도 빠지고, 잦은 잔병치레로 고생을 하고 있습니다. 그래도 저는 행복합니다. 그동안 마음공부한 보람이 있었습니다. 자꾸 통증이 오고 몸이 불편하면 마음속에서 짜증이 나다가도 아참, 몸이 있으니 병은 따라오게 마련이지 하면서 생각을 다 잡아보면 통증은 있어도 내가 병이 있다는 사실은 그리 속상하지 않습니다. 통증이 있어 불편할 뿐이지, 거기서 생각이 멈추게 됩니다.

내가 마음공부를 하지 않았다면, 아마 나는 '도대체 왜 맨날 아프기만 하는 걸까? 전생에 무슨 죄를 지었길래 이리도 아픈 거야?'고 신세한탄을 할지도 모릅니다. 게다가 지금도 이렇게 아픈데 나이가 먹으면 어떤 큰 병이 생기지 않을까 하는 두려움이 들 수도 있고 지금 가지고 있는 디스크가 악화돼서 일상생활도 못하면 어쩌나 하는 걱정을 할지도 모릅니다. 이게 바로 두번의 창을 맞는다고 말씀드린 겁니다. 몸에 의한 통증이 첫 번째 창이고, 그로 인해 내가 미래를 걱정하고, 현재의 질병에 실망하고 신세한탄을 하는 것이 두 번째 창을 맞는 것이죠. 첫 번째 창이야 제가 몸을 가지고 태어났으니 당연한 것이라고 여긴다면, 두 번째 창은 맞지 않게 됩니다. 항상 자신이 어디 아프다고 실망하고 신세한탄하고 일어나지도 않을 미래의 질병과 질병의 악화까지 걱정하지 마시기 바랍니다. 그런 걱정과 건강염려증이 현재 우리의 삶을 불행하게 만드는 것입니다.

그럼 너는 왜 행복하냐고 묻고 싶으실 겁니다. 네가 덜 아파서 그렇다고 하는 분도 있을 것이고, 네가 행복하지 않은데도 행복한 척 거짓말을 하고 있다고 말씀하실 분도 있을 겁니다. 목 디스크에 허리디스크 그리고 너 맨날 감기 걸린다고 유튜브 강의에서 자랑질도 아니고 그리 떠들고 있는데 뭐가 행복하냐고 묻고 싶을지도 모릅니다. 그래도 저는 행복합니다. 왜냐하면 행복을 우리가 잘못 알고 있기 때문에 우리는 행복하지 않다고 여기는 것일 뿐이기 때문입니다.

행복은 우리가 꿀 발라 놓은 것을 행복이라고 여깁니다. 남들한테 인정받는 직장에 다니고, 은행에 돈도 많이 쌓아두고, 자식들 잘돼서 좋은 대학 나와 좋은 직장 들어가고, 온가족 모두 건강하게 잘 지내고, 항상 좋은 일만 가득해야 행복하다고 여기고 있습니다.

이 조건을 만족하는 사람은 이 세상에 하나도 없습니다. 겉으로는 그렇게 보여도 그런 조건 가진 사람은 없습니다. 자기가 출세를 하면 자식이 속을 썩이고, 사업이 잘돼서 이제 돈을 많이 벌면 그걸 지키느라 매일매일의 생활이 바쁘고 힘이 듭니다. 자식들 좋은 대학 가고 아내도, 자신도 건강해서 '이제 이것이 행복이구나.' 하고 여길라 치면, 부모님이 치매로 고생하시거나 암으로 오랜 투병을 하기도 합니다. 빨리 은퇴할 욕심에 정말 안전하다고 생각했던 곳에 투자했던 돈이 순식간에 다 날아가 버리기도 합니다. 모든 게 완벽해야 행복할 것이라는 꿈은 깨시기 바랍니다. 인생 살아보고 느끼셨을 겁니다. 인생은 산 넘어 산이라고, 좀 살만해지면 여기저기 아프고, 한숨 돌릴라 치면 돈이 없어지고, 한고비 넘었다 싶으면 회사에서 잘리는 게 인생입니다. 그러니 완벽한 조건을 다 만족해야 행복할 것이라고 생각하는 분들이라면 인생에 한 번도 행복을 맛보지 못하고 이 세상을 떠날 것입니다. 인생에서 완벽한 순간이란 한 순간도 없기 때문입니다. 우리는 항상 어떤 문젯거리를 가지고 있습니다. 그러니 그런 조건이 다 갖춰져야 행복하다고 여기는 분이라면 평생 행복은 맛보지 못하고 죽을 운명인 겁니다.

우리가 알고 있는 행복이란 것이 모두 조건들입니다. 그 조건을 충족시켜야 행복할 것이라고 우리는 알고 자랐습니다. 그래서 내가 소나타 타다가 벤츠로 바꾸기만 하면 행복할 것 같고, 연립주택 살다가 아파트로 옮기면 행복할 것 같고, 내 병이 다 나으면 행복할 것 같고, 자식이 서울대에 들어가기만 하면 행복할 것 같다고 여깁니다. 그런데 그 조건이 충족되었다고 합시다. 그 행복이 얼마나 가던가요. 차 바꿔보신 분 아실 겁니다. 자기의 드림카니 뭐니 하면서 사람들은 자기가 정말 원하던 차를 결국 손에 넣는 분들도 있습니다. 그런데 자동차 몰고 3개월 정도 다니고 나면 시큰둥합니다. 결혼도 마찬가지죠. 저 여자, 또는 남자랑 결혼해서 살림만 차리면 인생이 천국으로 바뀔 것 같은데, 신혼여행 간 날밤부터 싸우는 부부도 있습니다. 그 천

당신의 생각이 당신을 속이고 있다

국이 지옥이란 걸 알고는 몇 개월 못살고 이혼하기도 합니다. 연예인 부부가 신혼 때 방송에 나와 정말 이 세상에 이런 배우자는 없다고 떠들지만, 일 년도 못가서 헤어지는 부부들이 얼마나 많습니까? 이런 조건들은 행복이 아니라 일시적인 마약복용상태라고 말씀드리고 싶습니다. 어떤 자극이 들어와서 그 자극에 취해서 그걸 행복이라고 착각한 겁니다. 그런 자극에 취해서 지내다 보면, 이 조건이 들어맞아서 잠깐 행복했다가는 그 행복감이 사그라지면 다른 조건을 충족시키기 위해 또 다른 자극을 찾게 됩니다.

행복은 곧 자극이라고 착각하기 때문입니다. 집을 늘리고, 재산을 늘리고, 건강을 항상 유지해야 하는 것이 행복이라고 생각합니다. 계속 자극을 쫓아가며 자신의 행복을 찾게 됩니다. 이런 조건이 충족되면 잠깐 행복하다가 또 금방 시들해지면 다른 조건을 충족시키면 행복할까 하고, 또 그 조건을 만족시키기 위해 또 노력을 하고, 그것도 시들해지면 또 다른 데서 우리는 행복을 찾아 헤맵니다. 이렇게 우리는 조건에 의한 또 자극적인 걸 행복이라고 배우고 살았습니다. 항상 우리는 자신에게 좋은 일을 기대하고, 항상 나를 흥분시키고 기분 좋게 하는 일만 쫓아서 인생을 살아가고 있습니다. 그런 좋은 일이 없다보면 우리는 불행하다고 여기거나 인생이 권태롭다고 짜증을 냅니다.

있는 그대로 자신을 드러내고 보는 게 행복

자, 그럼 행복이란 뭘까요? 우리가 생각하는 행복은 이미 말씀드렸듯이 항상 환희에 차고, 가슴이 벅차고, 가슴이 두근거리는 감정을 떠올립니다. 이런 감정을 느끼려면 어떤 이벤트가 동반되어야 하겠죠. 큰돈, 명예, 좋은 직장에 합격하는 것, 바라던 책이 출판되는 것, 직장의 승진, 아들이 좋은 대학에 가는 것, 집을 늘리고, 통장의 잔고가 엄청 불어나고 주식이 대박을 쳐서 투자한 돈이 몇 배나 뛰어야 하는 것 등이 행복한 일이라고 생각합니다.

하지만 진정한 행복은 이런 자극적인 사건이 아닙니다. 이건 그냥 즐거운 이벤트일뿐 행복은 아닙니다. 잠깐 우리를 흥분시키고는 곧 그 효력을 상실하는 마약과 같습니다. 마약이 몸에서 사라질 때면 금단증상으로 인해 다시 마약을 찾고, 더 많은 마약을 투여해야 예전만큼의 즐거움을 느끼는 것이나 마찬가집니다. 여여(如如)하게 인생을 바라보는 것이 행복입니다. 가만히 내면을 들여다봤을 때 아무것도 없는 느낌이 행복입니다. 행복은 어떤 자극적인 사건에 의해 느껴지는 것이 아니라, 무덤덤하고 밋밋한 우리의 마음 상태 그것이 행복입니다. 이런저런 힘든 일이 일어났을 때 또 나를 기뻐 날뛰게 하는 좋은 일이 있어도 인생은 좋은 일도 있고, 나쁜 일도 있다는 것을 알고, 침울해하지도 않고, 흥분해서 지나치게 좋아하지도 않는 상태가 행복입니다.

마음을 가라앉히고 자신의 내면을 살펴보십시오. 자신의 내면을 들여다보면 무한한 공간이 있을 뿐 아무것도 없습니다. 이런 것을 느낄 때 그것이 바로 행복입니다. 어떤 분은 그게 무슨 행복이냐고 하실지 모르지만, 그게 행복인 걸 어떡합니까. 밋밋하고 아무 맛도 없고 자기 자신 여여하게 지켜보며 이런저런 내 인생의 일들이 일어났다 사라지고 있다는 것을 지켜보는 것, 이런 것이 바로 행복입니다. 그런 시선으로 보게 되면 내가 보는 세상도 혼란스럽지 않고 고요하게 보일 뿐입니다. 내 마음이 날뛰니 세상도 혼란스럽고 곧 망할 것만 같고 불만투성이로 보일 뿐입니다. 그저 지켜보는 마음으로 내 자신을 보면 아무런 동요 없이, 아무런 흔들림 없이 있는 그대로의 자기 자신을 드러내고 그걸 또 보는 게 행복입니다.

우리가 알고 있던 자극적인 행복감을 쫓지 마시기 바랍니다. 여여하게 자신을 바라보십시오. 그리고 텅빈 자신의 내면을 잠깐이라도 일견할 수 있다면 그것이 바로 행복의 시발점입니다. 이런 밋밋한 행복감은 내 앞에 안 좋은 일이, 사건이, 질병이 닥쳐도 행복할 수 있습니다. 그러니 세상일에, 사람 일에 끄달려서 금방 행복해졌다가도 금방 자신이 이 세상에서 제일 불행한 사람이라고 한탄하지 않게 됩니다. 자신의 내면은 원래가 고요했으니까요. 그걸 시끄럽게 한 건 우리 자신이고, 가짜 행복을 찾느라 더욱더 분주하고 시끄럽게 만들었을 뿐입니다. 자기 자신 안에 펼쳐진 넓은 여백을 지켜보시고 그 평온한 자유로움과 아름다움 그리고 거기서 행복감을 느끼시기 바랍니다. 우리는 이미 행복할 준비가 다 되어 있습니다. 그것을 지켜보지 않을 뿐입니다.

20.

불행을 막아주고 행운을 불러오는 부적

인생에서 부적은 우리의 마음입니다.
우리의 마음이 인생의 모든 것을 받아들일 때 그것처럼 좋은 부적은 없습니다.
마음 한 번 크게 내어 쓰면, 우리는 매년 부적을 사거나 갈아치울 필요가 없습니다.
평생 아주 효과 좋은 부적을 내 마음속에 지니고 사는 것이기 때문입니다.

해마다 음력정월이 되면 어머님이 항상 제게 부적을 새로 갖다 주십니다. 부적은 1년이 지나면 효험이 없다고, 새해가 되면 새 걸 사가지고 오셔서 제게 주십니다. 하지만 받아 놓기만 하고, 책상서랍에 넣어 놓고 맙니다. 어머니가 섭섭해 하실까봐 받긴 하죠. 아들이 부적을 가지고 다니면 아무 일 없을 거란 희망을 가지실 테니, 어머니 정신건강에는 좋을 겁니다.

아들에게 해마다 건네는 부적이 아들이 병 걸리지 않고, 사고 나지 않고, 액운이 끼지 않고, 하는 일 모두 잘되게 해 줄 거라 믿으실 테니 말입니다. 워낙 어머님이 걱정이 많은 분이라, 부적을 그만 사오라고 하는 말씀은 못 드리겠습니다. 그 부적이 아들에 대한 걱정을 조금이라도 줄여준다면, 그게 어머님의 마음에 도움이 되는 부적의 역할을 하리라 생각하기 때문입니다. 그 정도면 부적의 역할도 괜찮다는 생각이 듭니다. 제가 편한 게 아니라 어머님이라도 마음이 편하다면 그걸로 부적의 역할은 다한 것이니까요.

부적은 우리의 건강을 지켜주고, 여러 가지 액운을 막아주고, 심지어 어떤 부적은 남편의 바람기를 잠재우고, 떠나간 연인이 다시 돌아오게 하기도 하며, 자신이 가진 질병도 낫게 해준다고 점쟁이들은 부적을 써줍니다.

그런데 부적은 왜 생겨났을까요?

사람들 모두 다가올 미래가 불안하기 때문입니다. 언제 자신이 암에 걸릴지, 교통사고를 당할지, 아니면 극단적인 예로는 길거리를 다니다가 강도를 만날지, 다니던 회사가 파산을 해서 졸지에 실업자가 될지, 도대체 우리의 미래는 걱정거리뿐입니다.

인터넷 기사나 방송매체를 보면 사람의 운명이란 것이 얼마나 순식간에 곤두박질치는지 금방 알 수 있습니다. 제주 지검장을 하던 김수창 씨는 거리에서 벌인 노출증으로 인해 사표를 써야 했습니다. 국제인권단체인 엠네스티 지부장까지 했던 고은태 씨는 SNS로 딸 같은 여자에게 성희롱을 하는 문자를 보냈다가 자신의 이력과 이름에 먹칠을 하고 말았습니다. 또한 재기에 성공하는가 했던 탤런트 이승연 씨는 프로포폴 투약혐의로 인해 법정에 서고 말았습니다. 또한 새누리당의 심재철 의원은 국회 본회의장에서 휴대전화로 누드사진을 보다가 걸려서 윤리위원회에서 사퇴해야 했습니다. 또한 유명한 개그맨인 김용만 씨는 불법 도박사이트에서 도박을 하는 바람에 하루아침에 5개의 프로그램을 그만두고 평생 도박꾼이라는 불명예를 안고 살아야 할 겁니다.

트위터의 대통령이라 불리는 이외수 씨는 160만 팔로워를 자랑하곤 했습니다. 하지만 혼외로 낳은 아들의 양육비를 지급하지 않아 피소당하고 말았습니다. 그는 이제 자신의 자식 하나 보살피지 못한 파렴치한으로 몰리고 말았습니다.

이렇듯 인생은 한 치 앞도 알 수가 없습니다. 얼마 전까지 그렇게 사람들의 존경을 받고, 명예와 지위를 가지고 있던 사람들이 순식간에 추락하는 것이 우리네 인생입니다.

그러니 일반인들이 앞으로 어떤 일이 벌어질지 걱정하는 것은 당연하다고 생각합니다.

저는 틈나는 대로 많은 분들이 자신의 내면을 들여다보거나 자신의 호흡을 관찰하는 시간을 가졌으면 좋겠습니다. 그렇게 되면, 자신 안에 부처도, 예수도, 마더 테레사도 다 있다는 걸 알게 됩니다. 그만큼의 악마도 존재한다는 것도 알게 되고요. 악마와 천사의 공존은 인간이라면 누구나 다 똑같습니다. 인간은 99.9%가 유전적으로 서로 일치하고 있습니다.

그러니 잘난 사람도, 못난 사람도, 똑똑한 사람도, 그렇지 않은 사람도 별다른 차이가 없습니다. 그러니 잘났다고 으스댈 것도 없고, 자신이 못났다고 주눅들 필요도 없습니다.

다 똑같은 사람들인데 남에게 뭘 기대합니까? 트위터의 글에서 뭘 발견하시려고 하십니까. 그저 신변잡기를 듣는 것뿐입니다. 이제 트위터는 무슨 종교 같습니다. 사이비 교주처럼 트위터의 피라미드 꼭대기에 유명인이 올라서서 그 밑의 팔로워들에게 쓸데없는 얘기를 들려주고, 일반인들은 그게 무슨 큰 진리라도 되는 냥 거기에 매달립니다. 남에게 어떤 큰 것을 기대하지 마십시오. 남의 생각을 그저 따라가지 마십시오. 내 안에, 내 마음에 답이 있습니다.

부적보다는 우선 우리의 생각을 바꿔야

멘토나 조언자, 스승을 찾아가지 마십시오. 내 마음속에 멘토도, 스승도, 지혜로운 이도 다 존재합니다. 단지 그걸 모르고 살 뿐입니다. 그러니 너무 시류에 이끌려 이 사람, 저 사람, 멘토나 스승을 찾아다니면서 시간을 허비하지 마시기 바랍니다.

인생이란, 높이 비상해서 더 이상 날아오를 데가 없을 정도가 되었다가도, 어느 순간 뜻하지 않게 추락하는 게 비일비재합니다. 그래도 이분들은 명예를 더럽혔지만, 느닷없이 우리는 사고로 죽었다는 사람들의 부고를 접하기도 합니다. 연극배우였던 강태기 씨는 자는 듯이 돌아가셨다는 기사를 읽었습니다. 울랄라세션의 그 천재적인 뮤지션인 임윤택 씨는 겨우 서른두 살에 위암으로 사망했습니다.

죽음은 언제 어디서나 우리의 뒤에 바짝 다가서 있습니다.

더욱 인생이 어렵다는 생각을 만드는 것은, 자신의 자녀들이 갑자기 사망하거나 중병에 걸리는 경우일 겁니다. 인생에서 젊은 나이는 죽음에 대한 확률이 떨어질 뿐, 그렇다고 죽지 말란 법은 없습니다. 인생에 끝이 있다는 진리는 누구에게도 비켜가지 않기 때문입니다.

이처럼 우리네 인생은 도처에 지뢰밭입니다.

언제 내가, 아니면 나의 가족이 병들 수도, 사고가 날 수도, 죽을 수도 있고, 사기를 당하기도 하고, 완전히 길거리에 나앉기도 합니다. 도대체 우리네 미래란 것이 불안하고, 불안정하고, 확실한 것은 하나도 없습니다.

이런 인간의 불안한 마음을 조금이나마 달래기 위해 나온 것이 부적입니다.

그나마 부적을 지니고 다니면 내게 오는 불행이 조금 줄어들지도 모른다는 생각, 내게 오는 불행이 아예 없어질 수도 있다는 바람에서 여전히 우리는 이런 문명사회에서도 부적의 힘을 믿고 싶어 합니다. 새해가 되면 사찰로, 교회로, 성당으로 가서 올 한해 가족이 건강하고, 돈 많이 벌게 해달라고 기도합니다. 그리고 새해뿐 아니라 석가탄신일에 절에 가서 그 수많이 달려있는 연등을 보십시오. 거기에는 누구의 아들, 아버지, 남편, 아내, 자식이 돈 많이 벌고 건강하게 해달라는 기원이 빼곡히 들어차 있습니다. 그런데 부처님은 참 욕심 사납게도 연등 값만 떼먹고는 소원을 별로 들어주시지 않는다는 겁니다. 돈만 떼먹고 내버려 두는 부처님, 매달 십일조 꼬박꼬박 바쳐도 승진하지 않는 내 남편 그리고 아파서 누워있는 내 자식을 볼 때마다 우리는 신에게 섭섭하고 야속하다는 생각까지 들 때도 많습니다.

도대체 이렇게 매일 기도하고, 꼬박꼬박 일주일에 한 번 또는 두 번씩 절에 가서 백팔 배, 아니 심지어 삼천 배를 하고, 매일 새벽기도를 다니고, 감사헌금, 건축헌금, 축성헌금 등 있는 돈 없는 돈 다 갖다 바쳐도 도대체 왜 이렇게 인생은 힘들고 병이 들고, 심지어 죽기까지 하냔 말입니다. 더욱 이해가 안 되는 것은 내가 병이 나고, 집안이 기울고, 남편이 실직자가 되고, 심지어 부모님이 돌아가시는 불행이 부처님의 뜻, 하나님의 뜻이라고 둘러대는 겁니다. 내가 지금 힘들고 불행해 죽겠는데, 거기에 숨은 의미가 있다거나 커다란 하나님의 그림 안에 숨겨진 우리가 알지 못하는 숨은 뜻이 있다는 말로 위로하는 스님이나 목사님의 말은 귀에 와 닿지 않습니다. "아니 하나님, 부처님 그런 복잡한 의미를 제 인생에 넣지 말구요, 그냥 우리 가족 건강하고, 우리 집 부자 되는 거 딱 두 가진데, 그걸 못 들어주시나요?" 이렇게 항의하고 싶어질 수도 있습니다. "뭔 놈의 뜻이 숨겨져 있기에, 어린 자식이 암에 걸려 투병하다 세상을 뜨거나, 느닷없는 질병에 아내가 죽기도 하고, 돈을 벌어와야 할 남편이 직장에서 잘리냐고요. 나 그런 복잡한 거 모르니까, 간단하게 제 소원 들어주십시오. 간단한 제 소원 하나 들어주지 못합니까?" 하고 부처님과 하나님께 항의해 보고 싶기도 합니다. "나 머리 나빠서 그런 깊은 뜻 몰라요." 이렇게 보채보지만, 하나님과 부처님은 묵묵부답일 뿐입니다.

이 대목에서 우리는 절망합니다. 도대체 하나님, 부처님도 못 막는 불행은 내가 어쩌란 말인가? 앞으로 어떤 일이 벌어질지 인생이 불안하기만 합니다.

그래서 불안한 마음에 이런저런 부적을 사기도 하고, 푸닥거리도 해봅니다.

그것도 잠시뿐 여전히 인생은 힘이 들고, 나는 점점 늙어가면서 힘이 빠지고, 우리네 인생은 사소한 것부터 큰 것까지 걱정의 연속이요, 힘든 사건들의 쓰나미가 밀어닥칠 뿐입니다.

우리가 생각을 바꾸지 않으면 계속 앞으로 닥칠 미래에 대해 걱정하고, 불안해하고, 노심초사하며 지낼 수밖에 없습니다.

생각을 바꾸지 못한다면, 우리는 항상 불안에 떨며 현재를 살지 못합니다. 항상 내게 닥칠 불행한 일에 대해 걱정하느라, 현재는 그냥 줄줄 손안에 쥔 모래알처럼 흘러 떨어 질 뿐입니다. 빈손이 되는 순간, 우리는 죽음을 앞두게 됩니다. 여기서 냉정하게 생각해봅시다. 내가 지금 착한 일을 하고, 남을 위해 봉사하고, 내 인생을 사회에 헌신하던 사람이든, 남을 등쳐먹고 사기치고 남의 돈을 빼앗아 사는 사람이든, 그 누구도 우리에게 닥칠 불행을 피할 수 없다는 겁니다. 하나님도 부처님도 그분들이 가진 큰 뜻인지, 큰 그림인지, 아니면 내게 어떤 진리를 깨우쳐주기 위함인지 몰라도 우리에게는 항상 안 좋은 일이 생길 수밖에 없습니다. 우리가 가장 두려워하는 자신의 죽음조차, 지금 이 순간에도 째깍째깍 시계바늘은 돌아가며 우리의 죽음을 재촉합니다. 운 좋게 장수를 누린다 해도, 점점 기운이 딸리고, 나중에는 거의 방 안에서 지내야만 하는 노화를 막을 수는 없습니다. 마지막엔 어떤 질병인가에 걸려 우리는 이 세상에서의 삶을 마감하는 겁니다. 우리는 차라리 인생이란, 이런저런 안 좋은 일의 연속이라고 생각하는 게 낫습니다. 이게 염세적으로 들리나요? 저는 이 말이야말로 가장 현실적인 조언이라는 생각이 듭니다. 자신은 죽지 않을 것처럼, 자신은 항상 성공할 것처럼, 자신은 부자가 되고, 우리 가족은 아무 탈 없이 모두 잘될 거라는 바람을 갖고 살아갑니다. 이런 바람이야말로 가장 비현실적이고, 우리가 현실을 제대로 직시하지 못하게 한다고 생각합니다.

언제든 나는 죽을 수 있으며, 질병에 걸릴 수 있고, 가족들도 이별해야 할 때가 오고, 다니던 직장에서 잘릴 수도 있고, 뜻하지 않은 사고가 내게도 닥칠 수 있다고 생각하면 어떨까요?

아잔 브라흐만이 쓴 《성난 물소 놓아주기》에 이런 구절이 있습니다.

"부처님, 너무나 자연스럽게도, 너무나 당연하게도 제게 병이 생겼습니다."

우리 삶에서 일어나는 질병, 재산의 손실, 명예의 실추, 죽음, 이별 등. 이런 모든 것들이 인생의 한 부분이라고 인정한다면 우리 마음은 편해질 수 있습니다.

하지만 그건 저 세상의 일이고, 남의 일이며, 내게는 절대 일어나서는 안 되는 것이라고 생각한다면, 우리는 현재를 살지 못합니다. 항상 전전긍긍하며 그런 불행이 닥쳐오지 않을까 걱정하게 됩니다. 자신에게 그런 일이 절대 일어나지 않을 거라 생각하기 때문에 정말 불행한 일이 닥치면 사람들은 당황하고, 그런 힘든 상황에 대처하지 못하고, 그런 불행한 일들에 휩싸여서 무릎을 꿇고 맙니다.

그리고 하나님과 부처님에게 원망을 합니다. "나는 누구에게 잘못한 일도 없고, 성실하게 살아왔는데, 내가 이런 병을 앓아야 하나요?" 아니면 "내가 정말 착한 일을 많이 했는데, 내가 하는 사업이 망했나요? 아니면 내가 남을 도우면서 살고 기부도 열심히 했는데, 왜 우리 자식은 말을 듣지 않고 가출을 일삼을까요?" 하면서 세상과 신에 대해 원망을 하게 됩니다. 그리고 도저히 이런 현실을 받아들일 수 없어 화가 나고 분통이 터져서 견딜 수 가 없습니다. 왜 나에게만 이런 일이 닥쳤는지 속이 상하고, 신에게 배신감까지 듭니다.

내가 받은 불행한 일로 받은 상처에다가, 내가 그것에 대해 성질이 나고 분통이 터져서 고통은 두 배, 세 배가 됩니다. 생로병사 이 모든 것이 인간으로 우리가 태어나면서 겪어야 할 운명이며, 피할 수 없는 것이라고 생각한다면, 그런 일이 닥쳤을 때 덜 슬프고, 덜 힘들고, 덜 아파할 수 있습니다.

그런 일을 통해 그동안 내가 생각지 못했던 인생의 진리를 발견할 수 있는 계기가 되기도 합니다.

인생에서 부적은 바로 우리의 마음

얼마 전 TV를 보니, 암이 걸려 할 수 없이 고향에 혼자 떨어져 낙향한 한 남자의 이야기가 나왔습니다. 처음에는 죽음이 코앞에 닥쳐 자신이 세상에서 제일 불행한 사람이라 여겼고, 지금도 여전히 몸속에 암이 남아있지만, 시골에서의 삶이 무엇보다 행복하다고 얘기를 합니다. 앞만 보고 달려오다가, 이곳에서 느지막이 일어나 산바람 쏘이면서 산책을 하고, 풀냄새, 나무냄새 맡으면서 산을 거닐고, 시간이 나면 텃밭을 가꾸고, 저녁때는 툇마루에 앉아 책을 보고 음악을 듣기도 하는 생활이 너무나 행복하다는 겁니다. 제가 30대 때 이런 프로그램을 봤다면 이해가 되지 않았을 텐데, 이제 나이가 들고 보니 그 남자분의 말을 백 번 이해하게 되었습니다.

그가 행복한 이유는, 자신에게 닥친 불행을 그냥 온전히 다 받아들이고, 봄에는 새싹이 돋고, 그 잎이 가을에 낙엽으로 떨어지고, 겨울에 낙엽을 떨구고 동면을 하는 나무처럼 자신도 자연의 일부라는 사실을 알았기 때문입니다. 아, 자연과 내가 하나라는 생각, 내가 도시에서 살 때는 그저 회사에서 한 개의 부속품에 불과한 초라한 존재였으나, 지금은 대자연과 나는 하나라는 생각이 그의 마음을 편안하게 했던 겁니다. 그는 대자연의 일부라는 생각뿐 아니라 모든 세상 만물이 하나로 연결되었다는 생각에 이제 외롭지 않게 되었던 것입니다.

얼마 전 오토바이 사고로 하반신 마비가 된 강원래 씨 기사를 읽게 되었습니다. 그는 이런 말을 했습니다. 자신의 병을 받아들이기까지 3년이 걸렸다고 말입니다. 처음에는 아무한테나 시비를 걸고 싶고, 짜증도 나고, 내 인생 끝났구나 생각하고, 재활치료를 받는 동안 울기도 많이 울었으며, 죽고 싶었다고 합니다. 그는 이제 행복하다는 말을 합니다. 모든 것을 받아들이고 나니 그는 이제 행복해진 겁니다. 그는 행복과 불행이 종이 한 장 차이일 뿐이라고 말합니다. 그 한 장의 차이가 바로 세상을 내가 어떻게 바라보느냐입니다. 내게만 불행이 닥쳤다고, 세상과 신을 원망만 한다면 우리는 행복해지지 않습니다. 그는 휠체어를 타고 춤을 추고 노래를 부를 수 있다는 걸 알게 된 순간, 행복해졌습니다. 다시 설 수 없다는 걸 인정하는 순간, 그는 행복해진 겁니다.

자, 여기서 우리가 불행이라고 하는 것이 행복이 되는 것이고, 우리가 행복이라고 생각했던 인생의 성공의 순간이 바로 불행의 시작이라는 걸 알 수 있습니다. 제가 처음에 소개했던 그 유명한 인사들이 너무나 성공했기 때문에 또한 그만큼 더 많이 불행해진 겁니다. 그러니 다가올 불행을 미리 막으려고 하지 말고, 그저 나에게도 그런 일이 있을 수 있다고 받아들이고, 현재만 그저 뚫어져라 바라봐야 합니다.

그래서 인생에서 부적은 우리의 마음입니다.

우리의 마음이 인생의 모든 것을 받아들일 때 그것처럼 좋은 부적은 없습니다. 마음 한 번 크게 내어 쓰면, 우리는 매년 부적을 사거나 갈아치울 필요가 없습니다. 평생 아주 효과 좋은 부적을 내 마음속에 지니고 사는 것이기 때문입니다. 그 부적을 마음에 새기시기 바랍니다. 앞으로 벌어질 내 죽음도, 질병도, 사랑하는 사람의 죽음과 이별도, 재산이 없어지는 것 등. 이 모든 것이 '어떤 인생에서나 당연히 벌어지는 일이다.'라는 생각이 든다면, 이제 조

당신의 생각이 당신을 속이고 있다

금은 인생이 두렵지 않게 됩니다. 그저 받아들일 뿐입니다. 우리가 이런 당연한 것을 피하려고 기도하고, 기원하고, 부적을 몸에 지니기 때문에 우리는 더욱더 미래가 불확실하고 두려운 겁니다. 내 마음속에 언제든 그런 일은 닥칠 것이고, 나는 또 그것과 함께 같이 갈 것이라는 생각이 들면, 그게 바로 호신부요, 나를 지키는 최상의 부적입니다.

21

어릿광대를 보내주오

그저 내 안의 어릿광대가 시키는 대로 살아보시기 바랍니다. 그들은 우리에게 항상 이렇게
얘기해 왔습니다. "인생, 너무 힘들게 살 필요 없어. 그저 하루하루를 즐기고, 내일은 걱정하지 말고,
지금 이 순간을 느끼고, 걱정일랑 할 필요도 없어. 누구나 다 겪는 일이니 말이야.
인생이 걱정한다고 해서 생길 일이 안 생기고 안 생길 일이 생기는 것은 아니잖아."

김연아 선수가 2014년 소치 올림픽 쇼트 프로그램의 음악으로 선정한 곡은 '어릿광대를 보내주오.'입니다. 음악에 문외한인 제가 들어도 참 서정적이고 아름다운 곡이라는 느낌이 들었습니다. 아니 김연아 선수가 그 곡에 따라 멋진 연기를 보여주었기 때문에 그 곡이 더 아름답게 느껴졌을 겁니다.

"어릿광대를 보내주오(Send in the Clowns)."는 스티븐 손드하임에 의해 만들어져, 1973년 브로드웨이에서 초연된 뮤지컬 〈A Little Night Music〉에 삽입된 곡입니다. 한때 유명했던 여배우였던 데지레가 과거의 연인이었던 프레데릭과 하룻밤을 보내고 나서, 그에 대한 사랑을 다시 느끼게 됩니다. 과거 데지레는 프레데릭의 사랑을 거절한 적이 있었고, 프레데릭은 다른 여자와 결혼한 상태였습니다. 당연히 데지레는 프레데릭이 자신의 사랑을 받아줄 거라고 생각했으나, 이번에는 프레데릭이 자신의 아내를 사랑하기 때문에 그럴 수 없다고 거절합니다. 이 장면에서 '어릿광대를 보내주오'란 서정적인 곡이

흐릅니다.

그녀는 자신의 옛사랑에게 거절당한 후, 자신의 어리석음과 속상한 감정, 거절당한 것에 대한 분노감, 삶에 대한 이런저런 회한과 안타까움을 노래하고 있습니다.

그래서 그녀는 자신이 무대에 오르는 대신 어릿광대를 올려 보내달라고 하는 것이 가사의 내용입니다. 당시 연극무대에서는 연극이 시작하기 전 어릿광대가 나와 잠깐 공연을 해서 관객의 흥을 북돋우기도 했고, 불가피한 사정이 있어 배우가 무대에 올라갈 수 없을 때도 급하게 어릿광대가 무대에 올라 공연을 하곤 했습니다. 그녀는 자신의 옛 연인에게 거절당한 후 속상한 마음에 자신 대신 어릿광대를 무대에 올려 보내달라고 요청했던 것이 이 노래의 제목 '어릿광대를 보내주오'가 되었던 것입니다.

인생이란 무대에서 대역은 없다

왕년에 잘나가던 배우였으나, 지금은 그저 그런 배우로 전락한 여배우가 옛 연인에게 거절을 당한 느낌은 어땠을까요? 인생의 오르막길이라면 몰라도 인생의 내리막길에서 사랑마저 내 마음대로 되지 않으니 인생의 고단함과 함께 인생이란 자기 마음대로 되지 않는다는 걸 깨달았을 겁니다.

누구나 인생을 살아가면서 느끼는 감정들입니다. 인생이 힘든 이유는 내가 원하는 대로 가질 수 없다는 것입니다. 또한 가졌다 하더라도 언젠가는 내 손에서 다 빠져나가 버린다는 것이죠. 인생무상이라고 하죠. 흔히들 인생무상이라고 하면 인생은 허무하다는 의미로 알고 있습니다. 인생무상이란, 인생은 항상 같을 수 없고 항상 변한다는 것입니다. 이렇게 변하기 때문에 인생이 힘든 겁니다. 내 사랑도 변하고, 상대방의 사랑도 변하고, 내 몸도 늙고, 가족들도 하나둘 떠나가고, 그렇게 아끼던 자동차도 점차 낡아가고, 그

좋던 지위나 직위도 언젠가는 젊은 사람에게 물려주고 물러나야 합니다.

가장 흔한 예로 그렇게 애지중지 기르고 예뻐했던 아들이, 어릴 때는 엄마가 어딜 가기라도 하면 쫓아나가겠다고 난리를 치고, 엄마만 졸졸 쫓아다녔습니다. 그래서 더 사랑스럽고 예뻤습니다. 그런데 그 예뻤던 아들이 장가를 가더니 며느리한테 빠져서는 부모 보러 오는 게 가물에 콩 나듯합니다. 그리고 어디 아프냐, 몸은 괜찮냐는 말은 물어보지도 않고, 항상 돈만 뺏어갈 생각을 합니다. 그래서 속이 상하는 겁니다.

인생이란 자기가 갖고 싶은 걸 모두 가질 수 없으니 화가 나고 속이 상한 데다가, 갖고 있는 것마저 모두 사라져 버리니 힘든 법입니다.

여배우 데지레는 다시 무대에 오를 수 없을 정도로 기운이 빠져서 대신 어릿광대를 무대에 올리라고 합니다. 우리 인생도 힘들고 지치고, 절망에 빠질 때 나 대신 무대에 오를 수 있는 어릿광대가 있다면 얼마나 좋을까요. 인생이란 무대는 나 대신 올라갈 수 있는 어릿광대는 없습니다. 내가 죽을 정도로 힘들어도, 억울한 일을 당해도, 내가 속이 상해 미쳐 죽어도, 인생이란 무대에서 쉴 수 있는 시간이나 대역은 없습니다. 무조건 자신이 올라가야 하니 인생이 힘듭니다.

인생은 한편의 연극과 같다고 합니다. 우리네 인생은 여러 가지 배역을 하며 살아가야 합니다. 어릴 때는 자식으로, 성인이 되어서는 아버지로, 직장의 부하직원으로, 남편으로, 아내로, 어머니로 등등 우리가 인생에서 맡는 배역은 무궁무진합니다. 그래서 인생은 연극과 같다고 하지만, 연극과 한 가지 다른 점이 바로 대역을 쓸 수 없다는 겁니다. 데지레는 자기 대신 어릿광대를 무대에 올리라고 했습니다. 여기에는 심리적인 상징성이 숨어 있습니다. 어릿광대의 얼굴을 한 번 떠올려 보십시오.

눈은 크고, 코는 빨갛고, 큽니다. 입은 항상 웃고 있습니다. 그들은 무대에 올라가 아무런 말도 하지 않고 동작만으로 연기를 합니다. 그래서 그들의 동작은 아주 크고, 과장되고, 유치합니다. 그런 동작을 통해서 관객들에게 웃음을 선사합니다. 관객들은 그들의 엉뚱하고 바보스러운 동작과 유치한 행동 때문에 웃을 수 있습니다.

데지레가 무대에 올리라고 한 어릿광대는 우리가 슬프고, 힘들고, 어렵고, 고통스런 인생의 사건에서 우리 안의 어릿광대를 불러내야 한다는 것을 상징하고 있습니다. 우리는 어린 시절부터 내가 아닌 다른 사람으로 키워집니다. 슬퍼도 남들 앞에서 울지 말아야 하고, 남들에게 피해를 주지 말아야 하며, 항상 남들에게 좋은 이미지를 줘야 하며, 사회적으로 성공하고 남들에게 훌륭한 사람으로 보여주도록 키워졌습니다. 그렇게 해야 사회에서 성공한다고 배웠기 때문입니다. 사회에서 참 괜찮다고 하는 사람들은 자신 안에 존재하는 유치하고, 참을성 없고, 항상 유쾌하고, 미래에 대한 걱정도 없는 어릿광대 같은 자신의 특성을 억압해야 됩니다. 그렇게 우리가 억압하고 있는 어릿광대 같은 성향을 우리는 유치하고, 철이 없고, 어린애 같다고 생각해서, 우리는 자기 자신 안에 그런 것들이 존재한다는 걸 부정하며 살아왔습니다. 하지만 그 어릿광대 같은 특성이야말로 우리에게 필요한 것들입니다. 어릿광대는 순간순간을 즐길 뿐이며, 미래를 걱정하지 않습니다. 그저 짓궂게 장난을 치고 작은 일에도 기뻐하고 즐거워합니다.

이런 어릿광대의 특성을 우리가 불러내야 할 때가 있습니다. 그때는 인생이 너무 지나치게 심각해지거나, 우울해지거나, 슬플 때입니다. 어릿광대는 이런 인생의 심각한 사건들에 대해 별로 걱정하지 않습니다. 당장 장난치고 다른 어릿광대와 어울려 어떻게 하면 지금 이 순간을 즐길 수 있을까만 생각할 뿐이지, 미래는 걱정하지 않으며, 인생의 심각함이란 그들에겐 아무런 의미도 없습니다. 그저 하루하루를 즐길 뿐, 인생이 심각하다는 것조차 알지 못합니다.

그렇지만 매일매일, 하루하루 즐기고 장난만 치고 항상 웃는 얼굴로 지내는 어릿광대에게 문제가 있는 게 아니라, 지나치게 인생을 심각하게 살고 있는 우리가 문제가 아닐까요? 우리는 인생을 너무나 심각하고 바쁘고 걱정 속에 살아갑니다. 조금만 아파도 '이거 암 아니야?' 하며 걱정하고, 갑작스럽게 큰돈을 지출할 일이 생겨도 곧 집안이 파산할 것처럼 걱정합니다. 남들이 아무렇지 않게 던진 말에도 이 사람이 나를 무시하는 것 아닌가? 내가 다른 사람들에게 왕따 당하는 것 아닌가 하고 심각하게 걱정합니다. 초등학교 다니는 아이가 시험 한 번 잘 못 쳐도 걱정이 태산입니다. 마치 수능 보고 온 고3 수험생이 시험을 망쳤다고 하는 얘기를 듣는 부모보다 더 놀라고 충격을 받습니다. 우리는 어릿광대가 보기에 지나치게 냉정하고, 걱정은 산더미같이 이고 다니고, 전혀 웃지도 않고 작은 일에도 지나치게 심각하게 여기며 살고 있는 비정상적인 사람입니다.

인생에서도 어릿광대를 불러낼 필요가 있다

우리 안에는 어릿광대 같은 성향이 누구에게나 있습니다. 그런 어릿광대 같은 면이 나오는 게 술을 마셨을 때입니다. 지나치게 주사를 부리고 남을 괴롭히는 경우를 말하는 게 아닙니다. 술을 마시면, 자기 안에 억압되었던 즐거운 감정이 튀어 나옵니다. 내일 회사에 출근하는 것도 잊어버리고, 실컷 노래방에서 노래를 부르고, 농담을 하지 않던 사람도 실없는 농담을 하고, 그렇게 차가웠던 사람이 남들에게 친근한 감정을 표현합니다. 그래서 어떤 모임이든 회식을 하고 나면 많이 친해집니다. 그들은 어릿광대 같은 모습으로 만나면서 자신의 가면을 벗고 어린애처럼 친해질 수 있었기 때문입니다.

그런데 이렇게 술의 힘을 빌리지 말고 순간순간 인생이 심각해질 때 우리는 우리 안의 어릿광대를 불러낼 필요가 있습니다. 걱정 많이 한다고 일이 해결되던가요? 지금은 웃음이 나오지 않아도 어릿광대의 과장된 미소처럼 씩 웃을 수 있어야 합니다. 가만 자신의 인생을 생각해 보십시오. 다들 인생의 고비들이 있었을 겁니다. 그때만 해도 도저히 살 수 없을 것 같은 고통과 고난이 닥쳤으나 그것도 지나가고 지금 이 자리에 있지 않습니까? 그런 고비들이 얼마나 많았는지 한 번 생각해 보시기 바랍니다. 그렇게 과거에 힘들고 고통스러웠던 일들을 떠올려 보면, '시간이 지나니 내가 또 살아왔고, 또 그런 일을 겪어도 살아지는구나.' 하고 느낄 겁니다.

자, 반가운 소식 하나 전해드리겠습니다. 돈이 많든, 지위가 높든, 재산이 많고 집안이 좋든 남들이 보기에 도대체 흠잡을 데 없는 집안도 그 안에는 고통과 슬픔, 외로움이 자리 잡고 있다는 겁니다. 인생의 고통에서 벗어날 수 있는 사람은 없기 때문입니다. 그저 보기에 아무런 문제도 없어 보이지만 가만히 그 안을 들여다보면 인생의 고통에서 벗어난 사람은 아무도 없습니다.

그래서 정신과에서 집단치료를 할 때 환자들이 모여 앉아 이야기를 하면서 가장 위안을 받는 것은 '아, 나만 이렇게 힘든 게 아니구나.' 하고 느낄 때입니다. 그러니 너무 억울해 하지 마십시오. 그저 내 안의 어릿광대가 시키는 대로 살아보시기 바랍니다. 그들은 우리에게 항상 이렇게 얘기해 왔습니다. "인생, 너무 힘들게 살 필요 없어. 그저 하루하루를 즐기고, 내일은 걱정하지 말고, 지금 이 순간을 느끼고, 걱정일랑 할 필요도 없어. 누구나 다 겪는 일이니 말이야." 그리고 인생이 걱정한다고 해서 생길 일이 안 생기고 안 생길 일이 생기는 것이 아니라고 말입니다. 그래서 인생이 힘들고 어려울 때 집안에 불 다 끄고, 커튼 치고, 침대에 하루 종일 누워만 지내지 말고, 그냥 확 침대에서 박차고 일어나 동네 한 바퀴 돌다 들어가십시오. 그리고 억지로라도 코미디 영화를 찾아서 보기도 하고, 속으로 끙끙 앓지 말고 힘든 것 누군가에게 얘기하시기 바랍니다. 힘든 얘기는 하면 할수록 내가 그 사건을 보는 시각이 점점 덜 심각하게 느껴지게 됩니다. 왜냐하면 그 사건을 객관적으로 보는 시각이 생기기 때문입니다.

자, 힘들 때는 어릿광대를 부르세요. 우리 안에 어릿광대는 항상 존재하고 있으며, 불러주지 않아서 항상 재미없고 지루해 합니다. 그러니 당신의 내면에서 '어릿광대를 보내주오.' 제발.

22

비난받으며 살아가기

비난을 두려워하지 마십시오. 그리고 비난에 휘둘리지도 마십시오.
우리보다 더 뛰어난 정신적 지도자, 명망 있는 학자, 도덕적으로 완벽한 사람들도 비난을 받습니다.
그게 우리의 운명인 겁니다. 칭찬에 취하지 마시고 비난에 쓰러지지 마십시오.
세상을 바르게 사는 방법 중의 하나가 비난을 감수하는 것입니다.

'칭찬은 고래도 춤추게 한다.'는 말이 있습니다. 한 마디의 칭찬 때문에 운명이 바뀐 이들도 많이 있습니다. 자신이 재능이 없다고 생각했으나, 그림을 참 잘 그린다는 한 마디에 유명한 화가가 된 이도 있고, 남들은 알아주지 않아도, 부모가 아들의 재능을 알고 칭찬을 아끼지 않아 정치가로 성공한 이도 있습니다.

칭찬을 들어서 기분 나쁜 사람은 없습니다. 한 연구에 의하면 같은 수준의 아이들을 두 집단으로 나눠서 한 집단은 칭찬을 많이 하고, 또 다른 집단은 그렇지 않았을 때, 칭찬을 많이 받은 집단의 성적이 좋았다는 결과도 있습니다.

하지만 우리가 칭찬에 중독되게 되면, 또 칭찬에 빠져들게 되면, 자기 자신을 잃어버리는 수도 있습니다. 항상 칭찬을 듣고 자란 이는 다른 사람의 칭찬을 먹고 살려는 경향이 생깁니다. 그래서 남들에게 맞춰서 살아가려는 성향도 생깁니다. 이게 바로 칭찬의 독입니다.

남들이 자신에게 칭찬을 하지 않거나 심지어 비난을 하게 되면 자존심 상해하고, 자신감이 급격히 떨어지게 됩니다. 더욱더 남들의 입맛에 맞추느라 힘이 들기도 합니다.

임상에서도 보면, 시부모의 칭찬을 받기 위해 불평불만 한 마디 없이 시키는 대로, 또 자신이 알아서 시부모에게 지극정성을 드리는 여성들이 있습니다. 그들은 자신의 생활이 없습니다. 시부모의 일거수일투족에 촉각을 곤두세울 뿐입니다. 그러다 보니 자신이 원하는 것을 하지 못하고 항상 주변을 살피기만 합니다. 그러니 마음속은 항상 공허합니다. 자신이 껍데기만 남은 것 같은 느낌으로 살아갑니다.

시부모도 며느리가 스스로 좋아서 그렇게 행동했다고 생각하고, 더 큰 기대를 하게 되고, 더 많은 요구를 하게 됩니다. "우리 며느리가 최고다. 정말 네가 우리 집안의 보배다." 하는 소리를 하게 되고, 더욱더 며느리는 자신이 원하는 것을 못하고 시부모가 원하는 것을 들어주게 됩니다.

비난받는 것은 우리의 운명

얼마 전 한 젊은 남성이 풀이 죽어서 오게 되었습니다. 그분은 우리 의원에 오래도록 다니던 분입니다. 얼마 전 회사 상사에게 심한 지적을 받았다고 합니다. 그가 풀이 죽은 이유는 비난에 익숙지 않기 때문입니다. 그분은 항상 누구에게나 칭찬을 받고 살아왔고, 또 칭찬을 받으려고 무진 노력을 다하며 살아왔습니다.

그래서 상사가 비난하자, 그는 거의 자포자기 상태가 되어 버렸습니다. 자신이 능력이 없는 사람인 것 같고, 또 비난을 받지 않을까 하는 두려움이 생기고, 자신이 무능한 사람이라는 생각이 든 겁니다.

당신의 생각이 당신을 속이고 있다

자기 안의 헐뜯는 자아가 이렇게 상사의 비난 한 마디로 거의 자신을 무능력자로 바꿔놓은 겁니다. 그리고 이제 세상을 살만한 자신감까지 없게 만든 겁니다. 그 젊은이는 직장까지 그만 두려고 했습니다.

그래서 제가 이런 말을 했습니다.

어느 누구도 비난받고 싶은 사람은 없으며, 비난받고 기분 좋은 사람은 없으며, 어느 누구도 비난을 받지 않고 인생을 살 수 있는 사람은 없다고 말입니다. 상사로부터 받은 비난이 꼭 나쁜 것만은 아니라는 말도 해주었습니다. 잘못된 비난이나 평가도 있지만, 본인이 고쳐야 할 점을 지적해주었기 때문에 자기에게 도움이 되기도 한다고 말해주었습니다.

제가 정신과 수련의로 일을 할 때 아주 꼼꼼한 교수님이 있었습니다. 그분의 방에 들어가 보면 책도 크기대로 꽂혀있고, 모든 것이 질서정연하게 정돈되어 있었습니다. 꼼꼼함의 극치를 달리고 있던 분이었습니다.

그분한테 간혹 지적이나 비난을 받을 때가 있었습니다. 그럴 때마다 저 자신도 내 자신의 능력에 회의가 들 때도 있고, 어떨 때는 굳이 이런 것까지 지적할 필요가 있나 하는 생각이 들었습니다. 하지만 시간이 지나고 나니 제가 배운 게 많았습니다. 의사들은 환자가 어떤 일이 생길지 모르기 때문에 지나칠 정도로 꼼꼼해야 합니다. 그래야 사고가 나지 않는 법입니다. 그래서 저는 그분한테 환자를 대할 때 꼼꼼하게 검사소견을 챙기고, 환자 상태가 어떻게 변화되는지 강박적일 정도로 체크하는 버릇이 생겼습니다. 이게 의사의 덕목입니다. 그걸 배운 것이지요.

그렇게 그 청년한테 얘기를 하고나자 그제야 그 청년은 미소를 지었습니다.

그 청년은 비난에 익숙하지 않았던 겁니다. 칭찬을 받는 것에 익숙하다 보니, 우리는 비난을 받으면 하늘이 무너질 것 같고, 자기 기준이 흔들리는 충격을 받습니다. 그런데 비난받는 것은 일상적인 일이고, 비난받지 않고 인생을 살 수 없다는 얘기를 듣고 안심한 겁니다.

자, 여러분 비난에 익숙해집시다.

우리는 칭찬보다는 비난을 받을 일이 많은데, 누구에게 비난을 받으면 하늘이 무너질 것 같은 느낌을 갖습니다. 칭찬에 취해서 살기 때문입니다.

그런데 어떻게 하죠. 현실은 비난받을 일이 더 많으니 말입니다.

누구나 비난으로부터 자유로울 수 없습니다.

말을 하지 않으면 말이 없다고 비난받습니다.

말을 하면 말이 많다고 비난받습니다.

필요한 말을 하면 필요한 말만 한다고 비난받습니다.

바른 행동을 하면 잘난 체한다고 비난을 받습니다.

좋은 일을 위해 아프리카에 가서 도움을 주면, 국내에 더 어려운 사람이 많은데 왜 멀리까지 가서 그러냐고 비난받습니다.

바르지 못한 행동을 하면 나쁘다고 비난을 받습니다.

이름 없이 초야에 묻혀 살면, 무책임하고 무능하다고 비난받습니다.

이름이 나면 더 비난을 받습니다. 옷이 화려하다느니, 언행이 경박하다느니, 사치스럽다느니, 암튼 이름이 나면 주변사람들의 타깃이 되어서 더욱 많은 비난받을 각오를 해야 합니다.

살인을 한 범죄자도 비난을 받지만 위대한 정신적 지도자는 더 많은 비난을 받습니다.

지나치게 이상적인 이야기를 한다고 비난받을 수도 있고, 현실과 동떨어진 얘기나 한다고 비난을 받습니다. 몽매한 사람들을 현혹하기만 하는, 말만 잘하는 떠벌이라고 비난을 받기도 합니다. 또한 나르시스틱하다고 비난을 받습니다. 이렇게 위대한 정신적 지도자도 비난을 받는 세상입니다.

그래서 우리가 세상을 바르게 사는 방법 중의 하나가 바로 비난을 감수하며 사는 것입니다.

이런 비난, 저런 비난에 흥분하고, 화를 내고, 성질을 내고, 기분이 가라앉고, 내 자신을 자책하고, 남을 원망하고, 비난한 사람에 대해 원한을 품고, 그를 증오하다가는, 우리는 매일매일 지옥 속에 살게 됩니다.

비난을 두려워 말고, 비난에 휘둘리지 마라

사람들의 평가나 판단이라는 것이 얼마나 변덕스럽고, 객관적인 기준이 없으며, 자기 멋대로 남을 평가하는지 안다면, 우리는 남들의 비난에서 자유로워질 수 있습니다.

가만히 자기 자신을 들여다보십시오.

조금만 친구가 섭섭하게 해도, 친구가 정이 없다는 생각이 들고 인정머리 없는 놈이라고 속으로 비난을 합니다. 그러다가 그 친구가 어느 날 느닷없이 자신을 초대해서 밥이라도 사주고 따뜻한 말이라도 하면, 그 친구가 이 세상에서 제일 좋은 사람이라고 생각합니다. 자식을 키우는 분들은 느끼겠지만, 자식이 속을 썩이면 저 녀석을 낳지 말 걸 하는 후회가 들다가도, 어버이날 카네이션이라도 달아주고 감사하다는 말을 하면, 정말 자식을 낳기 잘했다고 생각할 겁니다.

이렇게 우리 마음이 변덕스럽고 작은 자극에도 이랬다저랬다 하는데, 남들도 마찬가집니다.

그러니 남들의 비난에 의기소침해질 필요도 없으며, 그저 남들의 비난은 우리가 매일 밥 세 끼 먹고 살아야 하듯이, 우리도 매일 비난을 먹고 살아야 하는 운명이라고 여기시기 바랍니다. 그렇게 되면 우리의 마음은 남들의 시선이나 판단에서 자유로워지게 됩니다.

그러니 비난을 두려워하지 마십시오. 그리고 비난에 휘둘리지도 마십시오.

우리보다 더 뛰어난 정신적 지도자, 명망 있는 학자, 도덕적으로 완벽한 사람들도 비난을 받습니다.

그게 우리의 운명입니다. 칭찬에 취하지 마시고 비난에 쓰러지지 마십시오.

세상을 바르게 사는 방법 중의 하나가 비난을 감수하는 것입니다.

23.

원인과 결과

> 항상 좋은 원인을 만드십시오. 우리 인생에서 가장 좋은 원인은 내 생각을 지켜보는 겁니다.
> 내 생각들이 춤추고, 미쳐 날뛰고, 화를 내고, 죽을 것 같고, 이 세상 다 살았구나 하는 생각이 들 때
> 그 생각의 장단에서 벗어나게 하는 유일한 방법입니다. 시간을 가지고 천천히 해보시기
> 바랍니다. 너무 조급하게 그 결과를 기대하지 말고 몇 년에 걸쳐 꾸준히 하시기 바랍니다.

세상을 살다 보면 우연히 일어난 것 같지만 가만히 들여다보면 필연적인 결과라는 걸 알 때가 많습니다. 예를 들어 재수 없어서 음주운전에 걸렸다고 하지만, 대부분의 경우 이전에 음주운전을 하다가 걸리지 않았기 때문에 계속했던 경우가 많습니다.

나비효과라는 것이 있습니다. 미국의 기상학자 에드워드 N. 로렌츠가 처음으로 발표한 이론입니다. 초기 조건의 미세한 차이가 시간의 흐름에 따라 점점 커져서 그 결과에 엄청나게 큰 차이가 난다는 것을 발견한 것입니다. 브라질에 있는 나비의 날갯짓이 미국 텍사스에 토네이도를 발생시킬 수도 있다는 것이죠. 가령 1930년대의 대공황이 미국의 어느 시골 은행의 부도로부터 시작되었다고 본다면, 이것은 나비효과의 한 예가 되는 것입니다.

최근 일어난 세월호 사건을 보더라도 이러한 나비효과, 처음에 관계없던 사건들이 어떻게 무서운 결말을 보여주고 있는지 알 수 있습니다. 유병언의

탐욕과 치기 어린 행동은 수단과 방법을 가리지 않고 돈을 버는 데 혈안이 되었고, 이런 그의 욕심은 자기가 운영하던 해운사업에까지 영향을 주게 되었고, 낡은 카페리를 일본에서 수입해서 돈을 크게 벌기 위해 멋대로 개조하고, 그것으로 인해 배는 안전기능을 상실하고 말았습니다. 그래서 결국 수학여행을 가던 수많은 학생들이 희생된 것입니다.

현재의 자신은 과거 원인의 결과

이 세상을 살아가면서 원인 없는 결과는 없습니다. 고등학교 다닐 때 친구들과 어울려서 노래방이나 PC방을 다니고, 학교도 제대로 다니지 않은 결과는 20대 중반부터 힘든 삶을 살아야 하는 경우가 많습니다. 물론 부모님의 재산이 많다면 다행이지만 말입니다. 또한 질병 또한 마찬가지죠. 대장암을 앓고 있던 한 여성에게 물어보니, 자신은 매끼 식사에서 고기반찬을 떨어뜨린 적이 없다고 합니다. 또한 당뇨나 심근경색은 과체중이나 운동 부족이 원인이 되어 이런 질병을 일으킨다는 것은 상식입니다. 이 세상은 원인과 결과로 거의 다 맞아 떨어집니다.

그런데 사람들은 원인 없이 좋은 결과만을 기대합니다. 갑자기 자신에게 큰돈이 생기길 바라거나, 자신이 별다른 노력을 하지 않고 큰돈을 벌고 싶어 하거나, 치밀한 준비 없이 사업을 벌여서 큰 부자가 되고 싶다는 꿈을 꿉니다. 그런 사람들은 원인을 만들지 않았으니, 결과가 좋지 않은 것이 너무나 당연합니다. 인생을 살아보니, 운 좋게 돈을 벌었거나 운 좋게 승진을 했다거나 하는 경우는 드물다는 걸 알게 되었습니다. 돈을 많이 벌거나 높은 지위에 오른 사람들은 거의 대부분 우리가 모르는 노력을 했고 성실하게 자기일을 했던 겁니다. 하지만 우리는 남의 결과만 가지고 그 사람 운 좋다고 평가하는 경우가 많습니다.

현재의 자신은 과거 원인의 결과입니다. 자신이 욕심을 부려 지나치게 일을 많이 했기 때문에 지금 질병을 앓고 있을 수도 있으며, 일확천금을 노리고 투자를 했다가 지금 돈을 모두 잃어버리고 경제적으로 어려움을 겪고 있기도 합니다. 지나치게 외적으로 성공하기 위해 앞만 보고 달려가는 바람에 내면을 돌보지 않아 지금 공허하고 외로울 수도 있습니다. 일에 모든 것을 걸고 일중독증에 빠지는 바람에 가족과 소원한 관계에 놓여있기도 합니다. 어떤 가장은 가족들 위에 지나치게 군림하는 바람에 아내와 자식에게 버림받고 혼자 노년을 살고 있는 사람도 있습니다. 가만히 과거를 돌아보십시오. 그 과거가 지금 현재를 만들었다는 걸 알 수 있습니다.

그래서 저는 여러분에게 정말 기쁜 소식을 전해드릴 수 있습니다. 지금 현재가 또 미래를 만든다는 것입니다. 그러니 좋은 원인을 만들면 좋은 미래가 온다는 것입니다. 그렇다고 미래만을 생각하고 현재를 낭비하라는 것은 아닙니다.

우리는 언젠가는, 즉 내가 무엇을 가지는 순간, 자식이 대학에 들어가는 순간, 내가 은퇴를 하는 순간, 나는 행복할 것이라고 생각하며 현재를 놓치는 경우가 많습니다. 그래서 현재를 희생하면서 미래를 만들라는 말씀은 아닙니다.

현재를 제대로 살아가고, 현재에 충실하고, 현재를 귀하게 여긴다면 미래는 저절로 좋게 풀린다는 것입니다.

하지만 많은 사람들이 이미 늦었다고 생각합니다. 현재 자신이 아무것도 할 게 없으며, 해봤자 소용이 없다고 여깁니다. 20세도 안 된 청소년들이 이미 자신의 인생은 달라질 게 없다고 생각합니다. 30세도 안 된 청년이 내 인생은 이미 끝났다고 여깁니다. 그러니 40~50대의 사람들은 더욱더 자신의 현재와 미래를 비관적으로 여기는 사람들로 넘쳐 납니다. 그런데 60대가 되고 70대가 되면 그때가 얼마나 젊었으며 충분히 자신의 처지를 바꿀 수 있는 기회가 있었다고 후회합니다.

지금, 현재, 인생을 살아가면서 고통을 겪고 있고, 어려움에 처해있고, 절망감에 빠진 분들에게 자신에게 시간을 주라고 권하고 싶습니다. 자신에게 시간을 주고 이제부터라도 좋은 원인을 만들면 좋은 결과는 분명 온다는 겁니다. 원인과 결과는 정확하게 맞아 떨어지며, 그것 하나만으로도 우리는 희망을 가질 수 있습니다. 해봐야 안 된다는 생각들, 내가 뭘 할 수 있냐는 생각들이 원인이 되어 더 나쁜 결과를 가져오게 됩니다.

항상 제가 말씀드리는 것이 자신의 마음을, 자신의 생각을 계속 지켜보라는 것입니다. 내가 지금 절망감에 빠져 있구나, 내가 죽고 싶은 생각이 드는구나, 내가 승진을 해서 정말 기뻐하고 있구나, 상사한테 야단을 맞아 내가 무능하다고 생각하고 있구나, 내가 이 세상에서 제일 못난 사람이란 생각을 하고 있구나, 지금 몸이 아파서 만사가 다 귀찮아하는구나, 지금 사기를 당해서 화가 치밀어 견딜 수가 없구나 등등 계속 지금 떠오르는 생각들을 지켜보시기 바랍니다. 이게 바로 좋은 원인을 만드는 방법입니다.

현재의 생각이나 감정에 집중한다는 것은 현재를 놓치지 않고 현재 속에 내가 존재할 수 있는 방법이기도 합니다. 지금 내 생각에 집중을 하게 되면 그 생각은 거기서 멈추는 경우가 많습니다. 멈추지 않더라도 지나치게 확대되는 것은 막아줍니다. 우리가 흔히 생각이 꼬리에 꼬리를 문다고 합니다. 특히 속상한 일이 있거나 우울한 날, 잠이 오지 않는다면 정말 최악의 생각들이 떠오르고, 그 생각들이 새끼를 치고, 또 새끼를 쳐서 그 생각의 늪에 빠지는 경우가 많습니다. 과거에 후회스러운 생각들이 계속 떠오릅니다. 그때 주식을 사지 말았어야 했는데, 그때 회사를 옮기지 말았어야 했는데, 그때 친구를 믿고 보증을 서지 말았어야 했는데, 학교 다닐 때 왜 공부를 좀 더

당신의 생각이 당신을 속이고 있다

하지 않았을까 등등 계속 과거의 안 좋았던 일들이 떠오릅니다. 그리고 이제 미래의 걱정으로 넘어갑니다. 내가 아프지 않고 또 사고도 나지 않고, 어린 자식들을 잘 키울 수 있을지, 나도 어머니처럼 치매에 걸리는 것은 아닐지, 나도 얼마 전에 죽은 친구처럼 심근경색이 오는 건 아닐지 등등 미래에 대한 걱정들뿐입니다. 그런 생각이 계속 떠오르다 보면 세상을 살아가는 데 자신이 없어지고, 세상사는 게 재미없어집니다. 당장 내일이라도 큰일이 일어날 것만 같은 생각이 들어 더 잠은 오지 않습니다. 그렇게 생각에 꼬리에 꼬리를 물다 보면 생각으로 인해 탈진해서 이렇게 힘든 세상 차라리 확 죽어버렸으면 좋겠다는 생각이 들기까지합니다. 과거에는 어리석은 행동과 어리석은 생각만 했고, 미래는 살아가기에 너무나 험하고 힘들어서 자신이 견뎌내지 못할 것 같기 때문입니다. 그래서 이렇게 힘들게 사느니 차라리 이 세상 빨리 하직하는 게 편할 것 같다는 생각을 하는 겁니다. 이렇게 밤새도록 전전긍긍 우리는 과거와 미래를 왔다 갔다 하며 시간여행을 하느라고 지칠 대로 지쳐서 아침을 맞이하게 됩니다.

밤새도록 우리는 마음속에 떠오르는 생각의 고문에 고통을 받고 두 손 두 발 다 들고 살아갈 힘을 잃어버리게 됩니다. 이런 생각의 고문은 잠이 오지 않는 밤에만 있는 건 아닙니다. 낮에도, 작은 일만 생겨도 '아, 이제 내 인생 끝났구나.' 하는 생각 때문에 금방 의기소침해지는 경우가 많습니다. 지나고 나면 별거 아닌데도 그 당시는 '이 일로 인해 내 인생은 여기서 망했구나.' 하는 생각을 하셨을 겁니다. 그래서 자기의 생각을 지켜보는 것이 중요하다는 겁니다. 자신의 생각을 지켜보는 것만으로도 우리는 그 생각이 이리저리 움직이며 확대되고 과장되는 것을 막을 수 있습니다. 생각이 확대 재생산되는 과정에서 우리는 고통을 받는 것이지, 지금 일어난 생각 자체가 그렇게까지 우리를 고통스럽게 하지는 않습니다. 현재는 그런대로 견딜 만합니다. 우리를 고통스럽게 하는 것은 그 생각이 확대 재생산되면서 내 인생이 파국을 맞을 것이란 생각 때문입니다.

현재 일어나는 생각을 지켜보는 연습을 하십시오. 이것처럼 좋은 원인을 만드는 습관은 없습니다. 당연히 좋은 결과는 따라오기 마련입니다. 전에도 그런 예를 드린 적이 있습니다. 운전을 하고 가는데 느닷없이 어떤 차가 방향 지시등도 켜지 않고 내 차 앞으로 끼어 든 겁니다. 잘못하면 추돌할 뻔했으니, 화가 머리끝까지 치밀게 됩니다. 그래서 하이 빔을 켜고, 경적을 울려대고, 그래도 화가 풀리지 않아 그 차를 추월해서는 일부러 급정거를 하는 경우도 있습니다. 그 사람도 똑같이 자기가 당한 걸 당해보라는 것이죠. 그러다 보면 처음에 끼어들었던 운전자가 이번에는 화가 납니다. 사실 그 사람은 일부러 그런 것이 아니라 옆 차선에 차가 있다는 것을 모르고 그냥 무심코 차선을 바꾼 것입니다. 우리는 이런 실수를 가끔 저지르곤 합니다. 이제 이 운전자는 일부러 자기 차 앞에서 급정거를 한 것에 대단히 화가 난 겁니다. 이번에는 이 차의 운전자가 추월을 해서는 그 차 앞에서 급정거를 하고 섭니다. 이렇게 해서 둘은 화가 머리끝까지 치밀어 오르게 되고, 이제 살의까지 느끼는 지경에 이르게 됩니다. 일부러 앞차를 가로막고 급정거를 하는 바람에 뒤따라오던 차들이 다중 추돌사고를 일으키게 한 운전자가 구속된 사건이 있었습니다. 그 사람은 순간의 화를 참지 못한 걸로 인해 많은 사람을 다치게 하고, 자신도 법적인 처벌을 받게 된 것에 대해 많은 후회를 했을 겁니다.

이때 생각을 지켜보는 연습을 했던 사람이라면, 앞차가 끼어들어 화가 치밀어 오르면, 속으로 '화남, 화남' 하면서 자기 생각을 지켜봤을 겁니다. 그러면 그 화가 난 감정에 집중이 되면서 그 화난 감정은 더 이상 확대되지 않고 대부분의 경우 조금씩 수그러들게 됩니다. 그리고 나서 이렇게 혼잣말을 하는 겁니다. "몰라서 저랬겠지." 하고 말입니다. 그러면 더 마음은 차분해집니다. 자신도 다른 차가 있다는 것을 모르고 다른 차선에 끼어들었던 경우가 떠오르기 때문입니다. 그렇게 화가 난 감정은 점차 없어지게 되고, 불필요한 다툼도 일어나는 것을 예방했을 뿐더러, 다른 사람과 아침부터 다투는 바람에 하루 종일 화가 나고 억울한 생각 때문에 하루를 망치는 걸 막을 수 있었습니다. 자꾸 생각을 지켜보게 되면, 이제 자기 생각의 흐름을 읽게 됩니다. 우리는 매일 생각을 하면서도 자기 생각에 관심도 없습니다. 생각이 흘러가는 대로 내버려두기만 했지, 그 생각의 속성이란 걸 알지도 못하고 이 세상을 떠나는 경우가 대부분입니다. 다들 생각이 흘러가는 대로 자신을 내맡긴 채 그 생각에 슬퍼하고, 절망하고, 지나치게 우쭐댔다가는 다음날 자신이 이 세상에서 가장 비참한 존재라는 생각까지 들게 됩니다. 그러면서도 우리는 생각의 롤러코스터에 타고 있다는 것을 모릅니다. 매일 생각을 지켜보다 보면, 생각이란 일어났다 사라진다는 것을 알게 됩니다. 그래서 저절로 떠오르는 생각과 거리를 두게 되어 생각이 주는 고문과 고통에서 많이 벗어날 수 있게 됩니다.

현재 일어나는 생각을 지켜보는 연습을……

오늘 아침 아내와 심하게 다투고 나서 출근길에 오른 한 남자가 있습니다. 그는 '화남, 화남' 하면서 자신의 화가 난 감정을 지켜보았습니다. 그렇게 집중을 하게 되면, 화난 감정은 조금씩 엷어지게 됩니다. 그러다 문득 이런 생각이 드는 겁니다. 아참, 내가 지난달에 아내와 싸우고 나서 당장 아내랑 이혼해야겠다고 생각을 하고, 심지어 정말 죽이고 싶을 정도로 미운 생각이 들었는데 며칠 지나니 그 생각이 없어지던 생각이 든 겁니다. 그렇지. 지금 아내에게 화난 감정도 조금 지나면 없어질 거란 걸 알게 되고, 그 당시 그렇게 심한 분노감도 영원히 지속되는 것이 아니고 한순간 일어났다 사라지는데 내가 거기에 휘둘렸다는 것을 깨닫게 됩니다. 지금 내가 아내랑 싸워서 기분이 나쁘지만 이 감정도 얼마 지나지 않으면 없어지리란 걸 알게 됩니다. 그런데 자기 생각을 지켜보는 걸 하지 않았던 사람이라면 오늘 아침 아내와 싸우고 나서 생긴 분노감이 영원히 지속될 것이라 생각합니다. 그리고 아내에 대한 생각이 꼬리에 꼬리를 물게 됩니다. 저런 여자가 내가 늙고 병이 들면 제대로 돌봐주거나 할 것인지, 저런 여자를 내가 왜 선택했을까 하고 후회를 하기도 하고, 앞으로도 저런 여자랑 계속 살아야 한다는 것에 남은 인생이 지옥 같다는 생각까지 이르게 됩니다. 그래서 생각은 자기 멋대로 상상의 나래를 펴게 됩니다. 그것도 아주 최악의 상황만을 떠올리게 하는 것들로 말입니다.

그래서 결론은 그래, 이런 여자랑 사느니 이혼을 해버리자 하고 불쑥 충동적으로 이혼하자는 말을 꺼내고, 분이 풀리지 않아 전화로 아내에게 욕설을 퍼붓고 화를 내고 맙니다. 그렇게 되면 이제 아내는 아내대로 상처를 받아 이제 두 사람은 돌아올 수 없는 강을 건너게 됩니다. 아내도 화가 나서 이제 남편이 과거에 잘못했던 점과 남편의 자존심을 건드리는 말을 하게 됩니다. 남편은 그 말에 또 상처를 받게 되고, 더욱더 심한 공격을 아내에게 하게 됩니다. 이제 둘의 관계는 이제 걷잡을 수 없는 단계로 접어듭니다. 그렇게 해서 사소한 부부간의 싸움은 둘에게 큰 상처를 남긴 채 이혼까지 이르게 되는 겁니다. 그리고 오랜 시간이 지난 후에 그 남자는 별것 아닌 일로 자신이 화를 내는 바람에 다툼의 악순환에 빠져들었고, 그래도 자신과 잘 맞는 아내와 헤어지게 된 걸 후회하게 되는 겁니다. 생각을 지켜보지 않으면 이런 비슷한 일들은 항상 일어나기 마련입니다. 사소한 다툼이 살인으로 이어지기도 하고, 사소한 말실수가 수십 년간의 우정을 깨기도 합니다. 이건 생각의 장난에 말려들어 그때 그 감정을 지켜보지 못해 생긴 결과들입니다.

당신의 생각이 당신을 속이고 있다

그러니 자기 생각을 지켜보는 것은 자신을 보호하는 좋은 방법이기도 한 겁니다. 앞에 예를 들었던 운전자가 자기 생각과 감정을 지켜보았다면 자신이 감옥에 가지 않아도 됐을 거고, 다른 사람을 다치게 하지도 않았을 겁니다. 또한 사소한 말다툼이 이혼이란 극단적인 결과를 불러오지도 않았을 테니 말입니다.

생각을 지켜보는 것은 내 마음의 안정뿐 아니라 나를 지켜주는 부적과 같은 능력을 가진 것입니다. 항상 좋은 원인을 만드십시오. 우리 인생에서 가장 좋은 원인은 내 생각을 지켜보는 겁니다. 내 생각들이 춤추고, 미쳐 날뛰고, 화를 내고, 죽을 것 같고, 이 세상 다 살았구나 하는 생각이 들 때 그 생각의 장단에서 벗어나게 하는 유일한 방법입니다. 시간을 가지고 천천히 해보시기 바랍니다. 너무 조급하게 그 결과를 기대하지 말고 몇 년에 걸쳐 꾸준히 하시기 바랍니다.

마음 지켜보기를 몇 년 정도 해야 효과가 나타난다고 하면 사람들은 놀랍니다. 그렇게 오래 해야 하냐고 말입니다. 하지만 우리가 사회생활을 하기 위해 받아야 하는 교육기간만 해도 초중고대학까지 16년이나 걸린다는 것은 모릅니다. 그렇다고 그 긴 교육기간이 우리에게 행복을 주던가요? 마음의 평화를 주던가요? 겨우 몇 년을 하게 되면 자신을 가장 괴롭히는 생각의 굴레에서 벗어날 수 있는 기초를 다지는 것인데도 우리는 그런 시간을 들이는 것은 아까워합니다. 마음을 들여다보는 것은 평생 해야 할 일입니다. 그렇게 하다 보면 죽음도 두렵지 않게 되며, 미소를 지으며 이생을 떠날 수 있게 됩니다. 죽음의 공포마저도 생각의 장난이란 걸 알게 될 테니 말입니다.

자, 좋은 원인을 꾸준히 만들어 봅시다. 분명 그 결과는 좋을 수밖에 없습니다.

12분.
마음 쉬게 하기

24. 미친 세상에서 사는 법

25. 고도를 기다리며

26. 위로받고 싶은 사람, 위로하고 싶은 사람

27. 완벽함은 질병이다

28. 무엇을 갖고 무엇을 버릴 것인가

29. 오만과 편견

미친 세상에서 사는 법

자신을 위해 사시기 바랍니다. 이제 남들에게 그만 자신의 능력을 보여줘도 됩니다.
남들은 내 능력이나 재산에 관심도 없습니다. 자신만 그런 생각 속에 빠져 살 뿐입니다.
그리고 이제 무의미한 그 대열에서 빠져 나오기 바랍니다. 왜 내가 이걸 해야 하지,
내가 도대체 왜 앞사람을 따라서 해야 하는지 한번 생각해 봐야 합니다. 내가 행복한 방법은 무엇인지
생각해 보시기 바랍니다. 그 방법이 이 세상의 법칙과 동떨어져도 상관이 없습니다.

한동안 유튜브에 강의를 올리지 않을 때가 있었습니다. 그때 저는 조금 명
상하는 시간을 늘렸고, 책을 좀 보느라고 강의를 올리지 않았습니다. 오랜
만에 명상을 하다 보니 말이 하기 싫어지는 겁니다. 쓸데없는 말들, 안 해도
될 말들, 또 말대꾸를 하다 보면 남의 험담을 늘어놓기도 하고, 헐뜯기도 하
고, 말하는 게 싫어졌습니다. 그래서 더욱 사람 만나는 것을 거의 줄이고 집
과 병원만 왔다 갔다 했습니다. 또한 전화도 많이 줄였습니다. 전화기를 들
어서 습관적으로 단축번호를 누르려다 과연 이게 꼭 필요한 전화인가 하고
생각하니 하루 종일 전화 걸 일이 없더란 겁니다.

가끔 스님들이 묵언수행을 합니다. 말을 해서 자꾸 입으로 짓는 죄를 줄
이자는 목적도 있지만, 그것보다는 좀 더 자기 내면을 들여다보기 위한 겁니
다. 우리가 많이 하는 말이란 대부분 다 쓸데없는 내용들뿐입니다. 어제 본
드라마, 연예인들 동정, 만만한 친구 씹어대기, 정치인들에 대한 험담, 나라

꼴이 엉망이라는 걱정들. 가장 걱정해야 하는 것은 자기 자신인데 사람들은 모두 외부 세상에 대한 걱정과 관심들뿐입니다. 가만히 살펴보면 말이란 게 참 시간만 죽일 뿐 도대체 쓸데없는 경우가 대부분입니다.

명상시간이 늘어나니 말이 하기 싫어지고, 말이 하기 싫어지니 사람 만나는 게 싫어지고, 전화도 하지 않게 되더란 말입니다. 그러니 오롯이 나만의 시간을 가지게 되었습니다. 그렇게 시간을 보내다 보니 원고를 쓰는 것보다 제 호흡 들여다보는 게 더 재미가 있고, 오로지 내 자신을 들여다보는 데 시간을 보내느라 강의를 올리지 않게 되었습니다. 그저 제 내면만 들여다보고, 낮에 산에 잠깐 다녀오고, 휴일에는 벤치에 앉아 심호흡을 하다가, 책을 보다가 하다 보니 이게 정말 행복하더란 겁니다. 그래서 그 생활에 빠져 들게 되었습니다.

제가 강의를 올리는 목적은 뭐 제가 유명한 사람이 되고자 함도 아니고, 제 잘난 체를 하고 싶은 것도 아니고, 그저 저를 위해서 할 뿐입니다. 제가 재밌어서 할 뿐이죠. 원고를 쓰는 것도 재미가 있고, 그리고 강의를 녹화하고 나면 제 생각들을 리마인드하게 되어, 제 생활하는 데 좋은 영향을 줍니다.

저는 사실 그렇게 바라는 게 없습니다. 지금 어떤 타이틀을 얻고자 함도 없고, 유명한 스타강사가 되고 싶지도 않고, 그저 혼자만의 시간과 제 내면을 들여다보고 싶을 뿐입니다. 그리고 시간이 남고 생각이 떠오르면 원고로 그 생각을 정리하고, 그걸 또 머릿속에 집어넣기 위해 녹화를 합니다. 그리고 그게 또 다른 분들한테 도움이 된다면 더욱 잘 된 일이죠. 저는 점점 더 세상과 멀어지는 느낌이 듭니다. 사람들과 만나는 횟수도 줄어들고, 집과 병원만 왔다 갔다 하고, 연휴에도 해외여행이나 그런 것을 즐기지 않습니다. 오로지 좋아하는 자전거를 타거나, 일요일 제가 좋아하는 카페에 가서 호흡도 보고, 잠도 청하고, 책도 보다 옵니다. 그래도 하나도 지루하지 않습니다. 저

당신의 생각이 당신을 속이고 있다

는 그게 휴식이고 즐거움입니다. 이런 생활은 명상을 시작하면서 점점 더 굳어지는 느낌이 듭니다. 이제는 혼자만의 시간을 즐기는 게 더욱더 많아지게 되었습니다.

올해 의과대학 졸업 25주년 기념여행이 있었습니다. 그런데 거기도 가지 않았고, 6년간 동고동락했던 친구들을 만나는 사은회에도, 졸업재상봉기념회에도 가지 않았습니다. 몇몇 친구들은 무슨 일이 있는지 걱정이 돼서 연락이 오기도 했습니다. 저는 그저 혼자만의 시간을 가지고 있었을 뿐이고, 그게 좋았기 때문에 그런 모임에 가지 않은 겁니다. 남들이 보면 이상하게 생각할지도 모릅니다. 저는 이런 생활이 제게 잘 맞습니다. 그저 제 마음을 들여다보고 그 생각들이 어떻게 흘러가고 있으며, 어떻게 나를 속이고 있는지, 그 마음이 얼마나 변덕을 떨면서 나타났다 사라지는지 지켜볼 뿐입니다. 이제 조금 마음이 어떻게 움직이는지 보이는 것 같습니다. 그리 열심히 명상을 하지 않았기 때문에 제가 무슨 경지에 이른 것도 아닙니다. 그저 조금 마음에 대해서 아는 정도입니다. 생각은 내가 하는 것이 아니고, 그저 생각은 내 의지와 상관없이 떠오른다는 정도를 가슴깊이 느낄 뿐입니다.

여전히 작은 일에 화가 나고, 짜증도 나며, 쓸데없는 일들이 머리에 떠올라 속상하기도 하며, 일어나지 않은 미래의 일이 떠오릅니다. 그런 것들이 전혀 없어진 건 아닙니다.

점점 더 미쳐가는 지금의 세상

수행을 시작하는 분들이 착각하는 것은 오래 마음공부를 하면 어떤 일이 있어도 마음이 평화롭고 온유하고 항상 변함없으리란 기대입니다. 하지만 수행을 한다고 해서 그런 변화는 오지 않습니다. 그저 그런 생각이 떠오를 때 거리를 두고 보는 힘이 생길 뿐입니다.

이런 일화가 있습니다. 어느 불자가 스님이 공부하는 데 뒷바라지를 열심히 했습니다. 그렇게 몇 년이 흐르고 나서 스님을 시험해 볼 겸, 스님을 집에 초대해서는 정말 아름다운 젊은 여자를 스님의 방에 들여보낸 겁니다. 그러고 나서 나중에 물었습니다. "스님, 느낌이 어떠셨는지요?" 그랬더니 그 스님은 "아무런 느낌도 없었습니다." 이렇게 대답한 겁니다. 그래서 그 불자는 다시는 그 스님의 뒷바라지를 안 해줬다는 이야기입니다.

수행이나 마음공부는 이 스님처럼 감정이 메마른 로봇을 만들려는 게 아닙니다. 그 여자를 보면 아름답다, 안고 싶다 등 그런 감정은 올라와야 정상이죠. 그런 감정을 지켜보고 그게 일시적이고, 변하고, 결국 또 사라진다는 것을 알고 그 마음이 올라올 때 지켜볼 수 있어야 합니다. 그러면 그때 그런 마음이 사라지는 것입니다. 그러니 수행을 한다고 해서 항상 마음이 태평하고, 어떤 일이 닥쳐도 아무렇지도 않고, 항상 행복하다고 생각하면 오해입니다.

저는 TV보는 걸 좋아합니다. 어릴 때 아버님은 왜 그렇게 '동물의 왕국'만 보셨나, 저게 그렇게 재미있나 하는 생각을 한 적이 있었습니다.

그런데 제가 그렇게 되었습니다. 〈히스토리 채널〉, 〈내셔널 지오그래픽 채널〉, 〈냇지오 와일드〉, 이렇게 3개의 채널만 보고 있습니다. 이 세 개의 채널을 통해 저는 많은 걸 배웠습니다. 인간의 기원, 생명의 기원, 우주의 탄생과 그 진행 과정 등, 책으로 공부하지 못했던 많은 것을 제게 가르쳐 줍니다. 그리고 다큐채널에는 굳이 안 봐도 되는 것들이 나오지 않습니다. 제가 전에도 말씀 드렸듯이 저는 신문을 보지 않은지 오래됐고, 저녁 뉴스를 보지 않은지도 오래됐다고 말씀드린 적이 있습니다. 우리는 정보를 얻기 위해 신문과 뉴스를 봅니다. 하지만 그런 정보들이 전혀 정보 같지 않다는 데 문제가 있습니다. 살인, 강도, 사기, 정치인들의 부정부패 등 이런 것들이 무슨 정보가 될까 생

당신의 생각이 당신을 속이고 있다

각합니다. 그런 것들을 알아서 도대체 어디에 써먹을 수 있는 정보들일까요? 그런 안 좋은 사건이나 사고들을 많이 볼수록 특히 TV처럼 시각적인 자극으로 들어오게 되면, 여과 없이 우리의 머릿속에 저장됩니다. 그래서 불필요한 공포와 세상에 대한 두려움만 커지고, 세상에 대한 부정적인 생각만 더 할 뿐입니다. 사람들은 그런 자극적인 것들에 길들여져서 열심히 뉴스를 보고 있습니다. 그렇게 해서 얻은 정보들은 정말 하나도 쓸모가 없는데 말입니다. 도리어 정신건강에 해롭기만 할 뿐입니다.

사람들은 드라마에 빠져 지냅니다. 드라마도 이제 웬만큼 자극적이지 않으면 사람들의 흥미를 끌지 못합니다. 드라마는 좀 더 자극적인 소재를 자꾸 끌어다 쓰게 되어 있습니다. 어린 시절 자신 또는 부모를 죽이거나 괴롭혔던 사람을 나중에 나이가 들어 원수를 갚는다던지, 아니면 자신을 배신했던 남자에 대한 원한으로 나중에 그 남자에 대한 복수를 하기 위해 온갖 수단과 방법을 동원한다던지 하는 그런 내용들이 대부분입니다. 얼핏 드라마의 결론을 보면 권선징악처럼 보이지만 그 복수를 하기 위해 수단과 방법을 가리지 않는 주인공이 갖는 인간의 악마성에 대해서는 별로 생각하지 않습니다. 그 복수를 하기 위해 평생을 준비하고 그 사람을 파멸시키기 위해 한 번뿐인 인생을 그렇게 허비하고, 그 원수로 인해 자기 마음이 평생 그 사람에게 붙잡혀 지내는 바람에 자신도 마음의 감옥에 갇혀있다는 것을 모른 채 우리는 그런 드라마를 보면서 즐거워합니다. 물론 자신에게 해를 끼치거나 가족을 죽인 사람이 있다면, 그 사람을 용서하기란 쉽지 않습니다. 어쩌면 불가능할지도 모릅니다. 하지만 그 복수를 통해서 자신의 인생도 그 가해자에게 붙잡혀 지내고 하루하루 지옥 같은 나날을 보내면서 복수를 준비한다는 것을 우리는 모른 채 드라마를 봅니다. 시청자들의 관심을 끌기 위해서 드라마에는 용서와 화해, 평화는 존재하지 않습니다. 그건 너무 싱거운 결말이고, 자극적이지 않기 때문에 시청자들이 재미없어 하기 때문입니다.

성공을 위해, 돈을 위해, 수단과 방법을 가리지 않는 주인공들도 많이 등장합니다. 성공과 돈이 절대 우리를 행복하게 해주지 못한다는 것을 우리는 알지 못한 채 주인공이 성공하기를 기대합니다.

나를 위한 춤을 추기에도 인생은 짧다

지금 세상은 어떤 면에서 미쳐있습니다. 미친 세상입니다. 모두들 행복을 꿈꾸면서도 그들은 엉뚱한 곳에서 행복을 찾습니다. 그래서 그들은 더욱더 행복에서 멀어지는 겁니다. 그들이 생각하는 행복은 우리를 더욱 불행하게 만들고 있습니다. 하지만 그걸 아는 사람은 많지 않습니다.

얼마 전 TV를 보니, 인간의 맹목성에 대한 실험을 한 프로그램이 있었습니다. 한 사람이 그냥 줄을 섭니다. 그러면 영문도 모른 채 다른 사람이 그 뒤에 또 섭니다. 그렇게 많은 사람들이 그저 앞에 사람들이 줄을 서 있다는 이유로 긴 줄을 만듭니다. 그리고 맨 앞에 있는 사람이 춤을 추니까, 또 그 뒤로 모든 사람들이 또 춤을 추는 겁니다. 그렇게 해서 한바탕 춤판이 벌어졌습니다. 그들은 왜 자신이 춤을 춰야 하는지 모릅니다. 그저 앞사람이 춤을 췄다는 이유로, 춤을 추고 긴 줄에 늘어 선 겁니다. 인간은 다수가 하는 걸 따라하는 경향이 있습니다. 그게 안전해 보이기 때문입니다. 다른 사람이 하면 나도 해야 한다는 맹목성과 강박관념이 있습니다. 내가 그걸 왜 해야 하는가 하는 의문은 갖지 않습니다.

현대사회가 자기 개성을 존중하는 사회라고 하지만, 모두 똑같습니다. 똑같은 옷을 입고, 똑같은 취미를 가지고, 똑같은 목표를 향해서 달려갈 뿐입니다. 마치 쥐들이 떼를 지어 가다가 맨 앞에선 쥐가 강물에 빠져 죽으면 나머지 쥐들도 영문도 모른 채 빠져 죽는 것과 같습니다. 우리들이 그런 상황에 놓여 있습니다. 남들이 한다는 이유로 그렇게 하면 행복해질 것이라는 착각에 빠져 우리는 남들이 하는 걸 맹목적으로 따라할 뿐입니다.

그런데 그 다수가 가는 길이 제대로 된 길을 가지 않기 때문에 문제인 겁니다. 현대 사회에 돈은 안전이고 자신을 지켜주는 수단인 것은 분명합니다. 그렇지만 거기에 집착하는 데서 문제가 발생합니다. 아무리 벌어도 아무리 많아도 만족하지 않습니다. 항상 갈증만 일어나고 우리는 그저 더 많은 돈과 지위, 타이틀, 명예가 있다면 행복해질 거라는 착각 속에 경쟁을 하면서 살고 있습니다. 그 모든 것은 남들에게 보이기 위한 것뿐입니다. 남에게 자신의 능력을 보이고 싶어서, 자신이 대단한 사람이라는 것을 자랑하고 싶어서, 자신이 남들로부터 칭찬과 존경을 받고 싶어서 그런 것입니다. 자신을 위한다고 하는 것이 다 남에게 보이기 위한 것들뿐입니다. 그러니 진정 자신을 위한 것은 아무것도 없습니다. 그러니 항상 마음은 공허하고 무얼 가져도, 무엇을 해도, 어떤 지위에 올라도 우리는 행복하지 않습니다. 남에게 보이기 위한 것들은 언젠가 없어질 수 있으며, 언제든 그 자리에서 내려와야 하기 때문입니다.

그래서 그걸 유지하느라 또 우리는 앞만 보고 달려갑니다. 그걸 잃게 되면 자신은 무능하고 남들에게 무시당하거나 남들의 존경을 잃을까봐 겁이 나기 때문입니다. 한번 달리기 시작한 자동차는 절대 멈출 수가 없습니다. 멈추는 순간 자신은 나락으로 떨어진다고 생각하기 때문입니다. 그래서 그 누구도 멈추는 이가 없습니다. 그 실험에 나왔던 예처럼 앞사람이 춤을 추니, 그저 춤을 추면서 계속 따라갈 뿐입니다. 그 춤이 흥겹지도 않고, '도대체 내가 뭐를 하는 거지?' 하면서도 계속 그 대열에서 이탈할 생각은 하지 않습니다.

현대인들은 자기 몸에 대해서는 끔찍이 아낍니다. 좋다는 음식, 좋다는 약초, 좋다는 것이라면 환장해서 먹어댑니다. 또한 몸을 치장하고 몸매를 유지하고 얼굴을 매만지는 데만 엄청난 돈과 시간을 쓰고 삽니다. 가장 중요한 마음을 들여다보려고 하는 사람은 없습니다. 그렇게 열심히 몸을 치장하고 오래 살아도 그것은 다 스러질 뿐이고, 항상 마음은 불안정하고 불행한데 말입니다.

그것이 바로 우리들의 삶입니다. 이제 자신을 위해 사시기 바랍니다. 이제 남들에게 그만 자신의 능력을 보여줘도 됩니다. 남들은 내 능력이나 재산에 관심도 없습니다. 자신만 그런 생각 속에 빠져 살 뿐입니다. 그리고 이제 무의미한 그 대열에서 빠져 나오기 바랍니다. 왜 내가 이걸 해야 하지, 내가 도대체 왜 앞사람을 따라서 해야 하는지 한번 생각해 봐야 합니다. 내가 행복한 방법은 무엇인지 생각해 보시기 바랍니다. 그 방법이 이 세상의 법칙과 동떨어져도 상관이 없습니다. 이 세상은 미쳐 돌아가고 있습니다. 그래서 당신이 미쳤다는 소리를 듣는 것은 어쩌면 진리의 눈으로 보면 정상적인 생활을 하고 있는지도 모릅니다. 이제 그만 남을 따라서 추는 춤을 그만 추시기 바랍니다. 나를 위한 춤을 추기에도 인생은 너무나 짧습니다.

당신의 생각이 당신을 속이고 있다

25

고도를 기다리며

아무것도 안 하기를 해보십시오. 아무것도 안 할 수 있을 때 우리는 다른 사람에게서 진정으로
독립할 수 있고, 남의 시선에서 벗어날 수 있습니다. 진정한 휴식은 아무것도 안 하기입니다.
앞만 보고 살았던 일상을 내려놓고, 내가 그동안 보지 못했던 뒷산의 오솔길 옆에 핀 꽃도 보고,
계절마다 바뀌는 나뭇잎 색도 보고, 지나쳤던 오솔길 옆의 들꽃도 눈에 띈다면
우리는 제대로 휴식을 취하고 있는 겁니다.

아일랜드 출신의 극작가인 사무엘 베케트가 쓴 희곡인 《고도를 기다리며》
란 것이 있습니다. 제가 대학에 다닐 때 많은 연극단체에서 공연을 했었고,
제가 다니던 의과대학의 선배들도 축제기간 중에 이 연극을 했었습니다.

앙상한 나무 아래서 블라디미르와 에스테라공. 두 떠돌이는 실없는 수작
과 부질없는 행위를 하면서 고도라는 인물이 나타나기를 기다립니다. 그들
은 왜 고도를 기다려야 하는지 왜 그를 만나야 하는지조차 모른 채 계속
고도를 기다리기만 할 뿐입니다. 작가 자신도 고도는 누구인지 모른다고 답
을 했었습니다. 이 희곡은 사람들마다 열린 결론을 내리도록 하고 있는 겁니
다. 자기의 경험, 성격, 자신의 믿음이나 신념에 따라 우리가 기다리는 고도란
사람은 서로 다를 것입니다.

오랫동안 개업을 하고 있는 친구가 올해부터는, 목요일에는 오전에만 진료
를 보고 쉬겠다고 하더군요. 개업한지 17년 정도 되었으니 그럴 만도 하다고

생각했습니다. 또한 요즘 웬만한 직장은 다 주 5일 근무를 하고, 일 년 휴가가 10일에서 15일 정도는 됩니다. 그런데 의원들은 주 6일 근무를 하고, 일년 휴가라고 해봤자 여름에 4일, 길면 6일이 고작입니다. 의료도 서비스업입니다. 그러니 환자들이 원하는 바가 다 다르니 사실 피곤한 직업인 것은 사실입니다.

얼마 전 〈러브 앤 드럭스〉란 영화를 본 적이 있습니다. 거기에 의사가 나오는데 이렇게 푸념을 합니다. "의료보험회사는 의료비를 깎으려고만 하고, 환자들은 인터넷만 믿지 내 말은 믿지 않는다."라고 말입니다. 저는 그 대사를 듣는 순간, 미국 의사나 한국 의사나 처지는 똑같구나 하는 생각이 들었습니다.

요즘 아무리 얘기를 해도 제 말을 믿지 않습니다. 인터넷 검색을 해서 거기에 나오는 것이 옳다고 생각하고, 자기 마음대로 약을 빼고 먹기도 하고, 치료에 대해 불신을 가지기도 합니다. 그런데 인터넷이란 것이 단편적인 지식이나 환자들의 경험담 등이 섞여 있는 것이라, 잘못된 지식을 전달하는 경우가 많습니다. 그래서 환자들이 잘 믿는 순서를 보면, 지인들의 말을 제일 믿고, 그 다음은 인터넷, 마지막으로 믿는 말이 저의 말입니다. 주변사람들이 정신과 약을 먹으면 치매가 걸린다든지, 정신과 약은 한번 먹으면 영원히 먹어야한다든지, 아니면 우울증 그까짓 거 운동 열심히 하고 의지력으로 극복하라는 말은 믿지만, 제가 아무리 설명해도 도대체 제 말은 믿지 않습니다. 하는수 없는 일이죠.

아무것도 안 하기도 우리가 해야 할 것 중 하나

암튼 그 친구도 많을 때는 하루에 백 명 가까운 환자를 볼 때도 있으니 힘들 겁니다. 그래서 목요일 오후에 쉬는 게 좋겠다고 얘기를 해주었습니다.

당신의 생각이 당신을 속이고 있다

그렇게 몇 달이 지나고. 친구한테 "그래, 목요일 오후에 쉰다고 하더니 언제부터 쉬냐?"고 물어봤더니, 머뭇거리며 목요일 오후에 쉬려고 하니 할 게 없다는 겁니다. 그래서 차라리 그냥 진료를 할까 생각중이라고 합니다. 항상 진료를 하면서 힘들고, 스트레스도 많이 받고, 항상 피곤해 절어 살면서도 막상 목요일 한나절 쉬려고 하니 그게 잘 안 되는 겁니다.

한 달에 한 번 정도는 골프를 칠 텐데, 나머지 3일은 할 게 없다는 겁니다. 그래서 이 친구는 아마 올해도 목요일 오후에 쉬지 못하고 그저 진료를 하면서 투덜댈 겁니다. 일이 너무 힘들다고 하면서 말입니다.

사람들은 시간이 남으면 뭔가를 해야 한다는 강박관념에 사로잡힙니다. 그래서 제 의대 동기 중에는 젊어서부터 쉬지 못하고 뭔가를 해왔던 친구들이 많습니다. 항상 뭔가 생산적이고 자신의 커리어에 도움을 줄 수 있는 것을 해온 것이죠. 그래서 이런저런 영어시험을 보기도 하고, 미국 의사시험을 준비하기도 하고, 늦은 나이에 미국에 가서 인턴과 레지던트를 다시 시작한 친구들도 있습니다.

시간이 남았을 때 아무것도 안 하는 것에 익숙하지 않은 겁니다. doing nothing, 한자로는 무위(無爲)라고 하죠. 아무것도 안 하기도 우리가 해야 할 것 중의 하나입니다. 우리는 어린 시절부터 습관적으로 시간이 남으면 뭔가를 해야 했습니다. 시간이 남으면, 그 남는 시간에 스케줄을 짭니다. 그 친구도 한 달에 네 번 쉬려고 했으나, 나머지 3일의 스케줄을 짜지 못한 겁니다. 그냥 집에 가서 느긋하게 휴식을 취하거나, 동네 아저씨처럼 편한 복장으로 슬리퍼 끌고 다니면서 산책을 하거나, 마음에 드는 커피숍에 들어가 잡지도 보고 사람구경도 할 수 있는데 말입니다. 하지만 뭔가를 해야 한다는 강박관념이 제 친구가 쉬는 걸 방해한 겁니다. 아무것도 하지 않는 것은 시간 낭비요, 게으른 것으로 생각해왔기 때문입니다. 아무것도 안 하기를 해본 적이 없는 겁니다. 그냥 집에 가서 실컷 낮잠을 자는 것도 좋습니다. 낮잠 자고 일어나 잠이 덜 깬 느긋한 상태를 즐겨도 되는데 말입니다. 제 주변의 친구들을 보면 시간이 남으면 쉬는 시간에도 항상 뭔가를 해야 한다고 생각합니다. 그래서 어떤 친구는 악기를 배우기도 하고, 어떤 친구는 그림을 배우기도 합니다. 물론 그것이 나쁘다는 것이 아닙니다. 하지만 우리가 지금까지 정말 안 해봤던 것은 아무것도 안 하기입니다. 지금까지 숨 가쁘게 달려왔고 항상 내 타이틀을 높이거나, 내 경력을 쌓거나, 인맥을 쌓는 데 필요한 것만 하고 살았는데, 이제 그런 것 좀 안 하고 살아보자는 겁니다.

악기를 배우거나 그림을 배우는 사람들 중에는 그 여가시간마저도 무의식에서는 그걸 남에게 보여주기 위함이지, 자신이 즐거워서 하는 건 아닌 경우도 있습니다. 여가시간마저 남을 의식해서 고상하고 문화적인 사람으로 비춰지길 원하기 때문입니다. 마치 우리나라에 뮤지컬이나 오페라 문화의 왜곡된 현상과 같다고 할 수 있습니다. 우리나라처럼 음악에 대한 저변이 깔려있지 않고, 음악에 대한 애정이 없는 나라에서, 유독 유명 오페라나 뮤지컬은 대박이 납니다. 그들은 큰돈을 들여 자신의 허위의식을 채우는 경우가 많기 때문입니다. 물론 진정 음악을 좋아해서 가는 사람을 뭐라 하는 게 아니라, 그저 그 뮤지컬이나 오페라를 봤다는 걸 과시하고 싶은 겁니다. 그러니 티켓 값은 비쌀수록 좋은 겁니다. 그래야 나와 남을 구별할 수 있는 수단이 되기 때문입니다.

암튼 간에 우리는 항상 뭔가를 하느라고 시간을 보내고 있습니다. 우리에게 학습되어진, 뭔가를 항상 해야 한다는 강박관념은 우리에게 아무것도 안 하기가 가장 힘든 것으로 만들어 버리고 말았습니다. 아무것도 안 하기는 게 으른 사람이나 사회 낙오자들이 하는 행동이라고 생각하는 겁니다. 그래서 사람들은 쉬는 시간마저도 뭔가를 해야 그 시간이 알차다고 여깁니다. 그리고 뭔가 자신이 해냈다는 자부심을 가지게 됩니다. 쉬는 시간마저 그러니, 일하는 시간동안 우리는 사회의 파이터, 사회의 경쟁자로 살아남기 위해 눈이 충혈될 정도로 열심히 일할 수밖에 없습니다.

그러니 아무것도 안 하기를 해보십시오. 아무것도 안 할 수 있을 때 우리는 다른 사람에게서 진정으로 독립할 수 있고, 남의 시선에서 벗어날 수 있습니다. 진정한 휴식은 아무것도 안 하기입니다. 앞만 보고 살았던 일상을 내려놓고, 내가 그동안 보지 못했던 뒷산의 오솔길 옆에 핀 꽃도 보고, 계절마다 바뀌는 나뭇잎 색도 보고, 지나쳤던 오솔길 옆의 들꽃도 눈에 띈다면 우리는 제대로 휴식을 취하고 있는 겁니다. 지나치게 어깨에 힘이 들어가서 항상 우리는 경직되고, 피곤하고 긴장을 하고 삽니다. 그런데 쉬는 시간마저도 뭔가 해야 할까요? 내 몸의 힘을 다 풀어버리고, 내 마음의 짐을 다 내려놓고, 아무런 생각 없이 멍하니 있는 것, 그것이야말로 진정한 휴식입니다.

아무것도 안 하기를 하다 보면, 내 마음이 보이기 시작합니다. 그리고 작은 것들이, 작은 일상이 행복이라는 것도 알게 됩니다. 그것이야말로 진정한 행복입니다.

'언젠가'만을 외치며 살아가는 우리 인생

《우리는 고도를 기다리며》의 두 주인공처럼 막연히 기다리기만 하고 살아왔습니다. 언제까지 기다릴 건가요?

저도 의과대학만 졸업하면, 레지던트만 마치면, 군의관만 끝나면, 환자를 하루에 20명만 볼 수 있다면 하면서 계속 기다리며 살아왔습니다. 그런데 막상 그 순간이 되니까 그렇게 기쁘지 않더란 겁니다. 그 순간만 되면 영원히 행복할 줄 알았는데, 여전히 내 앞에는 또 다른 목표가 주어지고, 그 다음 목표를 이루는 날이야말로 '불행 끝, 영원한 행복 시작'이라고 믿고 살아왔습니다. 또한 책을 한 권만 낸다면 행복할 것 같더니, 그 다음엔 베스트셀러 한 권 낸다면 행복할 것 같더란 말입니다. 물론 제 책은 모두 '저주받은 걸작'이라고 저 자신이 얘기합니다.

이렇게 제 인생에서 뭔가를 기다리고 기다리며, 언젠가는, 언젠가는 하며 지내다 보니 벌써 50 초반의 나이가 된 겁니다.

우리 모두 이렇게 현재를 살지 못하고 언젠가만 외치고 살아가고 있습니다. 대리는 과장이 되는 날을 기다리고, 30평 사는 사람은 50평 아파트로 옮기는 날을 기다리고, 10억 가진 사람은 20억이 되는 날을 기다리며, 학부형들은 자식이 대학을 가는 날을 기다리며 살아갑니다. 우리는 고도를 기다리며의 두 주인공과 같습니다. 두 주인공이 도대체 왜 고도를 기다려야 하는지 모르면서도 기다리듯이, 우리는 정말 믿어왔던 미래의 날들을 부질없이 기다리며 현재를 죽이며 살아가고 있습니다. 우리는 언제나 행복해질까요? 항상 다음 것을 기다리고, 다음날을 기다리고 있으니 말입니다.

이런 허무한 우리의 기다림을 두 주인공은 얘기하고 있습니다.

내 친구는 목요일 오후를 쉬지 못할 겁니다. 주변 의원들은 모두 다 진료를 하고 있는데, 자신만 막연히 쉬려니 불안한 겁니다. 그런데 언제나 제 친구는 쉴 수 있을까요? 아마도 영원히 쉬지 못할 겁니다. 그저 기다리고 기다리다 죽음의 날을 맞이하는 게 우리네 대부분의 인생들입니다. 인생은 완벽하게 우리를 위해 준비해주지 않습니다. 자신이 당장의 손해를 보고, 결단을 내려야 우리는 자신이 원하는 바를 이룰 수 있습니다. 그렇지 않고 완벽한 때를 기다리는 사람은 영원히 자신의 때가 오지 않습니다.

여러분의 고도는 무엇인가요? 정말 기다리는 고도는 오기는 오는 걸까요? 고도를 기다리며 곰곰이 생각해 보시기 바랍니다.

당신의 생각이 당신을 속이고 있다

26.

위로받고 싶은 사람,
위로하고 싶은 사람

항상 행복하게 살려고 하지 마십시오. 그렇게 행복에 매달리면 도리어 불행해집니다.
행복도 오고 가며, 불행도 오고 가는 것이 인생입니다. 그래서 행복이 오면 너무 우쭐대고
좋아할 것도 아니고, 불행이 왔다고 세상 무너질 듯이 슬퍼하고 고통스러워할 필요가 없습니다.
이런 모든 것들은 인생에서 우리가 겪어야 할 과정일 뿐입니다.

친한 친구가 갑작스레 암에 걸려 병원에 입원했다고 합시다. 그럼 병문안을 가겠지요. 분명 암에 걸린 친구는 자신이 큰 병에 걸렸다는 두려움, 죽지 않을까 하는 공포, 암을 치료하는 과정에서 생기는 여러 가지 고통 그리고 자신이 죽게 되면 남겨질 어린 자식과 아내를 생각하며 실의에 빠져 있을 겁니다.

문병을 가는 도중에 어떤 말을 친구한테 해줘야 하나? 어떻게 위로를 해줘야 하나? 하는 생각을 하게 됩니다. 그리고 병원 매점에서 음료수 한 박스 사들고 병실로 올라갑니다.

이미 암에 걸려 수척해진 친구에게 뭐라 할 말은 없고, 대부분 이렇게 얘기합니다.

"걱정하지 마. 다 나을 거야. 조금만 고생하면 이제 퇴원해서 다시 사회생활을 할 테니 걱정하지 마라."

239

분. 마음 쉬게 하기

이렇게 말하고 돌아옵니다.

과연 이 말이 위로가 되었을 까요?

우리는 위로하고 싶지만 위로를 어떻게 해야 할지 잘 모릅니다.

우리의 위로가 방해가 될 수도 있습니다. 어떤 환자는 아무도 만나지 않고 조용히 쉬고 싶을 수 있습니다. 하지만 그가 가지는 조용한 시간, 휴식시간을 수많은 문병객이 위로를 한답시고 방문해서 위로가 아니라 괴롭히는 경우도 많습니다.

의도는 좋았지만, 결과적으론 위로가 되지 못한 거죠. 병문안을 갈 때는 도리어 방해가 되지 않는지 생각해 봐야 합니다. 간단한 전화나 문자가 병문안 하는 것보다 더 큰 위로가 될 수 있으니까요.

남을 위로할 땐 위로하려 하지 말고 편안한 대화를

예전에 안철수 박사와 의사 박경철, 두 사람은 '청춘콘서트'로 유명세를 타게 되었습니다.

그들이 젊은이들에게 각광을 받고 호응을 얻은 것은 지금 힘든 청춘들을 위로해 주었기 때문입니다.

또한 그들의 강의 내용도 내용이지만, 그들의 배경만으로 젊은이들은 열광을 했습니다.

안철수 박사는 서울대 의대를 나와 사업가로 성공한 사람이었고, 박경철도 의대를 나와 주식으로 큰돈을 벌었고, 자신이 운영하는 병원도 잘 될뿐더러, 여러 권의 저서가 베스트셀러가 되었습니다.

이들은 자신의 주업인 의사를 넘어서 다른 영역에서까지 성공했습니다. 특히 자본주의의 신인 돈을 많이 번 사람들입니다.

젊은이들이 가지고 싶은 세 가지, 즉 좋은 학벌에, 좋은 명성에, 게다가 돈까지 많은 겁니다. 그러니 젊은이들이 좋아할 만한 요소는 다 가지고 있습니다.

만약 말입니다. 어느 지혜로운 철학자가 '인생을 어떻게 살아야 하나?' 하는 강의를 젊은이를 대상으로 했다고 한다면, 과연 그 수많은 청춘들이 그런 강의를 들으러 갔을까요?

그렇지 않을 겁니다. 젊은이들은 요즘 실업난에 시달리고 있습니다. 게다가 직업을 가지기 위해 영어는 기본이고, 여러 가지 스펙을 쌓느라 정신이 없습니다.

그래도 희망은 보이지 않습니다. 취업할 직장은 없고 장기불황으로 인해 대기업에서도 사람을 뽑지 않습니다. 게다가 대기업에 취직한다고 해서 커다란 미래가 보장되는 것도 아닙니다.

이미 눈은 높아질 대로 높아진 청춘들은 사회가 요구하는 성공했다는 기준에 도달하기엔 너무 힘들다는 것을 알고 있습니다. 30평 정도 아파트는 하나 사야 하고, 외제차도 한 대 굴리고, 자식들도 좋은 교육을 시키고 싶어 합니다. 그게 우리 사회가 요구하는 성공의 기준입니다.

하지만 그런 기준을 만족시킬 재간이 없습니다. 그래서 그들은 지레 절망하고 실망합니다.

어찌 청춘콘서트라도 가서 그들의 후광이라도 쬐면 뭔가 나도 저런 사람들과 비슷하게 되지 않을까 하는 생각을 하고 거기에 갔을 겁니다.

그러면 그런 청춘들은 과연 청춘콘서트에서 위로를 받았을까요?

저는 그렇지 않다고 생각합니다. 그 둘이 어떻게 해서 성공했고, 어떻게 노력을 했으며, 열심히 살다보면 좋은 날 있을 것이란 이야기가 처음에는 자신도 그렇게 될 것 같은 착각이 들어 큰 위로가 될지 모릅니다.

하지만 돌아서고 나면 그건 네가 잘나서 그랬구나 하는 생각 때문에 속만 더 상할 뿐이죠.

어떻게 보면 청춘콘서트는 힘든 청춘들을 대상으로 두 사람이 참 장사를 잘했다고 저는 생각합니다. 결론적으로 두 사람만 더 큰 명성을 얻고 성공을 하게 되었습니다.

요즘 이런 힘든 청춘들을 돈벌이 수단으로 이용하는 사람들이 많습니다. 그들은 처세술 강의를 통해 어떻게 하면 취업하고 성공할 수 있는지 강의를 하고 돌아다닙니다. 힘든 상황에서 청춘들은 실낱같은 희망을 안고 그런 강의를 통해 뭔가 건지려 합니다.

원래 청춘은 항상 힘든 법입니다.

가만히 생각해보십시오. 6·25 직후부터 지금까지 어느 한 시대도 청춘들이 쉽게 취업을 한 적은 없었습니다. 그리고 청춘이니까 힘든 것도 분명한 사실입니다.

20대는 미래가 불확실하고, 자신이 뭘 할 수 있을까 하는 자신감도 없고, 이제 사회에 첫발을 내딛는 시기라서 돈도 없고 확실한 미래도 없습니다. 그게 청춘입니다.

암튼 현재 우리 사회 구성원 모두 상처 나고, 힘들고, 고통 속에 빠져 있는 게 사실입니다.

오랜 경기불황, 청년 실업, 조기 퇴직, 노년의 고독과 빈곤, 상대적인 박탈감 등 모두 힘들어 합니다. 위로가 필요한 사람들이 널려 있습니다.

자, 그러면 우리 모두 위로받을 처지지만, 그렇다고 위로만 받을 수는 없고, 주변 사람들에게 위로를 해야 할 때도 많습니다.

위로를 하는 과정에서 자신의 상처도 치유되고 자신도 위로를 받는 경우도 많습니다.

그러면 어떻게 위로를 해줘야 할까요?

당신의 생각이 당신을 속이고 있다

일단 누군가를 위로하고 싶을 때는 그 사람을 위로하려는 강박관념을 버려야 합니다. 위로하려고 생각하지 말고, 그저 편안한 대화를 나눈다고 생각하십시오.

위로받고 싶은 사람은 자신이 힘든 얘기를 하고 싶을 뿐입니다. 그저 자신이 얼마나 힘이 들고 어려운지 남들이 알아줬으면 하고 바랄 뿐입니다. 그리고 내가 지금 힘이 들고 어려운 게 내가 마음이 나약해서, 정신력이 약해서 그렇지 않다는 것을 확인받고 싶을 뿐입니다.

많은 말로 위로를 하려 하지 말고, 얼마나 잘 들어줄 수 있느냐가 위로의 기본이 됩니다. 그저 듣는 것입니다. 말하고 싶은 걸 참고, 침착하게 상대방의 말을 내가 들으러 간다는 생각을 가지십시오.

위로는 듣는 것이 95퍼센트이고 위로의 말을 하는 것은 5퍼센트도 안된다고 생각하시면 됩니다.

처음에 말씀드렸던 암에 걸린 환자를 병문안 갔습니다.

사람들은 위로해야 한다는 강박관념 때문에 섣불리 "좋아질 거야, 나아질 거야, 이제 다 회복해서 회사에 돌아갈 수 있을 거야."라고 말해 버립니다.

하지만 암에 걸린 친구는 그 말이 공허하게 들립니다. 그리고 별로 위로가 되지 않죠.

정말 위로하고 싶다면, 그런 섣부른 결론을 내리지 말고 차근차근 그 사람이 힘든 얘기를 할 수 있도록 질문을 해보십시오.

자, 이렇게 얘기를 꺼내보면 어떨까요?

"어떻게 병에 걸렸는지 알게 됐어?"

그러면 환자는 이렇게 말합니다.

"어느 날부터 갑자기 피곤해지기 시작하더니, 느닷없이 체중이 빠지는 거야. 그래서 건강검진을 받게 됐지. 그랬더니 암에 걸린 걸 알게 됐어."

그러면 "암에 걸린 걸 알았을 때 참 놀랐겠다."라고 물어봅니다.

"하늘이 무너지는 기분이었지. 게다가 모아 놓은 재산은 별로 없고, 애들은 어리고, 직장도 그만둬야 하나 하는 걱정도 들고, 게다가 어머니가 이 사실을 알면 얼마나 놀라겠어. 그래서 어머니한테는 숨기고 그냥 단순한 병으로 잠깐 입원하고 있다고 얘기를 했어."

등등 그 환자는 자신의 감정을 털어놓기 시작할 겁니다. 이런 얘기들을 환자는 하고 싶어 합니다.

그러면 "치료는 얼마나 걸린데?"라고 또 질문을 합니다.

"글쎄, 일단 수술은 했으니까, 항암치료 여부는 좀 더 있어봐야 결정되나봐."

이때 위로의 말을 섞어주면 좋겠죠.

"그 큰 수술을 받고 참 잘 버텨주었다. 너 참 대단하다. 나 같았으면 암에 걸렸다는 소리만 들어도 지레 겁먹고 죽었을 것 같다."

그리고 이런저런 얘기들을 물어보면 그 친구는 자신이 가지고 있는 고통, 절망, 또 희망을 얘기하게 될 겁니다. 이렇게 차근차근 생각나는 대로 그 친구가 가진 고통의 감정들을 털어내 주는 게 바로 진정한 위로입니다.

그리고 그 친구가 가지고 있을 두려움과 절망, 고통에 대해 "참 힘들겠다. 얼마나 당황스럽겠니. 나라도 그 상황이라면 너무 힘들 것 같은데, 그래도 이렇게 꿋꿋이 버티고 있는 네가 참 나는 자랑스럽다."

이렇게 얘기해줄 수도 있습니다.

위로는 공감하고 이야기를 들어주는 것

또 다른 예를 들어드리겠습니다.

남편이 외도를 해서 실의에 빠진 친구가 있다고 합시다.

그러면 그 친구가 남편의 배신감으로 인해 얼마나 힘든지 얘기할 겁니다.

그런 대략적인 얘기를 들은 후 아까 말씀드린 대로, 듣는다는 생각으로 이런저런 질문을 통해 그 사람이 가진 감정을 끌어내는 게 중요합니다.

그래서 질문을 해야죠.

"어떻게 해서 처음 남편이 바람을 피운 걸 알게 됐니?"

"남편은 뭐라고 하니? 앞으로 어떻게 한다고 하는데?"

"시부모님들은 뭐라고 하시니?"

"친정에서도 이 사실을 알고 있니?"

"상대방 여자는 어떻게 만났다고 하니?"

"지금 너는 어떻게 했으면 좋겠니?"

"내가 지금 도와줄 수 있는 게 뭐가 있니?"

등등입니다.

이런 질문을 하게 되면, 위로받는 사람은 각각의 질문을 통해 구체적인 이야기를 하게 될 것이고, 그 과정에서 상대방이 자신의 얘기를 잘 들어주고 관심을 가지고 있다는 걸 알게 됩니다. 그럼 실의에 빠진 친구는 자기 이야기를 털어놓은 과정에서 카타르시스를 느낄 겁니다.

주의할 점은 상대방의 이야기를 듣는 동안 어떤 판단을 내려서도 안 됩니다. "그래, 빨리 이혼해버려라." "나 같으면 그런 남자랑 안 산다." 등등입니다. 다 각자 사정은 있는 겁니다.

당장 이혼하지 못할 사정도 있는 것이고, 남편이 바람을 피운 것을 아는데도 불구하고 남편의 마음을 돌리려고 하는 이유도 있는 거죠. 사람마다 생각이나 판단은 다릅니다.

하지만 이혼을 하라는 둥, 별거를 하라는 둥, 나 같으면 어쩌겠다는 둥 하는 얘기들은 위로받고 싶은 사람으로 하여금 자신이 바보스럽거나, 판단력이 떨어지거나, 자신이 현실에 대처하지 못한 나약한 사람이라는 생각을 갖게 합니다. 그러니 남의 사정도 잘 모르고 함부로 이야기해서는 안 됩니다.

이런 말은 위로가 되기는커녕 상대방이 부담을 갖게 되고, 상대방으로 하여금 더 이상 이야기를 하지 못하게 막아버리게 됩니다.

마지막으로, 상대방에게 "이렇게 힘든데도 잘 견디는 네가 대단하다. 네가 얼마나 힘들겠니. 참 네 고통이 얼마나 클지 다 이해는 못해도, 내 마음이 많이 아프다." 등.

듣는 이가 공감하는 내용을 얘기하면 상대방은 많은 위로를 받을 수 있습니다. 위로는 상대방에 대해 결정을 내려주거나 충고를 하려들지 말고 공감하고 이야기를 들어주는 것입니다.

자, 그러면 저도 사람인지라 제가 힘들 때 위로받고 싶을 때도 많겠죠. 그럴 때 남에게 위로도 받지만 제 스스로 위로를 합니다.

《탈무드》의 구절 중 "모든 것은 지나가리라."는 말을 되뇝니다.

언젠가는 사라지겠지, 이 고통과 아픔도. 이렇게 말입니다.

또한 "되느라고 안 되고, 안 되느라고 된다."는 말도 되뇌고요.

그리고 바로 어제 일어난 일도 이제 과거입니다. 제게 주어진 시간은 지금 바로 이 시간뿐이라는 것을 상기합니다. 어제의 일 때문에, 미래의 걱정 때문에 지금 이 시간을 허비하고 있다는 것을 떠올립니다.

또한 "나도 죽을 것이다. 나도 죽을 것이다. 나도 죽을 것이다. 그게 1년 후, 10년 후, 20년 후 언제인지 모르지만, 나도 죽을 것이다."란 말을 만트라처럼 되뇝니다.

죽음을 앞에 둔 사람이 뭐가 두려운 게 있을까요?

재산을 잃었다고 해서, 사기를 당했다고 해서, 누가 내게 큰 상처를 주었다고 해서 뭐가 두려울 게 있을까요?

당신의 생각이 당신을 속이고 있다

죽음을 앞에 둔 사람에게 물어 보십시오?

그들에게 귀한 것은 하나도 없고 아쉬울 것도 없습니다. 지금 그저 밝은 햇살을 쐬면서 산책을 하고 좋은 향이 나는 커피 한잔처럼 귀한 것은 없을 겁니다.

마음의 평안을 주었던 책을 읽습니다. 어떤 분들은 책을 보면서 자신에게 위안이 되거나 도움이 되는 구절을 노트에 적었다가 읽어보면 도움이 되겠죠.

저 같은 경우는 미얀마의 스님인 우 조티카 사야도님의 《여름에 내린 눈》이란 책을 읽습니다. 그러면 내가 걱정하고 슬퍼하고 의기소침했던 것은 한순간 뜬 구름 같고, 허상이며, 내 마음속에서 만들어진 것이며, 사실은 그저 또 지나가는 것임에도 내가 붙들고 끙끙대고 있다는 생각을 하게 되어 마음이 편안해집니다.

그리고 평소에 하던 대로 명상을 합니다. 명상은 마음을 내려놓는 연습입니다. 마음을 내려놓으면 마음은 텅 비어 버리고 아무것도 들어갈 게 없습니다. 걱정도, 슬픔도, 어려움도. 모든 것이 다 없어져버립니다. 그래서 많은 분들에게 명상을 하라고 권하고 싶습니다.

항상 행복하게 살려고 하지 마십시오. 그렇게 행복에 매달리면 도리어 불행해집니다. 행복도 오고 가며, 불행도 오고 가는 것이 인생입니다. 그래서 행복이 오면 너무 우쭐대고 좋아할 것도 아니고, 불행이 왔다고 세상 무너질 듯이 슬퍼하고 고통스러워할 필요가 없습니다. 이런 모든 것들은 인생에서 우리가 겪어야 할 과정일 뿐입니다.

이런 인생의 법칙을 받아들일 때 우리는 우리가 우리 자신을 위로할 수 있는 좋은 방책을 가지고 있는 것입니다.

그리고 시간 나는 대로 명상하십시오. 내 마음을 바라볼수록, 진정 내가 잃을 게 없고 놓칠 게 없으며, 외부의 불행이나 고통에서 그리 상처받지 않습니다. 명상하는 동안 우리는 모든 것에서 벗어나 오롯이 내 자신을 바라볼 수 있어 진정한 행복의 길에 다다를 수 있습니다. 그리고 그것이야말로 자신에 대한 최대의 위로가 됩니다.

당신의 생각이 당신을 속이고 있다

27

완벽함은 질병이다

완벽함은 질병이라고 했습니다. 완벽함을 추구하기 위해 우리가 노력할수록 우리는 우리 자신에게서 점점 더 소외됩니다. 인간은 원래 불완전한 존재인데 자신이 완벽하다고 착각을 하거나 완벽을 추구하다 보니, 내 실제의 모습과 내가 되려고 하는 모습 간에 차이가 생기게 되고, 그래서 우리는 내 자신이 영원히 되지 못한 채 완벽함이란 허상에 매몰되어 버립니다.

상담을 하다 보면, 이런 이야기를 듣곤 합니다. 내가 초등학교 선생님인데, 이렇게 공황장애를 앓고 있는데도 아이들을 가르칠 자격이 있는지 모르겠다고 합니다. 또 어떤 요가강사는 자신은 우울증이 있는데도 불구하고, 그걸 숨기고 웃는 낯을 하고 수강생을 가르치는 것이 미안하다는 생각이 든다고 합니다.

어떤 학생은 자신이 다른 친구들에게 조언을 많이 해주고 카운슬링의 여왕인데도 불구하고, 내 문제는 전혀 해결하지 못하고 있다고 속상해 하기도 합니다.

어떤 목사님은 내가 그래도 목회자인데도 불구하고 불쑥불쑥 신도들에게 짜증이 나기도 하고, 욕심이 마음속에서 올라오고, 신도들에게 분노감이나 원망이 생긴다고 합니다. 그런 자신이 목회를 할 수 있는 자격이 있는지 스스로 의문을 품기도 합니다.

어떤 어머니는 별것 아닌 일로 아이를 혼내기도 하고, 야단을 치기도 하는 자신이 부끄럽다고 합니다. 내가 어머니라고 할 수 있는지, 그리고 정말 어머니 역할을 제대로 해낼 수 있는지 속상하다고 합니다.

어떤 회사의 CEO는 회사를 경영하면서 항상 좋은 결정을 내려야 하고 직원들을 잘 이끌어야 하는데, 자신은 그런 자질이 없는 것 같고 항상 자신이 부족하다는 생각을 한다고 합니다.

어떤 자식은 항상 부모님에게 제대로 된 자식의 역할을 다 하지 못하고 있다고 생각합니다. 자신을 위해 평생을 헌신한 부모님에게 자주 찾아뵙지도 못하고, 넉넉하게 용돈도 드리지 못하며, 부모님의 말씀을 잘 듣는 착한 자식이 아니라는 생각에 죄책감에 휩싸여 지냅니다.

어떤 학생은 아무리 공부를 해도 성적이 오르지 않고, 공부를 한다고 해도 쉬는 시간이 많고, 책상에 앉아서도 자꾸 공상에 빠져들어서 자신은 무능한 학생이라는 생각에 열등감을 느낍니다.

어떤 아버지는 휴일이면 아이들을 데리고 야외에 나가서 바람도 쏘여주지 못하고, 자연체험도 해주지 못하고, 아이들과 수시로 대화도 나누지 못하는, 아버지로서는 빵점이라고 스스로 평가합니다. 게다가 돈벌이도 시원치 않아서 아이들을 외국으로 보내 공부시키기는커녕 제대로 된 과외 한 번 시켜주지 못한다고 생각해서 자신의 무능을 한탄하기도 합니다.

어떤 직원은 자신이 회사에서 잉여인간이라는 생각을 합니다. 자신만이 회사에서 제일 뒤처진 것 같고, 능력도 모자라고, 그래서 다른 사람의 도움으로 회사에서 연명하고 있다고 생각해서 항상 자신이 원망스럽습니다.

어떤 대학생은 요즘 취직을 하려면 스펙을 쌓아야 하는데, 토익점수도 그저 그렇고, 그렇다고 학점이 좋은 것도 아니며, 대인관계도 썩 좋지도 않아 친구가 많은 것도 아니고, 그저 그런 사람이라는 생각이 들어 속상합니다.

당신의 생각이 당신을 속이고 있다

완벽함이란 굴레의 질병

자, 이렇게 사람들은 모두 다 자신에 대해 불만족스러워합니다.

자식으로, 부모로, 학생으로, 회사의 CEO로, 직장의 일원으로, 선생님으로, 요가강사로, 자신들은 모자라다는 생각이 들어 매일매일의 생활이 불만족스럽습니다.

왜 이렇게 우리들은 자신에 대해 만족할 줄 모를까요? 그것은 완벽함이란 질병에 걸려 있기 때문입니다.

현대사회는 우리 모두에게 완벽함이란 굴레를 씌우고 그렇게 하라고 매일매일 다그치고 있습니다.

가장 큰 역할을 하고 있는 것은 방송매체들입니다. 특히 처세술 강의나 유명인의 토크쇼를 보면, 그 사람들은 완벽함 그 자체입니다.

처세술 강사들은 사업에 성공한 CEO, 예술분야에서 최고의 경지에 오른 사람들, 또한 어마어마한 돈을 벌어들인 스포츠 스타들이 대부분입니다. 그들은 자신이 이렇게 성공했으니 당신도 그렇게 할 수 있다고 합니다.

그리고 열심히 노력하면 무엇이든 이룰 수 있다고 힘주어 강조합니다. 또한 자식을 잘 키워 성공가도를 달리게 한 어머니나 아버지의 간증이 이어지기도 하고, 오랜 연예기획사의 연습생을 거쳐 대박을 친 '아이돌' 가수의 이야기도 등장합니다.

이들의 이야기를 들어보면 그들의 인생은 완벽 그 자체입니다. 그리고 그 얘기를 듣고 있는 우리 자신을 돌아보면, 구질구질하고 남루한 일상만이 넘쳐날 뿐입니다.

그렇게 매일매일 방송이나 잡지의 인터뷰기사를 접하게 되면서 우리는 그들을 닮아가는 게 아니라 그들의 범접할 수 없는 경지에 주눅 들고, 열등감에 빠지고, 자신이 완벽하지 못하다는 생각에 속상할 뿐입니다.

그런데 우리가 추구하고 있는 완벽함의 기준이나 가이드라인은 누가 정해준 것일까요? 그건 내가 원해서가 아니라 사회에서 우리에게 강요하고 정해준 것입니다.

우리 모두 세상에서 얘기하는, 성공의 길을 달릴 수 없습니다. 또한 우리 모두 명문대학을 나올 수도 없으며, 우리 모두 효부나 효자 상을 받을 수도 없습니다.

우리가 되고 싶고, 닮고 싶어 하는 롤 모델도, 내가 갖고 싶은 직업들도 어쩌면 그만큼 희소가치가 있기 때문에 그렇게 더 원하는 걸 겁니다.

마치 요즘 여성들이 극소수에 불과한, 기형에 가까운 몸매를 이상적인 체형으로 생각하고 모두들 닮고 싶어 하고 그 기준에 미치지 못하면 열등감을 느끼는 것처럼, 우리도 극소수의 사람들이 이룬 역할이나 행동을 롤 모델로 삼고 살고 있습니다. 그러니 우리는 항상 자신이 모자라고, 쓸모없고, 하찮은 느낌이 드는 겁니다.

방송매체나 잡지에 등장하는 사람들이 가진 타이틀이나, 재산, 권력, 명성에만 우리는 관심을 가질 뿐, 그들이 가지고 있는 인간적인 약점이나, 성공이나, 부유함에 깃들어진 불행과 외로움은 보지 않습니다. 아니 그런 사람들에겐 아무런 문제가 없어 보이고, 그들은 완벽한 삶을 살고 있다고 생각합니다.

자, 이렇게 우리는 매일매일 쏟아지는 수많은 성공사례, 이상적인 부모 자식관계, 이상적인 CEO상을 통해 주입된 완벽함에 대한 강박관념에 세뇌당하고 있는 겁니다.

그런데 완벽함이란 도대체 무엇일까요? 완벽함이란 존재하기나 한 것일까요? 우리 마음이란 조건에 따라 이리저리 갈대처럼 움직이고 있는데, 어떻게 우리는 완벽해질 수 있을까요? 10분 전에 좋았던 기분이 지금 방금 받은 전

당신의 생각이 당신을 속이고 있다

화에서 들려오는 친구의 사망소식에 금방 의기소침해지고 '인생이 별거 없구나.' 하는 허망한 생각에 사로잡히는 것이 인간인데, 도대체 어떻게 인간은 완벽할 수 있는 걸까요?

또한 매일, 매주, 매달 우리 몸은 점점 늙어가고 세포는 노화되어 가며, 기억력은 떨어지고, 몸은 노쇠해지는데 어떻게 우리는 완벽해질 수 있을까요?

우리 몸이, 우리 마음이, 항상 똑 같고 전혀 변화가 없다면 우리는 완벽할 수 있을 겁니다. 하지만 우리 몸과 마음이 시시각각 변화되고, 마음은 변덕스럽기 짝이 없고, 몸은 내 것이 아니라 제 멋대로 아프기도 하고, 쉽게 피곤해서 몸져 누워버리는 경우가 많은데 어떻게 우리가 완벽해질 수 있는 건가요?

우리는 그래서 완벽함이란 허망한 꿈을 꾸고 있는 겁니다. 불가능한 꿈을 꾸면서 우리는 그것에 못 미치는 자기 자신을 괴롭히며 평생을 보내는 것입니다.

완벽함이란 보여주기 위한 나의 바람일 뿐

우리가 완벽함을 추구하는 이유를 말씀드리겠습니다. 우리는 어린 시절부터 세뇌된 사고가 있습니다. 자신을 이 사회에서 증명해 보여야 했습니다. 내가 머리가 뛰어난 것을, 내가 공부를 잘하는 것을, 내가 운동을 잘하는 것을, 내가 리더십이 뛰어난 것을, 내가 능력이 있어 남들보다 더 앞서가는 것을, 내가 남들이 갖지 못하는 좋은 직업을 가질 수 있는 것을, 내가 좋은 부모라는 것을, 내가 좋은 자식이라는 것을, 내가 회사에서 능력 있는 직원이라는 것 등입니다.

우리는 평생을 이렇게 나의 능력을 증명하기 위해서 무엇이든 잘해야 한다는 강박관념을 가질 수밖에 없습니다. 그렇게 완벽함을 추구할수록 사람들은 나를 인정해주고, 존중해 주고, 함부로 대하지 못하고, 우러러보기도 합니다.

이렇게 자신을 계속 증명해야 하는 습관은 우리가 하는 모든 일에 완벽해야 한다는 생각을 가지게 했습니다. 하지만 내 능력을 증명해 보이고 싶어 하는, 그 관객들인 타인도 사실은 연약하고 변덕스럽고 불완전한 인간이란 말입니다. 그런 타인에게 보이기 위해 우리는 기를 쓰고 자신을 증명하기 위해 매일매일 완벽함에 도전합니다. 그 결과는 열등감과 실망감, 자책감만 남지만 말입니다. 우리가 완벽함에 사로잡힐수록 우리는 자신이 진정 원하는 게 무엇인지 모르고 살아갑니다. 그저 남들에게 내 능력을 증명하는 것이 행복이라 착각하고 살아갈 뿐입니다. 그저 멀리서도 누구나 알아볼 수 있는 높디높은 탑을 쌓기만 할 뿐, 그 탑을 왜 쌓아야 하는지, 그 탑을 쌓으면 정말 행복해지는 건지, 그리고 그 탑을 쌓으면서 겪어야 하는 이런저런 고통쯤은 생각도 하지 않고 지냅니다.

완벽함은 질병이라고 했습니다. 완벽함을 추구하기 위해 우리가 노력할수록 우리는 우리 자신에게서 점점 더 소외됩니다. 인간은 원래 불완전한 존재인데 자신이 완벽하다고 착각을 하거나 완벽을 추구하다 보니, 내 실제의 모습과 내가 되려고 하는 모습 간에 차이가 생기게 되고, 그래서 우리는 내 자신이 영원히 되지 못한 채 완벽함이란 허상에 매몰되어 버립니다.

처음에 예를 들었듯이, 공황장애에 걸린 초등학교 선생님도 충분히 아이를 가르칠 수 있습니다. 개그맨 이경규, 영화배우 이병헌, 차태현도 공황장애를 앓고 있으면서도 좋은 연기와 왕성한 활동을 보여주고 있지 않습니까? 또한 우울증에 걸린 요가강사도 요가만은 회원들에게 잘 가르칠 수 있습니다. 모든 완벽한 조건이 만들어져야 우리는 어떤 것을 할 수 있는 것이 아니라, 우리는 부족한 상태로 남들의 이야기를 들어줄 수 있고, 위로해줄 수도 있습니다. 내가 지금 인생의 막다른 골목에 이르렀다고 해서 남의 얘기를 들어주지 못하거나 남을 도와주지 못하는 것은 아닙니다. 그러니 완벽함이란 꿈에서 벗어나십시오. 그 완벽함이란 사실 남에게 보여주기 위한 나의 바람일 뿐입니다.

〈마지막 4중주〉란 프랑스 영화가 있었습니다. 거기 나온 중년의 바이올리니스트가 이런 말을 했습니다. "나이가 드니 좋은 게 있어. 이제 남에게 내 능력을 증명할 필요가 없어서."

이 영화의 주인공처럼 나이가 들어서 이런 사실을 깨닫지 마시고 지금 당장 남에게 내 능력을 증명해야 하는 강박관념에서 조금이라도 벗어난다면, 나는 진정한 나의 자아와 합치될 수 있는 것입니다. 그러니 여전히 다혈질이고, 여전히 성질을 부리고, 여전히 변덕스러운 저도 완벽하지 않아도 이 글을 쓸 수 있는 겁니다.

28.

무엇을 갖고 무엇을 버릴 것인가

자기 집 밖에, 남을 위해 물건과 돈과 봉사와 헌신을 쌓아놓으십시오.
그러면 아무리 쌓아도 절대 채워지지 않을 만큼의 무한한 공간이 우리 앞에 펼쳐져 있습니다.
왜 굳이 좁아터진 자기 집에만 뭔가를 쌓아놓으려고 하십니까. 자기 집뿐 아니라 집 밖의
무한한 공간도 다 우리 것입니다. 자기 집안에 있는 것만 자기 것이라고 생각하니깐 이렇게
마음이 비좁아지고 항상 뭘 쌓아놓아도 마음이 허전한 겁니다.

우리는 살아가면서 얻는 것만을 바랄 뿐 잃고 싶어 하지 않습니다. 어느 누가 잃고 싶겠습니까?

우리 모두 재산도, 명예도, 지위도, 잘난 자식도, 예쁜 아내도, 능력 있는 남편도 갖고만 싶을 뿐 자기가 가진 것 중에 어떤 것도 잃고 싶어 하지 않습니다.

그런 사람들의 대표적인 예가 바로 호더(Hoarder), 즉 저장강박증입니다.

'세상에 이런 일이'이나 'TV 특종' 등의 프로그램을 보면 자주 저장강박증환자들이 등장합니다. 그들은 자기가 누워 잘 자리가 없는데도 불구하고 집안을 잡동사니로 가득 채웁니다. 길거리에서 남이 버린 물건을 집에 갖다 쌓아 놓기만 할 뿐 하나도 버릴 생각은 하지 않습니다.

그들은 버리질 못합니다. 망가진 장난감도, 도저히 쓸 수 없는 가재도구도, 남이 버린 쓰레기 더미도 쌓아놓기만 합니다. 저도 저장강박증 환자를 치료

해본 적이 있습니다. 구멍가게에서 주는 비닐봉지 한 장도 버리지 못하고 집에 보관합니다. 그걸 나중에 사용하고자 하는 것도 아니고 그저 버리질 못하기 때문입니다. 그래서 집은 사람이 사는 곳이 아니라 물건이 점령한 곳이 되어버립니다. 주변에서 아무리 물건을 버리라고 해도 그들은 물건을 버릴 생각을 못합니다. 물건을 버린다고 생각만 해도 불안해지기 때문입니다.

현대인들은 모두 저장강박증 환자

이런 극단적인 저장강박증 환자만 문제가 있는 걸까요?

현대인들은 모두 저장강박증 환자입니다.

이미 쓸모없어진 운동기구나 남 주긴 아깝고 자기가 쓰자니 쓸모없는 물건들이 분명 집안에 있습니다. 우리가 고상한 취미라고 하는 수집품 모으기 또는 컬렉션이라고 하는 것도 저장강박증의 일종일 뿐입니다. 어느 집에 가면 시커먼 수석을 모아놓은 경우가 있습니다. 수석 몇 개 집에 장식하면 되는데 온 방 안과 거실을 돌로 가득 채웁니다. 그것도 갖기만 하고 잃기는 싫어하는 우리의 욕망을 보여주는 것입니다. 어떤 사람은 괴목에 취미가 있어 온 집안을 나무뿌리로 장식을 해놓습니다. 남들이 보면 그저 쓸모없는 나무뿌리인데도 불구하고 본인은 좋다고 온 집안을 다 꾸며서 사람 하나 다닐 곳도 없습니다. 어떤 사람은 효소가 몸에 좋다고 해서, 온갖 과일, 채소, 뿌리, 잎으로 수백 병 이상의 효소를 담가놓고 그걸 자랑스럽게 진열해 놓고 있습니다. 그거 평생 먹지도 못할 분량입니다. 그걸 다 먹었다가는 당분함량이 높은 효소의 특성상 당뇨에 걸리거나 비만이 될 겁니다. 어떤 사람은 온갖 몸에 좋다는 술을 담가서 집안 가득 장식을 해놓습니다. 그 담가놓은 술 다 먹다가는 간경화나 간암으로 아마 죽을지도 모를 분량입니다. 어느 집에 가면 온갖 오래된 카메라부터 수많은 렌즈까지 집안에 가득합니다. 그런데 정작 사진은 별로 찍지 않습니다.

요즘 여자들은 명품 백에 대한 집착을 보입니다. 신상이 나올 때마다 수백만 원 하는 핸드백을 사 모읍니다. 그 핸드백만 들면 내 인생이 필 것 같고, 남들이 나를 부러워할 것만 같습니다. 그래서 시시 때때로, 돈이 없으면 대출을 해서라도 백을 사서 쟁여 놓습니다. 이런 것도 저장강박증의 일종일 뿐입니다. 물건을 쌓아두고 좋아할 뿐 정작 사용은 그리 많이 하지도 않습니다. 어떤 사람은 구두에 대한 집착을 보여서 수십, 수백 켤레의 구두를 사서 한 번도 신지 않고 신발장을 가득 채우기도 하고, 어떤 사람은 명품시계에 대한 저장강박증이 있어 수천만 원짜리 시계를 여러 개 사모아 몇 억 원어치 명품 시계 컬렉션을 하기도 합니다. 일견 고상해 보이는 컬렉션이지만, 제가 볼 때는 아무 짝에도 쓸모없는 쓰레기를 모으고 버리지 못하는 저장강박증 환자와 뭐가 다른지 모르겠습니다.

여러분들도 경험하셨을 겁니다. 물건에 대한 흥미는 오래가지 않습니다. 수천만 원짜리 시계, 수백 만 원짜리 하는 명품 백, 수억 원 하는 외제차, 모두 몇 달이면 질리고 맙니다. 그리고 그걸 버리지 못하거나 팔지 못하고 또 다른 걸 사고 싶고 갖고 싶을 뿐입니다.

저장강박증을 좀 좋게 표현해서 컬렉터라고 할 뿐, 물건에 집착해서 얻기만 할 뿐 조금도 처분하지 못하는 점에선 차이가 없습니다. 그 소장품을 제대로 쓰지도 못하면서, 욕심 때문에 모으기만 할 뿐이죠. 우리는 이처럼 갖는 것만 혈안이 되어 있을 뿐이고, 갖는 것에 갖은 이유를 붙여서 그걸 합리화하고 뭔가 쌓아놓기만 할 뿐입니다. 그런데 결국 그건 물건에 지나지 않습니다.

집안에 쌓아놓은 물건을 한 번 살펴보십시오. 가만히 보면 아무짝에도 쓸모없는 물건이 대부분입니다. 내 욕심 따라 버리지 못해 잔뜩 집안에 들여

놓았을 뿐입니다. 그렇게 우리는 모두 저장강박증을 가지고 있습니다. 그러고는 남들이 뭔가 수집하거나 TV에 나오는 진짜 저장강박증 환자를 보고는 뭐라 합니다. 그렇게 항상 쌓아놓고 우리는 항상 부족해 합니다. 신상품이 나왔으니 새로운 핸드백을 사야 하고, 스마트 TV로 교체해야 하고, 좋은 수석이 나왔으니 또 그걸 사야 합니다. 유행 따라 옷도 새로 사야 하고, 계절 따라 새로 선보인 옷도 필요로 합니다. 이렇게 우리는 저장강박증에 걸려 있으면서도 그걸 아는 사람은 없습니다. 항상 모자라고 결핍된 상태로 지낼 뿐입니다. 왜 우리는 이렇게 갖는 것에만 집착을 하는 걸까요?

그건 우리의 마음이 공허하기 때문입니다. 항상 만족이 없으니, 뭔가로 채워야 합니다. 그게 바로 물건들입니다. 물건을 살 때는 뭔가 희열이 있고 기분이 좋습니다. 하지만 이내 물건에 싫증이 나면 또 다른 물건을 기웃거립니다. 그리고 자기가 가지고 있는 물건이 적다는 생각을 하고 더 많이, 더 좋은 걸 수집하려 하고, 집에 쌓아놓기 시작합니다. 그렇게 하다 보니 집안은 이제 발 디딜 틈이 없을 만큼 물건으로 가득차지만, 우리의 마음은 더 공허해지기만 합니다. 분명 방 한가득 내가 좋아하는 걸로 채운다면, 예를 들면 건담 로봇이나, 희귀한 신발이나, 운동화, 명품 백으로 다 채우고 나면 행복할 줄 알았으나, 여전히 더 많은 걸 원하는 자신을 발견합니다. 그리고 하나도 만족스럽지 않습니다. 항상 결핍감에 시달리면서 더 많은 걸 우리는 가지려고 합니다.

집안에 잡동사니를 쌓아놓고 버리지 못하는 사람보다 더 심하고 더 가망 없는 저장강박증 환자는 은행에 돈을 쌓아놓기만 하고 돈을 쓰지 못해 그걸 붙들고 있는 돈 저장강박증 환자라는 걸 잊지 마시기 바랍니다. 은행에 돈을 넣어놓고, 부동산에 투자를 하고, 돈 되는 것은 모두 다 가지고 있으니 저장강박증으로 보이지 않습니다. 하지만 그 돈 다 짊어지고 죽을 것도 아니고, 돈 많아봤자 자식들이 그 돈 바라보고 일도 안 하고, 그 돈 뺏으려고 혈안이 될 뿐입니다.

이렇게 된 것은 우리가 마음을 돌아보지 않았기 때문입니다. 눈에 보이는 물건에만 가치를 두고, 돈만 소중하다는 생각을 하다보니, 정신적인 가치나 정신적으로 중요한 것이 진정 자신을 행복하게 해준다는 걸 한 번도 생각해 본 적이 없습니다. 정말 중요한 것은 눈에 보이는 것이 아니라 눈에 보이지 않는다는 걸 우리는 잊고 삽니다. 눈에 보이는 걸 수집하고, 모으고, 사느라고 우리는 눈에 보이지 않는 우리의 마음을 제대로 보살핀 적도 없고 돌아본 적도 없습니다. 이런 물건들은 우리의 자아만 강화할 뿐입니다. 남들에게 보여주고 과시하고 드러내기 위한 수단으로 우리는 저장강박증에 빠져 살고 있습니다. 곧 싫증을 내고 또 다른 물건에 집착하고 그걸 사기 위해 우리는 밤낮없이 일을 하고 돈을 벌기 위해 혈안이 되어 자기가 쉴 수 있는 시간을 낭비하고, 항상 분주하고, 바쁘게 살고 있습니다. 우리가 가진 저장강박증만 조금 줄여도 우리의 여가시간은 늘어날 것이고, 우리는 일에서 좀 더 많이 해방될 것입니다.

남을 위해 물건과 돈, 봉사, 헌신을 쌓자

우리가 물건을 통해 무언가를 얻는 데서 오는 만족감은 순간이라고 말씀드렸습니다. 우리가 어떤 물건을 사는 것은 자신을 위한 이기적인 마음에서 비롯된 것입니다. 그런데 조금 마음을 바꾸어, 내 집안에 자신이 좋아하는 걸 쌓아놓지 말고 이 세상에 쌓아놓으면 어떨까요?

그런 것은 돈을 기부하는 것도 포함이 되고, 자기가 쓰던 옷이나 물건을 필요한 사람에게 나눠 주는 것도 됩니다. 그런 식으로 내 집이 아니라 내 집 밖에 남을 위해 쌓아 놓는 것은 질리지 않습니다. 나를 위해 쌓아 놓으면 공허하지만 남을 위한 저장강박증은 절대 공허하지 않고 자신의 마음이 충만해집니다. 플랜, 굿네이버스, 유니세프 등의 인터넷 사이트에 들어가 로그인 하고, 자신이 지금까지 기부한 액수와 날짜를 들여다본다고 생각해 보십시오. 자신이 지금까지 기부한 돈의 액수와 자매결연한 아이들이 나오고, 자신이 도와주었던 항목들(필리핀 재난이나, 말라위의 기아 사태, 수단의 내전으로 인한 난민 돕기 등)이 쭉 적혀 있는 것을 보게 됩니다. 그걸 보게 될 때마다 그것은 누구에게 과시하기 위한 것도 아니고, 누구의 눈에 띄기 위한 것도 아닌, 온전히 자신을 위한 것이 적혀 있는 기록들입니다. 그리고 그런 기록들은 절대 질리지 않고 항상 자신에게 만족감을 줍니다. 제대로 된 저장강박증은 집과 자기통장이 아니라 이런 기부단체에 돈과 물건, 자신의 봉사를 쌓아놓는 겁니다. 이런 저장강박증에 제대로 걸리셨으면 합니다. 그런 병에 걸리면 정말 행복해집니다.

자기 집이 커봤자 얼마나 크겠습니까? 자기 집만 빼고 이 세상을 둘러보면 그 얼마나 넓은 세상입니까? 저 넓은 공간을 마음껏 사용하니 마음은 정말 가벼워지고, 자기 집에 쌓아놓지 않아도 되니 집을 넓게 쓸 수 있습니다. 그런데 사람들은 자기 집안에만 쌓아놓고 그걸 꼭 움켜쥐고 살고 있습니다.

자기 집 밖에, 남을 위해 물건과 돈과 봉사와 헌신을 쌓아놓으십시오. 그러면 아무리 쌓아도 절대 채워지지 않을 만큼의 무한한 공간이 우리 앞에 펼쳐져 있습니다. 왜 굳이 좁아터진 자기 집에만 뭔가를 쌓아놓으려고 하십니까. 자기 집뿐 아니라 집 밖의 무한한 공간도 다 우리 것입니다. 자기 집안에 있는 것만 자기 것이라고 생각하니깐 이렇게 마음이 비좁아지고 항상 뭘 쌓아놓아도 마음이 허전한 겁니다.

내 집 밖에 뭔가를 쌓는 것을 불교에서는 바라밀공덕이라고 부릅니다. 우리 집에 쌓아놓은 물건, 귀중품, 돈은 언젠가는 없어지지만, 자신이 쌓아놓은 바라밀공덕은 절대 없어지지 않습니다. 그건 누구도 뺏어갈 수 없습니다. 그러니 제대로 된 저장강박증 환자가 됩시다. 세상 밖에 쌓아놓고 누구든 필요한 사람이 가져다 쓰도록 합시다. 그렇게 세상이 돌아간다면 내가 뭔가 필요로 하게 되면, 남이 쌓아놓은 것에서 얻어다 쓸 일이 분명히 생깁니다. 물론 내가 쌓아놓은 것은 누군가 요긴히 쓰게 되고요. 그렇게 되면 남의 것도 내 것이요, 내 것도 남의 것이 되니 얼마나 큰 부자가 되는 겁니까? 그러니 두려울 게 없어지지요. 그렇게 큰마음 내서 사시기 바랍니다.

당신의 생각이 당신을 속이고 있다

29.

오만과 편견

다들 자신 안에 존재하는 오만함을 보고 싶어 하지 않습니다.
자신은 겸손하고 법을 잘 지키는 소시민이며, 모범적인 사회의 일원이라고 생각합니다.
그러나 우리의 내면에는 모든 것이 다 들어 있습니다. 우리가 악이라고 생각하는 시기, 질투, 집착,
탐욕 그리고 오만함도 우리는 가지고 있습니다. 이런 성향은 가슴속에 내재되어 있다가,
다른 사람이 그런 안 좋은 면을 보이면 그 사람의 잘못으로 모두 몰아 부치게 됩니다.

대한항공 조현아 부사장이 땅콩이 담긴 봉지를 뜯어서 접시에 담아주지 않았다는 이유로, 자신이 타고 있던 비행기를 회항시키고, 사무장을 내리게 한 사건이 있었습니다. 그 당시 '종편방송'에서는 이 사건에 대한 논평과 조현아 부사장에 대한 비난을 입에 거품을 물면서 쏟아 내고 있었습니다.

저는 종편방송을 볼 때마다 그런 생각을 합니다. '누구에 대한 비난을 왜 저리 쏟아내나. 불교에선 입으로 지은 죄를 구업(口業)이라 하는데, 그 죄를 다 어찌할꼬.' 하는 생각을 합니다. 그중에는 맞는 말도 있겠지만, 근거 없고 불필요한 비난과 비판도 너무나 많이 섞여 있기 때문입니다.

사건 당시 '땅콩회항' 사건에 대한 인터넷 기사의 댓글을 보면 욕설이 넘쳐나고 그에 대한 비난이 엄청났습니다. 이분들도 글로 지은 죄를 어찌 할까 하는 생각을 했었습니다.

이 사건은 한마디로 개인의 오만이 얼마나 클 수 있는지 보여주는 사건입

니다. 저도 처음에 이 기사를 봤을 때 심정적으로 또 실제로 당사자에 대해 비난을 하고 어찌 저럴 수 있나 하는 생각이 들었습니다. 그런데 가만 생각해보니, 저도 저런 오만함에서 자유로울 수 없다는 걸 알게 됐습니다. 저 자신이 오만한 생각을 했었고, 오만한 행동을 했던 적이 많았는데 누가 누굴 욕할 수 있나 하는 생각이 들었던 겁니다.

만약 제가 조 부사장처럼 아무런 어려움 없이 자라고, 주변에서 떠받들어 주고, 3세 경영인으로 젊은 나이에 임원에 올랐다면 나라고 해서 저러지 않는다고 할 수 있을까 하는 생각 말입니다. 물론 조 부사장처럼 대놓고 그런 오만함을 드러내진 않더라도, 은근히 교묘하게 나의 우아함을 드러내면서, 그리고 아주 교양 있는 척하면서 그런 오만함을 드러냈을 거란 생각이 들었습니다. 그런 생각이 드니 더 이상 그녀를 욕할 수 없더란 겁니다.

자신 안에 존재하는 오만함 대신 남을 비난한다

제가 의과대학을 졸업하고 갓 의사가 돼서 인턴이 되었을 때입니다. 그때 하얀 가운을 새로 병원에서 지급받고 '이제 나는 가수다.'가 아니라, '나는 의사다.'라는 계급장을 단 것입니다. 환자들은 인턴을 가장 무시하지만, 학생 때는 환자한테 치이고, 선배 레지던트한테 치이면서 눈칫밥 먹고 살지 않아도 되기 때문에 저는 인턴이 의사의 꽃이라고 생각합니다. 그때 나이가 겨우 26세에 불과했습니다. 그리고 세브란스병원이란 커다란 병원의 의사라는 헛된 자부심까지 있었습니다. 호가호위라고 할 수 있겠죠. 당시 인턴으로 응급실 근무를 할 때입니다. 응급실에는 작은 병원에서 치료할 수 없는 환자들이 종종 오곤 했습니다. 그래서 작은 병원에서 환자를 데리고 오는 직원들을 무시하곤 했던 기억이 납니다. 가뜩이나 24시간을 꼬박 잠도 못자고 근무하는데 개인병원에서 환자를 보내니 짜증이 나는 겁니다. 그러면 그 환자를 데려온 작은 병원의 직원에게 은근히 시비를 겁니다. 어떤 처치를 했는지, 왜 그 병원에선 이런 환자 처치를 못하는지 하고 말입니다. 그리고 이 환자를 보내온 개인병원의 의사를 무시하곤 했습니다. 그런데 의학적 소견으로 봐도 분명 작은 병원에서 치료할 수 없는 환자라는 걸 알면서도 제가 마치 세브란스병원장이라도 되는 양 우쭐대며 환자를 데려온 직원을 몰아세웠던 겁니다. 참 부끄러웠던 일입니다. 그래서 저는 제 성격을 알기에, 또 제가 그런 경험을 했기에 저는 조 부사장에게 돌을 던지지는 못하겠습니다. 그 사람의 행동이 정당하다는 얘기가 아닙니다. 제 내면에도 그런 오만함이 숨겨져 있는데 제가 누굴 욕할 수 있냐는 겁니다. 그리고 저도 분명 저런 짓까지는 아니라도 비슷한 짓을 했을 겁니다. 내가 누군데 너희들이 나를 이런 식으로 대우할 수 있냐고 생각하면서 말입니다.

성경에 나오는 "간음한 여인에게 죄 없는 자 돌을 던지라."고 했을 때, 저는 돌을 들었다가 내려놓는 한 사람이었을 겁니다.

심리학 용어에 투사라는 말이 있습니다. 자기 안에서 버리고 싶은 자신의 어떤 특성을 다른 사람이나 집단에 투사하는 것을 말합니다. 이번 사건은 집단적 투사가 일어난 겁니다. 다들 자신 안에 존재하는 오만함을 보고 싶어 하지 않습니다. 자신은 겸손하고 법을 잘 지키는 소시민이며, 모범적인 사회의 일원이라고 생각합니다. 그러나 우리의 내면에는 모든 것이 다 들어 있습니다. 우리가 악이라고 생각하는 시기, 질투, 집착, 탐욕 그리고 오만함도 우리는 가지고 있습니다. 이런 성향은 가슴속에 내재되어 있다가, 다른 사람이 그런 안 좋은 면을 보이면 그 사람의 잘못으로 모두 몰아 부치게 됩니다. 그래서 더욱더 우리는 조 부사장에게 심한 비난과 욕설을 퍼부어댄 겁니다. 내 자신 안에 존재하는 오만함을 보고 싶지 않기 때문입니다. 내가 남보다 잘났으며, 남들이 나를 알아줘야 하며, 내가 누군데 너희들이 함부로 나에게 그럴 수 있느냐는 생각들 말입니다. 그런 성향은 누구에게나 존재합니다. 그래서 참 아쉬운 것은 어느 누구도 자신에게도 그런 점이 있다는 반성의 댓글이 없다는 것입니다.

노블리스 오블리제(Noblesse Oblige)라는 말을 많이 씁니다. '귀족성은 의무를 갖는다.'는 뜻입니다. 보통 부와 권력, 명성은 사회에 대한 책임과 함께 해야 한다는 의미로 쓰입니다.

여기서 노블리스 오블리제의 어원이 어디서 나왔는지 한 번 살펴볼 필요가 있습니다. 14세기 백년전쟁 당시 프랑스의 도시 '칼레'는 영국군에게 포위당한 채 항복을 하고 맙니다. 칼레시의 항복사절단이 영국 왕 에드워드 3세에게 자비를 구하게 되고, 영국 왕은 이런 조건을 내겁니다. "모든 시민의 생명을 보장하는 조건으로 누군가가 그동안의 반항에 대해 책임을 져야 한다."며 "이 도시의 대표 여섯 명이 처형을 당해야 한다."고 말합니다. 이때 칼레시민들은 혼란에 처했고 누가 처형을 당해야 하는지를 논의했습니다. 모두가 머뭇거리는 상황에서 칼레시에서 가장 부자인 '외스타슈 드 생 피에르(Eustache de St Pierre)'가 죽음을 자청하였고, 이어서 시장, 상인, 법률가 등의 귀족들도 처형에 동참하게 된 겁니다. 다음날 처형을 받기 위해 교수대에 모였으나 임신한 왕비의 간청을 들은 영국 왕 에드워드 3세는 죽음을 자처했던 시민 여섯 명의 희생정신에 감복하여 살려주게 됩니다.

이것이 바로 노블리스 오블리제의 어원이 되었던 사건입니다. 그런데 저는 노블리스 오블리제란 말을 들으면 도리어 차별받는 느낌이 들어서 별로 좋아하지 않습니다. 아니 명예도 있고, 지위도 있고, 돈도 많은 사람들만 이런 멋진 행동을 해야 합니까? 그렇지 않은 사람들이 이런 행동을 하면 안 되나요? 그리고 그들에게만 이런 좋은 역할을 맡겨야 하나, 우리가 하면 안 될까 하는 생각을 해본 겁니다. 한 번 가는 인생, 다들 멋지게 살고 싶잖아요. 노블리스 오블리제가 별건가요. 남을 위해 자기 손해 좀 더 보면 되는 거고, 남들 대신 좀 어려운 일 맡아서 해주면 되는 거고, 부자가 몇 억씩 기부할 때 난 단돈 몇 만 원이라도 기부하는 거죠. 이런 좋은 일마저 모든 것을 다 가진 사람에게 미루고 나면 도대체 우리가 할 수 있는 좋은 일은 뭐가 남겠습니까? 우리도 그런 것쯤은 충분히 할 수 있는 일입니다. 그러니 그들이 하기 전에 우리가 먼저 하면 우리가 복도 짓고, 좋은 일 하니 기분도 좋아지고 얼마나 행복해집니까.

조건만 맞으면 우리도 내재된 오만함을 드러낼 수도

우리는 평소에 자신의 오만함을 드러내지 않는지 살펴봐야 합니다.

여러분, 나보다 돈이 없다는 이유로, 나보다 못 배웠다는 이유로, 나보다 지위가 낮다는 이유로 다른 사람을 무시하고 함부로 대했던 적 없는 분 있나요? 편의점이나 커피숍에만 가도 자기 자식 같은 나이라고 생각해서 그런지 직원들에게 반말하고 함부로 대하는 사람들 많습니다. 우리 의원에도 직원들에게 다짜고짜 반말하고 함부로 대하는 사람들도 많고요. 전화로 욕설을 퍼붓는 사람들도 있습니다. 함부로 대할 수 있는 위치에 있다고 생각하기 때문이겠죠.

식당에 가보세요. 거기서 매니저 나와라, 사장 나와라 하면서 서비스가 엉망이라고 난동 부리는 사람들도 있습니다. 제가 볼 땐 별 실수도 없는 것 같은데 말입니다. 또한 솔직히 말해서 탈북자나 동남아 노동자들 무시하잖아요. 말투만 들어보곤 '아, 탈북자구나.' 하면서. 그들도 남한에서 열심히 살려고 노력하는데, 내가 낸 세금가지고 호의호식하고 사는 것처럼 느끼지 않으셨나요? 동남아 근로자들에겐 무조건 반말을 하곤 하죠. 장사하는 사람들도, 음식을 파는 사람들도 그들은 그냥 하층민으로 취급하잖아요. 그런데 백인들한텐 잘해주잖아요. 백인들이 길이라도 물어보면 우린 열심히 그 백인에게 손짓발짓도 모자라 직접 몇 십 분씩 걸리는 길까지 데려다 주기도 하잖습니까? 그러나 흑인이나 동남아 노동자들이 길을 물으면 어때요? 그냥 모른다고 하고 지나가 버립니다. 그래서 우리나라는 백인들이 보기에 너무나 친절하고 다정한 사람들이 사는 곳이고, 흑인이나 동남아인들이 볼 때는 정말 불친절하고 차별이 심한 나라인 겁니다. 이런 이중성은 내가 너보다 낫다는 오만함에서 나오는 것이고, 이런 데서 자유로운 사람이 얼마나 될까요?

예전에 제가 알고 있던 사람이 있었습니다. 아내가 고등학교밖에 못나왔다고 그렇게 흉을 보는 거예요. 그러더니 같은 회사의 직원이 듣도 보도 못한 무슨 지방의 전문대를 나왔다고 하면서 그렇게 무시를 하는 겁니다. 그러니 식당에 가서도 조금만 자신에게 서비스가 모자란다고 생각하면 식당 주인 만나서 항의하고, 식당 직원한테 면박을 줍니다. 그건 자기 자신도 남에게 내놓을 만한, 소위 말하는 명문대를 나오지 못해 가지고 있는 콤플렉스 때문입니다. 그렇게 사람들을 대하니 직원들이 그 사람을 존경할리 없지요.

예전에 저희 형님이 자전거 대리점을 한 적이 있습니다. 제가 자전거를 좋아해서 자주 놀러갔던 적이 있습니다. 그러면 참 많은 사람들이 오는데 우리가 말하는 진상손님들이 있습니다. 일단 자기가 천만 원짜리 자전거가 집에 몇 대나 있다고 얘기를 하고, 몇 천만 원짜리 자전거도 타봤다고 자랑을 합니다. 그리고 젊은 직원들에게 존댓말을 절대로 하지 않습니다. 무조건 반말을 하고 자기 머슴 부리듯이 부려댑니다. 참 안타까운 건, 건실하게 또 정직하게 젊은이들이 살아보겠다고 자전거를 수리하고, 기름칠하고, 조립하고, 또 한 대라도 더 팔아보겠다고 그리 애를 쓰는데, 그런 손님들이 와서 무시하고 자기 머슴 부리듯 하는 게 안타까웠습니다. 그런데 의외로 그런 손님들이 많다는 겁니다. 손님이 왕이기 때문입니다.

이런 오만함은 조 부사장만의 문제는 아닙니다. 우리 내면 안에 존재하는 것이고, 자신도 누구에게 대우받지 못했다고 해서, 나를 인정해 주지 않았다는 이유로, 내가 누군데 하는 생각으로 일상적으로 벌이고 있는 것이란 걸 잊지 마셔야 합니다. 성경말씀에 '남의 눈의 티는 보면서 자기 눈의 들보는 보지 못한다.'는 것과 같습니다.

저는 조 부사장에게 욕을 하는 게 중요한 게 아니라, 그 사람을 통해 우리 안에 존재하는 오만과 편견을 볼 수 있는 계기가 되었으면 합니다. 그녀도 내가 누군데 나한테 이런 대우를 해줄 수 있냐는 데서 시작된 겁니다. 하지만 우리는 전자제품의 A/S 담당직원에게, 동사무소 민원 담당자에게, 심지어 경찰관에게까지 오만과 무례를 보입니다.

얼마 전 300만 원으로 100억 원을 번 주식전문가인 슈퍼개미가 법정구속 되었다고 합니다. 술에 취해 경찰관들에게 너희들 1억씩만 쓰면 다 없애버릴 수 있다고 하면서 난동을 부린 겁니다. 여러분, 남들 욕할 거 없습니다. 언제든 조건만 맞으면 우린 언제든 조 사장 같은 행동을 하는 게 우리라는 걸 잊으면 안 됩니다. 그녀는 별종이 아닙니다. 우리도 그녀와 같은 인간입니다. 우리가 잊지 말아야 할 것은 우리 모두 어떤 조건이 갖춰지면 그녀보다 더 오만한 행동을 할 수 있으며, 우리가 오만 불손하다고 여기는 그녀도 어떤 조건이 맞으면 어떤 사람보다 더 큰 선한 행동을 할 수 있다는 것입니다.

그런 예를 들어 드리면 제가 아는 한 사람은 대학교 다닐 때 참 어렵게 공부해서 졸업을 했습니다. 그때는 겸손하고 검소했습니다. 하지만 나중에 돈을 많이 벌자 남들을 무시하기 시작하고, 어디 가든 자신이 대우받지 못하면 짜증을 내고 화를 내는 겁니다. 이건 사람이 변한 게 아니라 그런 씨앗이 그 누구에게나 있다는 겁니다. 조건, 즉 환경에 따라 우리는 우리 안에 존재하는 어떤 것이 쏟아져 나올지 모른다는 걸 잊지 마시기 바랍니다. 내 안에 존재하는 오만과 잘난 체가 나올 수도 있으며, 천사와 자비의 화신이 나올 수도 있다는 겁니다. 그러니 이 사건이 우리 자신을 돌아보는 계기로 삼고 내가 현재 하고 있는 '갑질'은 없는지 한 번 살펴보시기 바랍니다. 그 갑질은 어느 누구도 자유롭지 못하다는 것을 잊지 마시기 바랍니다. 나 자신만이 겸손하고, 자비롭고, 착하고, 남을 배려하는 사람이라는 사실 자체가 바로 가장 큰 오만과 편견입니다.

당신의 생각이 당신을 속이고 있다

15분.
위대한 마음

30. 별에서 온 그대, 무엇이 두려운가

31. 심청이 인당수에 빠진 이유

32. 사람답게 사는 법

33. 아디오스 노니노(Adios Nonino)

34. 큰 부자가 되는 법

35. 트랜스젠더 잔혹사
    – 남자가 되고 싶은 여자, 여자가 되고 싶은 남자

별에서 온 그대, 무엇이 두려운가

인생을 긴 우주의 역사에 대비하여 보십시오. 그러면 지금 가진 내 문제의 가벼움을 느낄 겁니다.
지금 당장 내게 떨어진 문제들, 내가 겪어야 할 어려움들.
이런 것들은 수백만 년의 인류역사와 수십억 년의 지구 역사 속에서 아무것도 아닙니다.
수많은 우리의 조상들도 똑같은 문제를 가지고 있었으나, 이제 그들은 없습니다.

우주의 생성은 빅뱅(Big Bang)이론으로 설명이 되고, 이제 빅뱅은 정설로 굳어졌습니다. 140억 년 전 대폭발과 함께 우주는 생겨나게 되었고, 이후 우리 은하계가 생기고, 45억 년 전 지구가 생겨나게 되었습니다. 참 우리가 상상할 수도 없는 시간입니다. 이제 우리는 겨우 21세기에 살고 있으니 말입니다. 이후 커다란 행성이 지구와 충돌하는 바람에 달이 생겨나게 되었습니다. 달은 아무런 역할을 하지 못하고 있는 것 같지만 달이 없다면 지구의 축은 계속 움직이게 되어 지구의 날씨는 온탕과 냉탕을 오고 갈 것입니다. 달이 지구의 축을 잡아주기 때문에 이렇게 우리는 항상 예측할 수 있는 날씨를 유지할 수 있고, 생명도 존재할 수 있는 겁니다.

그리고 빅뱅으로 인해 생긴 여러 가지 원소들은 서로 화학작용을 일으켜 더 많은 원소들이 만들어집니다. 거기에는 금, 은, 철, 수은, 백금, 나트륨, 칼슘, 수소, 산소, 질소, 물까지 생겨난 것이죠. 우리 몸을 구성하는 원소들은 거슬러 올라가면 우주가 생긴 때부터 만들어진 원소들로 구성되었다고 해도 틀린 말은 아닙니다. 우리 몸 안에 130억 년의 역사가 담겨 있는 겁니다.

지구의 커다란 위기로부터 인간은 비롯되었다

인간의 가장 먼 조상은 지구의 위기로부터 시작되었습니다. 6,500만 년 전 소행성이 지구에 충돌하는 바람에 1억 7천만 년이나 지구를 지배했던 공룡이 전멸하고 말았습니다. 그때 아주 작은 포유류였던 인간의 조상은 살아남은 것이죠. 쥐처럼 아주 작은 포유류였습니다. 그 작은 생명이 몇 천만 년간 진화를 거듭하면서 인류가 된 겁니다. 그러니 인간은 지구의 커다란 위기로부터 비롯되었던 것입니다.

고생인류는 230~240만 년전 오스트랄로피테쿠스에서 진화되었습니다. 그리고 우리가 말하는 직계선조인 호모사피엔스, 즉 현생인류는 15만 년 전에 지구에 나타납니다.

그러다가 7만 년 전 짧은 빙하기로 인해 우리의 인류는 2천명까지 줄어들어 멸종위기에 놓이게 됩니다. 그러나 이 위기를 벗어나게 됩니다. 그리고 4만 년 전 용기 있는 인간의 무리가 드디어 아프리카 대륙을 떠나 유럽으로 들어갑니다. 아프리카와 유럽 사이에 놓여 있는 바다를 건너는 모험을 한 겁니다. 딱 한 차례만 아프리카에서 유럽으로 한 무리의 인류가 바다를 건넙니다. 그때 건너갔던 한 무리의 인간들이 유럽, 아시아, 오세아니아, 아메리카 대륙으로 퍼져 나간 것입니다. 그 딱 한 번의 항해를 했던 용감한 인류의 후손들이 우리들인 것입니다.

자, 그럼 우리 인류 이전에 생명은 어디서 기원했을까요? 생명의 기원설에는 여러 가지 학설이 있습니다. 그중에 한 가지가 운석에 실려서 미생물이 지구에 도착했다는 설이 있습니다. 외계의 생물체가 미생물의 존재로 지구에

도착했고, 지구 환경에 적응하고, 그것이 진화하면서 여러 가지 생물로 나누어지게 되었고, 궁극에는 인류가 만들어졌다는 겁니다.

그러니 우리는 어쩌면 어떤 별에서 온 존재인지도 모릅니다. 140억 년의 세월동안 그리고 인류의 탄생부터 지금까지 우리는 시간의 장엄한 흐름 앞에 겸손해질 필요가 있습니다.

인류의 역사동안 위대한 장군도, 비열한 정치가도 사라져갔습니다.

인류의 위대한 스승도 그의 훌륭한 제자들도 사라졌습니다.

농부도, 목동도, 양치기도 사라졌습니다.

권력에 눈이 멀어 왕권을 찬탈했던 자도, 그 왕권을 빼앗긴 자도 이제 이 세상엔 없습니다.

사랑에 눈이 멀어 어떤 여자를 사랑했던 남자도, 어떤 남자를 사랑했던 여자도 이제 없습니다.

자신의 주머니를 채우기 위해 백성들을 괴롭혔던 관리도, 그의 탐욕에 놀아났던 백성들도 없습니다.

전 세계를 지배하겠다고 야욕에 불타던 독재자도 사라져갔습니다.

그의 명령으로 죽어갔던 수백만의 무고한 인류도 사라졌습니다.

인류의 역사를 기록했던 많은 문헌도 사라졌습니다.

또한 영원하리라 믿었던 고대 왕국의 궁전도 사라졌습니다.

피라미드를 짓기 위해 모였던 그 수많은 노동자들도 사라졌습니다.

그 모든 인간들은 자신이 영원하리라 믿었지만 이렇게 모두 사라져갔습니다.

이게 인류역사입니다.

그러니 인생을 긴 우주의 역사에 대비하여 보십시오.

그러면 지금 가진 내 문제의 가벼움을 느낄 겁니다. 지금 당장 내게 떨어진 문제들, 내가 겪어야 할 어려움들. 이런 것들은 수백만 년의 인류역사와 수십억 년의 지구 역사 속에서 아무것도 아닙니다. 수많은 우리의 조상들도 똑같은 문제를 가지고 있었으나, 이제 그들은 없습니다. 우리도 또 사라질 것이고, 후손이 그 자리를 메워갈 것이며, 그 후손도 또한 사라지며, 다음 후손에게 그 자리를 맡길 겁니다.

여러분, 우리는 별에서 왔을지도 모릅니다. 별에서 왔든, 지구에서 만들어졌든 수십억 년의 기나긴 여정 속에 우리는 지금 여기 와 있는 겁니다.

인류는 배고픔과 질병, 맹수의 습격 속에서 버텨내며 유전자를 다음 후손에게 넘겨주었습니다. 겨우 2천명에 불과했던 인류는 지금 60억이 되었습니다. 지금 우리가 물려받은 유전자는 아주 강인하게 살아남은 인류 조상의 것들입니다. 그러니 두려워하지 마십시오. 그들보다 우리는 더 좋은 환경과 더 좋은 상황에서 살고 있지 않습니까? 두려워할 것은 없습니다.

그리고 지금 시급히 놓여있는 문제들, 즉 어려움들, 고통들. 이런 것들을 잠시 내려놓으시기 바랍니다.

지금만 보지 말고, 인류의 긴 역사 속에서

앞서 살았던 수많은 우리의 조상들도 우리와 똑같은 문제와 고민과 고통을 갖고 있었지만 그들은 지금 없습니다. 그저 모든 것은 사라져갈 뿐입니다. 그렇게 생각하면 우리의 문제가 조금 가벼워지지 않을까요? 그 수많은 사람들이 욕심과 욕망과 재산과 부를 향해 달려 들었고, 자신의 치적을 남기고자 많은 사람을 죽이기도 했으며, 돌에 새겨 자신의 업적을 남기고자 했습니다. 그러나 그들은 이제 모두 없습니다. 지금 어떤 이는 자신의 이름을 남기고자 애를 쓸 수도 있고, 지금 더 많은 재산을 늘리고자 혈안이 되어 있는 사람도 있을 수 있으며, 자식이 잘되기만을 고대하고 거기에 자신의 인생을

당신의 생각이 당신을 속이고 있다

건 사람도 있을 겁니다.

하지만 지금만 보지 말고 장엄한 우주의 역사, 장대한 지구의 역사 그리고 파란만장한 인류의 역사를 돌아보시기 바랍니다. 시야를 넓혀서 전체적인 그림을 보신다면, 조금은 우리의 근심이 사라질 것입니다.

그 수많은 사람들, 역사 속으로 그리고 역사의 뒤안길에서 사라졌던 많은 사람들도 우리와 똑같은 고민과 고통과 갈등 속에서 하루하루를 보냈다는 것입니다. 하지만 그들의 고통과 고민, 갈등은 다 어디로 가버렸습니까? 그들과 함께 모두 사라지고 말았습니다.

우 조티카 사야도가 이런 말을 했습니다. "너무 많은 일을 하지 말고 되도록 잠을 많이 자고 휴식을 많이 취하라."고 말입니다. 우리는 수많은 전생에서 얼마나 많은 일을 해왔는데, 이번 생에서마저 그렇게 열심히 일을 해야 할 필요가 있냐고 말입니다. 이번 생에서만은 제발 일을 적게 하고 되도록 많이 쉬라고 조언을 해주었습니다.

여러분, 지금 겪고 있는 문제들, 고통들, 고민들. 이런 것들 다 스러져갈 뿐입니다. 다 없어지고 사라지고, 우리의 흔적조차 남아 있지 않게 되는 게 우리의 운명입니다.

그러니 하루하루의 일에 너무 매달려 끙끙 앓지 마시기 바랍니다. 그리고 너무 미래의 일에 대해 걱정하고 고민하지 마시기 바랍니다. 한번 밤하늘을 바라보십시오. 저 멀리 은하계에서 온 빛은 10억 광년이 걸려 도달하기도 합니다. 우리가 보는 저 별이 10억 년 전에 보낸 빛입니다. 그러니 그 별은 이미 사라졌을 지도 모릅니다. 그런데 우리는 저 별이 아직 존재하고 있다고 생각하고 있습니다. 우리의 고민이나 고통, 하루하루 살아가면서 겪는 어려움도 마찬가집니다. 우리가 너무 고달프고 힘들다고 여겼던 것들이 어쩌면 아무것도 아니며, 사실은 우리 마음속에서 만들어낸 것들에 불과한지도 모릅니다.

존재하지 않은 고통, 존재하지 않은 고민, 존재하지 않는 두려움을 우리는 만들어내고 있습니다. 그걸 머릿속에 만들어 내고는 끙끙 앓고 있습니다.

제가 우주의 역사에서부터 지구의 역사, 인류의 역사까지 들먹인 것은 한 가지 이유 때문입니다. 넓게 아주 넓게, 깊게 아주 깊게 그리고 지금 우리가 서 있는 지구가 존재하기까지의 시간을 한번 생각해 보십시오. 우리의 걱정이란 것이 얼마나 사소하고 무의미한 것들인가요? 다시 말씀드리지만 인류 역사 15만 년 동안 우리 조상들이 고민했던 그런 문제들과 현재 우리의 고민과 고통은 별로 차이가 없다는 겁니다. 그렇지만 그들은 이제 모두 사라져갔고, 그들의 고민은 도대체 존재했는지 모를 정도로 잊혀져 갔습니다. 그렇게 커다란 시야에서 한 번쯤은 우리의 고민과 고통을 들여다봤으면 합니다.

그래서 우리는 가끔 밤하늘의 별을 보고, 지루하지만 과거 우리의 역사 책을 읽어봐야 하고, 그들은 도대체 어디에 갔는지 생각해 봐야 합니다. 그렇게 생각한다면 우리는 지금 이 시간이 얼마나 소중하며, 현재가 얼마나 위대한 순간인지 알게 될 것입니다.

내가 지금 만지고, 느끼고, 겪고 있는 현재의 시간은 나만이 오롯이 누릴 수 있는 것입니다. 그것만이 내 손에 쥘 수 있는 것입니다. 내가 원하고, 가지고, 바랐던 모든 것들은 다 스러져 갑니다. 그리고 그 누구도 기억해주지 않고 기억해주지도 못합니다. 후세에 무엇을 남기기 위해 애쓰지 마십시오. 후세에 이름을 떨치기 위해 고생하지 마십시오. 그저 현재만이 내가 가질 수 있는 것입니다. 그리고 그것은 내 자신의 우주 속에서 영원히 존재합니다.

당신의 생각이 당신을 속이고 있다

31

심청이 인당수에 빠진 이유

당장 죽고 싶고, 당장 여기서 헤어나지 못할 것 같고, 당장 죽을 것 같은 고통이 몰아칠 때가 있습니다. 하지만 살아만 계십시오. 그 고통은 분명 선물을 가져다줍니다. 살아만 계십시오. 내가 생각하고 내가 규정했던 것들은 나를 기만했던 것들이 대부분입니다. 그런 기만들을 고통이, 고난이 벗겨 줄 겁니다. 그저 살아만 계십시오.

심청전을 보면 심청이 공양미 삼백 석에 팔려 인당수에 빠지는 장면이 나옵니다.

심청이는 이제 다 살았구나 하고 깊고 깊은 바다 속으로 뛰어 들었습니다. 그런데 이게 왠일입니까? 그녀 앞에 펼쳐진 것은 저승 문이 아니라 용궁인 겁니다. 그렇게 해서 용왕의 후한 대접을 받고, 앞을 못 보던 아버지도 눈을 뜨게 됩니다.

이 민담에는 아주 깊은 심리적인 상징성이 숨어 있습니다.

여기서 심청이가 이후 황후가 되고 부유하게 살았다는 것은 우리 마음속의 지평이 넓어지고, 우리 마음이, 우리 생각이 풍요로워졌다는 것을 의미하는 것입니다.

우리가 죽을 것 같은 고통이나 고난 앞에서 죽지만 않고 버틴다면, 우리마음은 도리어 풍요로워질 수 있고, 용궁이라는 새로운 차원이 열린다는 의미입니다.

그걸 단적으로 보여주는 예가 아주 흔한 영화의 스토리들입니다. 일단 주인공은 심한 고통이나 고난 그리고 인생의 밑바닥으로 떨어져야 합니다. 그래야 그 주인공은 인생의 진리를 깨닫고, 어떤 것이 인생에서 정말 중요한 것인가를 알게 됩니다.

고통과 고난이 커다란 선물을 주고 간다

〈제8요일〉이란 영화에서 세일즈기법 강사인 다니유 오떼이유가 연기한 아리는 출세 지향적으로 살다보니, 아내와 자식에게 버림받고 혼자 지내는 우울한 직장인으로 나옵니다. 그는 자살을 결심하고 권총을 입에 물지만 차마 자살을 하지는 못합니다. 그렇게 인생의 바닥에 내동댕이쳐진 후 그는 자폐증 환자인 조지를 만나게 되면서, 그가 하찮게 여겼던, 그리고 전혀 쓸모없다고 여겼던 인간의 감정에 관심을 두게 됩니다. 그리고 그는 그제야 가족의 품으로 돌아갑니다.

영화 〈레인맨〉도 마찬가지죠. 스포츠카를 수입해서 파는 톰 크루즈는 파산지경에 이르게 됩니다. 그때 우연히 아버지의 유산이 자신이 모르고 있던 형에게 상속되었다는 것을 알고 형의 유산을 가로채기 위해 자폐증인 형을 납치하다시피해서 데려갑니다. 그런데 그 답답한 형과 같이 지내다 보니, 그의 마음이 열리기 시작한 겁니다. 물론 그는 물질적으로 파산상태였고, 여자친구마저 떠나가 버린 극단적인 상황까지 내몰립니다. 그렇지만 그는 인생에 있어 소중한 것은 돈도, 재산도 아니라는 것을 알게 됩니다. 어린 시절 자신을 돌봐주었던 형과의 추억과 자신에게 이제 가족이 생겼다는 그런 감정적인 따스함이야말로 가장 소중하다는 것을 깨닫게 됩니다.

영화 〈버킷리스트〉도 마찬가지죠. 잭 니콜슨은 안하무인의 부자입니다. 그가 마시는 그 비싼 루왁커피가 그걸 상징하죠. 하지만 그는 시한부 인생을 선고받고 나서야, 자신이 가진 재산도, 명예도 다 부질없다는 것을 알게 됩니다. 그래서 죽기 전에 하고 싶은 일을 다해보고, 자신의 딸과 화해를 합니다.

아주 진부한 상식이고, 진리 중의 하나는 우리가 그토록 싫어하는 고통이나 고난이 우리에게 커다란 선물을 주고 간다는 겁니다. 이걸 모르는 사람은 없습니다. 하지만 그걸 마음에 되새겨 보고, 지금의 고통이나 고난이 나에게 어떤 선물을 주었는가 하고 새겨보는 사람은 없습니다. 그저 내가 잃어버린 재산, 내가 잃어버린 명예, 내가 잃어버린 건강만 생각할 뿐, 내가 받은 것들은 아무것도 생각하지 않으려 합니다.

가만히 따져 보십시오. 고통과 고난이 지난 후, 아니 고통과 고난 속에서도 내가 받은 선물은 무엇인가? 따져 보시기 바랍니다. 분명 그것은 있습니다.

니체는 이런 말을 했습니다. "내가 죽지 않을 만큼의 고통은 나를 오히려 강하게 해 준다."고 말입니다.

하지만 어느 누구도 고난이나 고통, 신체적인 질병을 원하는 사람은 없습니다. 그런 것들은 내 인생에서 피해나가기를 다들 바랍니다.

그러니까 성당 앞에 서 있는 성모마리아님 앞에 많은 신자들이 촛불을 밝히는 것이고, 석가탄신일에 하늘을 뒤덮은 그 수많은 연등은 건강하고 만사형통하길 바라는 염원들이고, 교회에서 울려 퍼지는 통성기도와 새벽마다 매일매일 드리는 기도는 이런 고통과 고난이 일어나지 않기를 바라는 겁니다.

하지만 우리가 간과하는 것은 성경을 보더라도, 또한 불교서적을 봐도 위대한 신앙의 계승자들은 고통과 고난 속에 꽃이 피었다는 겁니다.

모세는 40년을 광야에서 헤매면서 점점 더 성숙한 지도자로 거듭났고, 석가모니 또한 자신의 왕국을 버리고 걸식을 하고 굶어가면서 보리수나무 아래서 진리를 깨달았으며, 예수 그리스도도 광야에서 40일간 고통을 겪으며 담금질되었습니다. 그리고 마지막엔 십자가에 매달리는 형벌을 받으면서, 자기희생의 모범을 보여주었습니다.

이런 위대한 사람들의 이야기는 그렇다 치더라도, 우리 주변에서 이런 고통과 고난이 자신을 도리어 행복하게 해주었고, 세상에 대한 시야를 넓게 해주었다는 말을 하는 사람들이 많습니다.

그저 살아만 계십시오

자, 제 얘기부터 말씀을 드리겠습니다.

제가 나온 대일고등학교는 당시에 한 해에 서울대는 40~50명 정도, 연세대도 40~50명, 고려대는 50~60명씩 입학시켰던 신흥명문고였습니다.

어릴 때부터 공부를 잘했으니, 당연히 서울대에 간다는 생각을 하고 고등학교를 다녔습니다. 그런데 고3, 1학기 기말고사 때 맹장이 터져 복막염을 앓는 바람에 기말고사를 치르지 못해 내신 5등급을 받았고, 이후에 체력도 떨어지고 실망이 커서 결국 대학에 떨어지고 말았습니다.

자, 이게 제게는 인생에서 처음 겪는 가장 큰 시련이었습니다. 자존심도 아주 많이 상했고, 처음 겪은 실패는 참담함 그 자체였습니다. 그렇게 1년 동안 재수를 했고, 꾸준히 공부한 덕에 의대에 진학하게 되었습니다. 그래서 얻은 것은 인생사 새옹지마라는 것을 체험하게 된 겁니다. 그런 고통스런 1년의 시련으로 저는 세상의 불행이 별로 두렵지 않게 되었습니다. 그 고통이 당장은 힘들어도 더 좋은 결과를 낳을 수 있다는 확신을 가지게 되었습니다. 그렇게 해서 레지던트, 군의관를 마치고 1997년도에 개업을 하게 되었습니다. 개업을 하면 무조건 잘된다고 생각했으나, 하루에 환자가 한 명도 없는 날이 5일이나 되었고, 하루에 환자가 1~2명 오는 날도 많았습니다. 그러니 하루 종일 병원에 나와서 할 일이 없어진 겁니다. 그리고 여기서 또 자존심이 상한 겁니다. '아, 내가 해도 안되는 게 있구나.' 하고 말입니다. 그런데 남는 시간 뭘할까 하다가 책을 쓰기 시작했습니다. 그렇게 해서 하루에 넘쳐나는 시간동안 책을 쓰게 된 겁니다. 그렇게 4~5년 흘러가니 그제야 자리가 잡혔습니다. 하지만 그 4~5년은 아주 고통스러웠습니다. 수입이 적어, 아내가 과외를 하면서 생활비를 보태야 하는 형편이었으니까요.

그렇게 병원이 어느 정도 자리를 잡게 되면서, 만성피로가 몰려오게 되었습니다. 자꾸 잔병치레도 심하고, 병원을 접을까 하는 생각까지 들었습니다. 이것은 제 인생의 스케줄에 없는 것이었습니다. 내가 원하지 않는 일들이 생기면서 그때부터 저는 내 마음의, 내 몸의 고통을 어떻게 하면 극복해 볼 수 있을까 하고 시작한 것이 명상입니다. 처음 명상을 몇 년 동안 했을 때는 내가 왜 이걸 하고 있나 하고 생각했으나, 점차 내가 가진 오만함과 잘난 체, 불필요한 욕망, 또한 남들보다 더 나아보이기 위해 애쓰고 있는 내 자신을 보게 되었습니다. 그런 쓸데없는 생각들이 나를 얼마나 궁지에 몰았고, 고통을 주었는지 깨닫게 된 겁니다. 그리고 그제야 인생은 고통스런 일도, 사건도, 질병도 올 수 있다는 것을 받아들이게 되었습니다. 그렇지 않았다면 왜나는 이렇게 자꾸 아플까? 왜 나는 이런 고통 속에 살아야 했을까 하고 속상해하고 내 운명을 탓했을 겁니다. 인생의 순리를 받아들인 것도, 내 내면을 들여다보게 한 것도 내 몸과 마음의 고통이었습니다. 그게 없었다면, 겸손을 가장한 채 여전히 잘난 체하느라 여념이 없고, 남들보다 앞서나가기 위해 항상 마음은 분주했을 것이고, 그리고 현실은 내가 바라는 만큼 이루어지지 않는다고 생각해서 갈급함과 불만의 연속이었을 겁니다.

제가 자주 언급하는 TV 프로그램이 있습니다. 〈MBN〉방송의 '나는 자연인이다'입니다. 여기에 나오는 많은 분들은 자신이 가졌던 모든 것을 다 잃어버리거나 건강을 해쳐서, 인생의 밑바닥까지 떨어진 분들이 대부분입니다. 그렇게 해서 흘러들어간 곳이 산속이고 작은 움막입니다. 그런데 심청이가 인당수에 뛰어들어 용궁을 보았듯이, 그분들은 그곳에서 자신이 자연과 합일되는 경지를 경험하고, 그렇게 세상에서 좇았던 돈과 명예가 부질없으며, 행복을 가져다 줄 수 없다는 것을 깨닫게 된 것입니다. 그래서 그저 맑은 물에 자신의 고뇌를 흘려보내고, 별빛을 친구삼아 유유자적 살아갑니다.

우리가 그렇게 원하고 추구하던 것들이 세상에서 다 발가벗겨지고 다 가져가 버리니 당장 죽을 것 같았는데, 웬걸 그렇게 되니 그들은 아주 자유로워진 겁니다. 물론 그 산속에서 혼자 사니 외로울 수밖에 없습니다. 하지만 세상에서 가족과 친구들에 둘러 싸여 지내고 매일매일 모임을 나간다고 해서 외롭지 않을까요? 인간은 항상 외로운 존재입니다. 그건 숙명처럼 안고 가야 하는 것이니, 그건 산속에서 지낸다고 해서 더 한 것은 아니더란 말입니다.

그래서 여러분, 당장 죽고 싶고, 당장 여기서 헤어나지 못할 것 같고, 당장 죽을 것 같은 고통이 몰아칠 때가 있습니다. 하지만 살아만 계십시오. 그 고통은 분명 선물을 가져다줍니다. 살아만 계십시오. 내가 생각하고 내가 규정했던 것들은 나를 기만했던 것들이 대부분입니다. 그런 기만들을 고통이, 고난이 벗겨 줄 겁니다. 그저 살아만 계십시오.

32

사람답게 사는 법

이제 생각은 그만하시고, 행동으로 옮기시기 바랍니다.
선한 공덕은 절대 남이 빼앗아가지 못합니다. 그건 차곡차곡 쌓여서 우리를 행복하고 풍요롭게
합니다. 그건 모두 자기 것이 됩니다. 그러니 이타행을 항상 실천하시기 바랍니다.
그런 이타행이 바로 우리 인류의 생존이 달린 문제이기 때문입니다.

얼마 전 TV에서 아주 감동적인 뉴스를 보게 되었습니다. 2014년 2월 26일 영화 〈아마겟돈〉, 〈진주만〉에 출연했던 유명한 배우이자 감독인 밴 애플릭이 워싱턴 DC의 연방의회, 상원 외교위원회 청문회에 시민운동가 자격으로 참석하여 콩고 내전으로 인한 비참한 상황에 대해 증언을 하였습니다.

그는 2010년부터 '이스턴 콩고 이니셔티브'란 시민단체를 만들어 콩고를 돕기 위한 활동에 나섰던 것입니다.

그는 반군이 점령한 지역에서 여성들에 대한 성폭행과 어린 아이들까지 소년군으로 징집하는 것에 대한 문제점을 지적하였고, 미국이 적극적으로 나서서 이 문제를 해결해야 한다고 증언하였습니다. 특히 국무부가 현지에 파견한 특사역할을 강화하고, 평화유지군의 활동을 연장해야 한다고 주장한 것입니다.

또한 얼마 전 보게 된 다큐멘터리 프로그램에서 케냐의 키베라에 대한 소

개를 한 것이 있었습니다. 케냐 키베라는 필리핀의 '톤도', 브라질의 '호시냐 파벨라'와 함께 세계 3대 빈민지역입니다. 케냐 키베라에는 백만 명의 빈민들이 살고 있지만, 수도도 하수도도 없습니다. 아이들은 더러운 물에서 놀고 있고, 그들에겐 희망이 없습니다. 그럼에도 불구하고 학교는 있어서 거기서 어렵게 아이들은 공부를 하고 있었습니다. 점심때가 되면 아이들에게 급식을 나눠줍니다. 그런데 한 소녀는 급식을 받아서는 학교에서 먹지 않고 집에 가지고 가는 겁니다. 그 소녀는 집에서 굶고 있는 이모와 함께 그 급식을 나눠 먹기 위해서 그런 겁니다. 그 소녀의 부모는 다 죽고, 그녀는 이모와 단둘이 살고 있습니다. 그 소녀의 착한 마음에 저는 또 감동을 받았습니다.

인간에게 살아있는 선한 본성

미국이 문제가 많은 나라라고는 하지만, 어느 나라치고 문제가 없는 나라는 없습니다. 이 지구상 어디에도 유토피아는 없습니다. 그럼에도 불구하고 미국의 국격을 느끼게 하는 장면이 벤 애플릭이 등장한 상원 청문회였습니다. 그들은 인류애를 바탕으로 큰 그림을 그리고 있는 것입니다. 자기 주변만 보려고 하지 않고 글로벌한 시대에서 인류에게 관심을 가지고 있다는 것이 바로 미국의 국격이라고 생각합니다. 반면 그들은 또한 전 세계를 상대로 싸움도 하는 나라이기도 하지만 말입니다.

벤 애플릭이란 영화배우에 주목할 필요가 있습니다. 많은 할리우드 배우들이 봉사활동을 하거나 기부를 하고 있습니다. 그리고 시민단체에 가입해서 적극적으로 활동을 하고 있습니다. 단순한 기부만큼 쉬운 일은 없습니다. 하지만 시민단체를 조직해서 거기서 활동을 한다는 것은 자신의 시간과 돈, 노력을 기부해야 하는 대단한 일입니다. 그런 큰일을 한다는 것 자체가 참 대단하다는 생각이 듭니다. 그리고 이들 연예인들은 세간의 관심을 받는 만큼 그들의 활동은 많은 일반인들에게 영감을 주고 영향을 받도록 합니다. 그래서 더욱 연예인이 공인이란 말을 떠올리게 합니다.

그런 한 인물 중에 한 명이 리처드 기어입니다. 그는 티베트 불교 신자이며, 중국에 점령당한 티베트의 독립을 위해 애쓰고 있고, 박해받고 있는 티베트인의 자유를 위해 열심히 활동하고 있습니다. 달라이 라마는 우리나라에 오지 못했습니다. 강대국인 중국의 눈치를 봐야 하기 때문에 달라이 라마를 초청하지 못하고 있는 것이 우리나라의 현실이기도 합니다. 그리고 티베트 독립이나 티베트 민주화, 달라이 라마에 대한 정부의 공식적인 언급은 전혀 낼 수가 없습니다. 우리나라 수출의 반 이상을 차지하고 있는 중국의 비위를 건드릴 수 없기 때문입니다.

그런데 티베트가 중국에 점령당한지가 오래전인데, 왜 티베트인들은 적극적으로 독립운동을 안 하는지 의아하게 생각하지 않으셨나요? 러시아에 점령당한 체첸만 하더라도 체첸 반군으로 인해 러시아는 골머리를 앓고 있고, 독립을 위해 그들은 무장투쟁을 하고, 폭탄테러를 자행하고 있습니다. 중국이 점령한 신장 위구르 지역에서도 간헐적으로 폭동이 일어나고 있는데, 이는 중국으로부터 독립하기 위한 것입니다. 그래서 중국은 자신들이 점령한 지역의 독립을 방해하기 위해 민족을 뒤섞어 버리는 방법을 쓰고 있습니다. 그래서 티베트와 신장위구르 지역에 많은 중국인들을 이주시켜서 그곳이 한족이 사는 곳으로 기정사실화하려고 합니다. 그런데 티베트인들의 독립투쟁이라고 하는 것을 보면, 그들은 무장투쟁을 하지 않습니다. 가장 강력한 그들의 의사표시는 승려들의 분신자살입니다. 현재까지 티베트 승려들의 분신자살 건수는 140여 건에 이르고 있습니다.

티베트는 신권국가입니다. 티베트불교의 수장은 달라이 라마라고 불립니다.

딜라이 라마는 티베트 불교의 최고 수장이자 동시에 정치적인 의미에서 티베트의 국가원수, 실질 통치자를 부르는 말입니다. 가톨릭으로 말하면 교황이자 현실의 대통령 역할을 합니다. 현재는 2011년 8월에 국가원수로서의 지위를 총리에게 이양한 상태입니다.

'라마'는 티베트어로 '스승'을 의미하며, 그 어원적 의미는 산스크리트어 '구루'와 같은 말입니다. '달라이'란 칭호는 몽골어로 '큰 바다'라는 의미이며, 달라이 라마는 '큰 바다와 같은 넓고 큰 지혜를 가진 스승'이라는 의미가 됩니다. 그래서 현재 달라이 라마는 14대입니다. 달라이 라마의 원래 이름은 텐진 갸초이며, 지금의 달라이 라마가 사망하게 되면 15대 달라이 라마가 그 뒤를 이을 것입니다. 이렇듯 티베트는 신권국가이기 때문에 종교와 정치를 분리해서 생각하지 않고 있습니다. 그래서 불교의 전통에 따라 생물을 죽이는 것을 엄하게 금지하고 있으며, 사람을 죽이는 것은 상상도 못할 일입니다. 그러니 티베트의 독립을 위해 무장봉기를 하거나 테러를 벌일 수는 없습니다. 그래서 택한 것이 분신자살입니다. 티베트가 중국에 침략 당했을 때 많은 승려들이 죽고 고문을 당했습니다. 하지만 티베트 승려들은 고문을 당하면서도 자신을 고문하는 중국인을 미워하지 않도록 해달라고 기도를 했다고 합니다. 그래서 피지배 국가 중 세속적으로 봤을 때 가장 소극적인 독립운동을 벌이는 국가라고 할 수 있습니다. 하지만 좋은 일이 나쁜 일이 되고 나쁜 일이 좋은 일이 된다고, 티베트는 중국의 침략을 받게 되어 세계 각국으로 흩어지게 된 티베트인들로 인해 전 세계에 티베트 불교가 전파되는 계기가 되었습니다. 그래서 현재 전 세계적으로 제일 많이 알려진 불교는 이제 티베트 불교가 된 것입니다. 티베트 불교 신자들이 늘어나면서 티베트인뿐 아니라 전 세계인들이 티베트의 독립을 염원하고 중국에 압력을 가하고 있는 겁니다. 그런 면에서 무저항적이고 비폭력적인 그들의 독립운동은 비능

률적으로 보이지만, 폭력의 악순환을 끊고 자신의 종교의 교리를 지키고 있다는 점에서 높게 평가할 만합니다.

인간에게는 선한 본성이 살아 있습니다. 이런 선한 본성이 있는 이유는 진화론적으로 설명이 됩니다. 7만 년에서 7만 5천 년 전 인류는 거대한 화산 폭발로 인해 갑작스런 빙하기를 맞이하게 되었습니다. 그래서 인류의 고향인 아프리카 대륙에 우리 인류의 조상은 단지 2,000명만 살아남을 수 있었습니다. 그들이 멸종했다면, 현재 우리는 존재하지 않았을 겁니다. 그런데 기적적으로 그들은 살아남았고, 현재 60억의 인구로 늘어나게 되었습니다. 살아남은 2,000명의 인류가 멸종되지 않았던 것은 기적과 같은 일입니다. 그들은 살아남기 위해 필요한 것이 무엇인지 잘 알고 있었습니다. 그것은 서로 돕는다면 너도 살고, 나도 살 수 있다는 걸 알았던 겁니다. 이런 이타주의적인 생각이나 행동은 우리를 생존할 수 있게 하는 열쇠가 되었던 겁니다.

그래서 〈SBS〉에서 방영되었던 '최후의 제국'이란 다큐멘터리 프로그램을 보면 우리의 기본적인 본성이 어떤 것인가를 잘 보여주고 있습니다. '최후의 제국' 1부를 보면 풍요한 미국 사회에서 먹을 것이 없어서 굶고 있는 아이들을 보여줍니다. 그들은 흑인도 아니고 백인들입니다. 그리고 금요일이면 학교에서 주말에 아이들이 굶을까봐 하교할 때 먹을 것을 한 보따리씩 아이들에게 챙겨주는 장면이 나옵니다. 거대한 자본주의 제국 미국의 그늘을 보여주고 있는 겁니다. 자본주의는 나만 잘 먹고 잘살자는 것입니다. 그것은, 생산은 극대화하고 많은 부를 양산했지만, 특정 소수에게 부가 국한되어 나머지 사람들은 상대적 박탈감에 시달리고 지나치게 가난해서 하루 끼니를 걱정하거나 노숙자들로 넘쳐나기도 합니다. 그런데 이런 거대 자본주의 미국의 그늘을 이 프로그램이 보여주다가 느닷없이 남태평양의 작은 섬 아누타를 소개합니다. 아누타 섬의 인구는 약 300명밖에 되지 않습니다. 아누타 사회의 중요한 가치는 '아로파(aropa)'라고 합니다. 협동과 공유, 타인에 대한 연민을 아로파라고 부릅니다. 아로파를 실천함으로써 섬의 한정된 자원을 주민들이 공평하게 나누게 되었습니다. 이 프로그램의 내용 중에 이웃집 아버지가 바다에서 죽자, 고아가 된 아이를 입양해서 자기 자식처럼 키우는 장면이 있었습니다. 그들은 공평하게 음식을 배분하고, 하루하루 행복하게 지내고 있습니다. 이 아누타 사람들의 생활을 다룬 이 프로그램이 많은 사람들에게 깊은 인상을 주었습니다. 아누타 섬에는 우리 원시 인류가 가졌던 남을 돕고자 하고, 서로 공감하고자 하는 우리 마음의 원형이 남아 있습니다. 그리고 이런 아로파야말로 우리 인류가 지금까지 생존해 왔던 비결이기도 합니다. 하지만 지금 우리는 남들보다 더 많이 갖고자 하고, 더 많은 욕심을 부리고, 남들에 대한 배려와 공감이 없는 사회로 발전하고 말았습니다.

그러다 보니 현재 인류는 환경파괴와 기상변화 등으로 인해 자칫하면 공멸의 위기로 치달을 수도 있습니다. 인류가 멸종되지 않고 살아왔던 방식인 이타주의를 부활시키지 않는다면 인구 60억이라고 하더라도 인구 2,000명도 안될 정도의 위기에 처해, 인류는 멸종될 수 있다는 것을 잊으면 안 됩니다.

이타적인 성향을 통해 사람답게 살기

그런 면에서 아주 재밌는 사건을 소개해 드리겠습니다. 영국의 종교탄압을 피해서 1620년 9월 16일 출발한 청교도인 102명은 그해 11월 21일에 아메리카 대륙에 도착하게 되었습니다. 그들은 북미대륙에 정착도 하기 전에 혹독한 겨울을 지내야 했고, 그해 겨울 102명 중 53명만이 살아남았습니다. 겨우 반만 생존한 겁니다. 그렇게 힘든 겨울이 지난 후 그들에게 한 명의 인디언이 용감하게 걸어옵니다. 청교도인들은 겁에 질려버렸습니다. 자신들을 해치지 않을까 걱정했던 것입니다. 그런데 그 인디언은 그들에게 다가와 영어로 이렇게 얘기하는 겁니다. "Welcome English man, 환영합니다, 영국인들." 그들은 너무나 놀랐습니다. 인디언 원주민이 영어를 하다니 말입니다. 그 인디언은 아베나키 부족의 사모셋이란 사람이었습니다. 그날이 바로 1621년 3월 16일의 일입니다. 사모셋은 곧 영어를 유창하게 하는 스퀀토라는 인디언을 그들에게 데려옵니다. 스퀀토는 영국인에 의해 납치되어 유럽까지 끌려갔다가 거기서 몇 년간 영어를 배워서 다시 자기 고향으로 돌아왔던 사람입니다. 인디언들은 청교도인들이 북미대륙에서 살아남도록 도와줍니다. 북미대륙의 척박한 땅에서 농사를 하기 위해서는 생선을 썩혀서 비료로 써야 한다는 것을 청교도인들은 배우게 되었고, 인디언에게 옥수수 종자를 받아 유럽대륙에는 그 당시에 없었던 옥수수를 경작하게 되었습니다. 그렇게 해서 청교도인들은 인디언의 도움을 받아 미국에 정착하게 된 겁니다. 그래서 1621년 가을 추수를 마치고 인디언들과 함께 그들은 첫 번째 수확을 기념하는 축제를 벌입니다. 그게 바로 추수감사절의 유래가 된 겁니다. 나중에 인디언은 백인들에 의해 배신을 당해 자기 땅을 빼앗기고 소수민족으로 전락하고 말았지만, 그들의 이타적인 인간애로 인해 청교도인들은 무사히 북미대륙에서 살아남았고, 현재 북미 인구의 10%는 이들 청교도인의 후손입니다. 이렇게 역사적인 사건을 통해서도 인간의 이타적인 성향이 우리 인간이 존재하게 했다는 것을 알 수 있습니다.

가장 사람답게 사는 법이란 우리가 가진 이타적인 성향을 통해서 발휘되어야 한다는 겁니다. 그걸 잊게 되면 인류는 공멸의 길로 들어서게 됩니다. 예전에 세 모녀가 생활고에 시달려 자살했다는 기사가 나왔습니다. 그 기사에 대한 댓글을 읽어보니 모두들 정부제도에 대한 탓만 하고, 이 나라에 대한 원망뿐이었습니다. 물론 복지제도를 바꾸는 것이 가장 큰 효과를 거둔다는 걸 모르는 사람이 없습니다. 또한 이번 일을 계기로 사각지대에 놓인 어렵고

291
15분. 위대한 마음

위기에 처한 사람들을 찾아내는 데 더 많은 노력이 필요하다는 걸 알게 된 계기가 됐습니다. 하지만 그 댓글을 단 어느 누구도 자기반성을 하는 사람은 없었습니다. 모두 다 나라 탓, 제도 탓만 할 뿐, 자기 탓을 하는 사람은 없다는 겁니다. 바로 옆집에 누가 사는지, 내 이웃이 밥을 굶고 있는지, 내 이웃이 어떤 도움이 필요로 하는지 아무런 관심도 없고 오직 나 아니면, 내 가족만 신경 쓰고 살았다고 반성하는 사람은 없더란 겁니다. 개인 하나하나의 반성과 생각이 바뀌지 않으면 내가 사는 동네, 내가 사는 지역, 내가 사는 나라가 전혀 바뀌지 않는다는 것도 알아야 합니다. 개인의 생각이 집단의 생각이며, 집단의 품격이나 양심은 개인으로부터 비롯된다는 것을 잊으면 안 됩니다. 그러니 세 모녀가 가난에 찌들어 자살했다는 것은 우리 모두의 잘못인 것입니다. 우리 인류가 지금까지 생존하게 했던 이타적인 생각과 행동, 남에 대한 배려와 공감을 살려내는 길은 바로 남을 살리는 길이자 나와 내 자손이 살 수 있는 길입니다.

그래서 작은 실천이라도 시작해보기를 권해드립니다. 한 달에 스타벅스 커피 6잔 값인 3만 원만 유니세프든, 플랜이든, 굿네이버스든, 아니면 지역 내 기부를 원하는 곳을 찾아 시작하는 것은 그리 어렵지 않으리라 생각합니다. 그렇게 내 집이 아니라 내 집 밖에 돈을 쌓으면 그 돈은 수십 배, 수백 배가 되어 다시 내게 돌아오며, 내 자식이 나중에 어려워질 때 그 돈을 찾아갈 수 있는 겁니다. 이걸 듣는 분 중에서 내가 지금부터 기부를 할 건데 10년을 기부해도 부자가 되지 않고 그 모양 그 꼴이라면 제게 찾아오십시오. 그 기부한 돈 다 돌려드리겠습니다. 이자까지 쳐서 말입니다. 그러나 본인이 기부한 돈이 수십 배, 수백 배로 돌아온 것에 대해서 제게는 한 푼도 주지 않으셔도 됩니다. 참 좋은 계약조건 아닙니까? 손해 보면 제가 돌려주고, 돈이 수십 배 불어나면 그것은 자기 것이 되니 말입니다. 그런데 다행스러운 것은 10년이면

당신의 생각이 당신을 속이고 있다

여러분은 제가 한 말을 절대로 기억하지 못할 것이란 것 때문에 자신있게 이렇게 약속을 한 겁니다. 또한 10년을 그런 선행을 하면 세속에서 말하는 부자가 되지는 않았더라도 마음의 부자가 되어 있을 테니 진정 큰 부자가 되어 있어 제게 어쩌면 감사의 말을 전할지도 모른다는 생각이 듭니다.

이제 생각은 그만하시고, 행동으로 옮기시기 바랍니다. 선한 공덕은 절대 남이 빼앗아가지 못합니다. 그건 차곡차곡 쌓여서 우리를 행복하고 풍요롭게 합니다. 그건 모두 자기 것이 됩니다. 그러니 이타행을 항상 실천하시기 바랍니다. 그런 이타행이 바로 우리 인류의 생존이 달린 문제이기 때문입니다.

33

아디오스 노니노(Adios Nonino)

아버지는 존재 자체로 후광효과가 있는 겁니다.
능력 있고, 학벌 좋고, 돈 많이 벌고 하는 그런 아버지가 훌륭한 것이 아니라, 그저 병풍처럼
서 있어도 존재 자체만으로 훌륭한 아버지라는 겁니다. 그러니 지금 아버지가 되신 분들은
슈퍼맨이 되려고 하지 마십시오. 그렇게 해서 병을 얻어 지치지 마시고,
자신이 초라한 아버지라고 생각하지 마십시오. 그냥 존재하십시오. 그것만으로도 정말 대단한 겁니다.

'아디오스 노니노(Adios Nonino)'는 김연아 선수가 2014년 소치올림픽 프리스케이팅 곡으로 선정한 곡입니다. '노니노여, 안녕.'이란 뜻이죠. 노니노는 이 곡을 작곡한 아스토르 피아졸라의 아버지인 비센테 노니노 피아졸라의 이름입니다. 피아졸라는 반도네온 연주가이기도 하면서 누에보 탱고라고 해서 새로운 탱고음악의 창시자입니다. 그의 탱고는 춤을 추기 위한 탱고가 아니라 듣기 위한 탱고라고 할 수 있습니다. 그는 이태리계 이민자로서 아르헨티나에서 1921년 태어났지만, 1925년 온 가족이 미국으로 이주하게 되었습니다. 아버지는 음악에 대한 관심이 많았고, 어릴 때부터 오른쪽 다리를 절었던 피아졸라에게 8살 때 반도네온을 선물하면서 그는 반도네온 연주자가 되었던 겁니다. 어린 피아졸라는 아버지가 사놓은 레코드음악을 통해 탱고의 거장인 카를로스 가델의 음악을 들으며 자랐습니다.

백척간두에 선 이 시대 남자의 정체감

　김연아 선수는 자신의 아버지에게 이 곡을 헌사한다고 했습니다. 김연아 선수의 아버지는 언론에 등장하지 않기로 유명합니다. 박세리 선수나 고인이 된 최동원 선수, 박지성 선수의 아버지는 본격적으로 언론의 전면에 등장한 것과 다른 길을 갔습니다. 그동안 김연아 선수의 어머니만 스포트라이트를 받았으니, 뒤에서 묵묵히 자신을 뒷받침했던 아버지에 대한 헌사로, 그녀의 은퇴무대를 이 음악으로 장식했는지 모릅니다. 피아졸라는 1959년 아버지가 사망했다는 이야기를 듣고 아무도 방해하지 말아달라는 말을 하고 자신의 호텔방에서 아버지를 위해 아디오스 노니노를 한 시간 만에 작곡하게 됩니다. 이 곡은 돌아가신 아버지께 헌정한 곡입니다. 아버지가 이태리계 미국인으로 뉴욕의 빈민가에서 아이들을 양육하기 위해 하루 종일 일을 하며 자식을 위해 헌신했던, 아버지에 대한 그리움과 감사함을 담기 위함일 겁니다.

　아디오스 노니노의 뜻이 무엇인가 이렇게 찾아가다 보니, 우리 아버님 생각이 났습니다. 살아생전 하도 말수가 없고 낯가림이 심한 분이라 아버지가 조근조근 이야기를 제게 해준 적이 없었습니다. 그저 조용하게 아무런 말없이 아들이 의과대학 다닐 때 시험기간이 되면 항상 깨워주던 기억이 납니다. 그리고 초등학교부터 고등학교까지 도시락을 싸주던 것도 기억이 나고요. 어머니가 돈을 버는 바람에 아버님은 살림을 하신 거죠. 그리고 여름이면 개울가로 천렵을 다니시고, 봄이면 이 산, 저 산으로 다니면서 나물을 캐오곤 하셨습니다. 그래서 봄은 도시락 반찬이 항상 산나물밖에 없었습니다. '제발 아버지, 나물 좀 그만 캐오세요.' 하고 말하고 싶었을 정도입니다. 그런 아버지가 몇 차례 중풍을 앓고 혈관성 치매로 3년간 누워만 계시다가 돌아가셨습니다. 점차 기억이 희미해지면서 다른 가족들 얼굴은 잊어버렸지만, 제 얼굴만은 기억을 하셨습니다. 막내아들을 많이 사랑하셨습니다.

그러다가 제가 30대 중반에 개업을 하고, 30대 후반부터 견지낚시를 다니기 시작하면서 아버지에 대한 궁금증이 생기기 시작했습니다. 항상 여름이면 개울로 낚시를 다니던 아버지는 도대체 무슨 생각을 하셨을까 하고 말입니다. 여름이면 제가 학교에 가져갈 도시락을 싸놓고는 본인도 개울가에서 드실 도시락과 김치 한 가지 싸가지고는 한탄강으로 기차를 타고 낚시를 다니곤 하셨습니다. 그런데 아버지는 도대체 무슨 생각을 했을까? 하는 궁금증이 생긴 겁니다.

　그런 궁금증이 생기기 훨씬 전에 아버님은 돌아가셨습니다. 제가 그 무렵엔 아들 둘이 초등학교를 다닐 무렵이라 제가 아버지가 되어 있었기 때문입니다. 아버님은, 자신이 아버지로서 어떤 생각을 하고 계셨을까 하는 궁금증이 생긴 겁니다. 며느리와 겸상을 하지 못할 정도로 부끄럼을 많이 타고, 말수가 없으셨으니 아버지가 아버지로서 느꼈던 감정을 살아생전 말씀하셨을 리가 없었던 겁니다. 조금씩 아이들이 커갈수록 아버지라는 나의 페르조나가 점점 부담스러워지기 시작하고, 아버지는 아버지로서 어떤 부담을 가지셨냐고도 물어보고 싶었습니다. 그런데 그저 추측만 할 뿐 아버지의 속내를 알 수는 없었습니다. 술을 많이 드시고 그로 인해 집안이 종종 시끄럽긴 했지만, 그래도 아버지는 가족을 건사하느라 고생을 하셨습니다. 아마도 어린 시절 할아버지가 행방불명이 되고, 할머니는 자식을 버려두고 재혼을 하는 바람에 혼자 남겨진 외로움 때문일지도 모릅니다. 그렇게 어린 시절 혈혈단신 전국을 돌아다니며 이런저런 막일을 하며 살아온 삶이 한스러울 텐데, 아버지는 그런 내색을 한 번도 한 적이 없습니다. 우리 아버지는 할아버지가 그리웠을까요? 아니면 재혼한 할머니가 원망스러웠을까요? 그저 의문부호만 가득한 게 아버지의 삶입니다.

　이제 50줄에 접어들고 보니, 아버지란 무게감이 만만치가 않다는 생각이 듭니다. 특히 대한민국에서 아버지란 참 힘든 직업입니다. 40~50대 남성 돌연사는 아마 OECD국가 중 최고일 겁니다. 제대로 된 여가생활을 못하고 항상 일만 하다 쓰러져 죽는 겁니다. 삼성이니 현대니 하는 대기업에 들어갔다고 해서 좋아할 거 하나도 없습니다. 월급은 많이 받지만 노동 강도가 보통 센 게 아닙니다. 새벽같이 나가서 밤 11시나 12시에 들어오는 경우가 태반이더군요. 그들은 항상 피곤에 절어 사는 겁니다. 우리 사회에서 남자에 대한 평가는 사회적인 지위, 그가 가진 직업, 재산이 얼마나 많은가에 판가름 납니다. 이런 것들은 순식간에 사라지는 것들입니다. 자신이 대기업의 간부라고 하더라도 그가 잘리는 순간, 그는 아무것도 아닌 사람으로 전락하고 맙니다. 그러니 얼마나 남자의 정체감이라는 것이 백척간두에 놓여 있습니까? 그런 살얼음판을 걷고 있는 것이 남자입니다.

우리시대 아버지는 정말 피곤하다

우리 사회는 이상한 풍조가 있습니다. 외국의 경우 결혼을 할 때면 남녀가 같이 집을 장만하고 같이 돈을 벌어 조금씩 재산을 늘려갑니다. 우리나라는 남자가 전셋집이 없으면 결혼은 아주 어려운 일입니다. 준비된 남자만이 결혼을 할 수 있는 사회입니다. 그런데 대졸자라 하더라도 연봉 2~3천만 원 받아서 10년을 한 푼도 안 쓰고 모아야 서울에서 전세를 구할 수 있습니다. 집안에 손을 벌리지 않을 수가 없습니다. 남녀평등을 외치면서도 결혼을 할 때는 왜 남자가 이런 경제적 부담을 다 져야 하는지 저는 이해를 할 수가 없습니다. 미국은 결혼을 할 때 가장 큰 돈이 드는 것이 반지입니다. 영화에서 많이 보셨죠. 반지 들고 가서 여자에게 청혼하는 장면 말입니다. 여자가 승낙하면 둘이 돈을 모아 집을 구해서 같이 사는 겁니다. 그런데 모든 부담을 남자에게 지우는 것부터 남자들의 어긋난 운명은 시작되는 겁니다.

그래서 어찌어찌 결혼을 했다고 칩시다. 이제 아이를 낳는 순간 어마어마한 사교육비를 감당해야 합니다. 그러니 직장을 얼마나 오래 다니고 많은 돈을 버느냐가 아버지의, 남자의 숙명이 된 겁니다. 그렇지 않으면 자식의 교육은 물 건너간 겁니다. 게다가 지금은 개천에서 용 나는 경우는 없습니다. 부모가 돈이 많아 사교육을 많이 시키고 정보력을 갖추고 있어야 아이는 좋은 대학에 갈 수 있습니다. 그러니 부는 부대로 세습되고, 가난은 가난으로 세습되는 악순환에 이미 우리 사회는 빠져들었습니다. 능력 없는 아버지들은 고개를 숙이고 살아야 하는 게 우리의 현실입니다. 예전에 비해 아이들의 요구사항은 늘어만 가고, 물색없이 사달라는 건 많아졌습니다. 남의 집은 신형 핸드폰도, 유명 브랜드의 옷과 신발도 사주고, 좋은 학원에 보내주는데, 도대체 아버지는 뭐하냐고 하면 할 말이 없습니다. 아버지는 아이들의 정서를 위해 자녀들과 항상 대화를 나눠야 하고, 항상 놀아줘야 훌륭한 아버지 소리를 듣습니다.

요즘 TV에 뜨고 있는 프로그램을 보십시오, '아빠 어디가'나 '슈퍼맨이 돌아왔다'를 보면 거기 나오는 아버지들은 매주 이벤트를 만들어 산으로 들로 아이들을 데리고 놀러 다닙니다. 카메라가 돌아가고 있으니 아이들에게 아버지는 아주 점잖고 교육적인 인물로 그려질 수밖에 없습니다. 그런 연예인 아버지들이 이제 아버지의 롤 모델로 자리 잡아 버렸습니다. 그 사람들은 돈 받고 아이들과 놀아주는 걸 우리는 잊고 있는 겁니다. 매일 밤 10시, 11시까지 일하다가 휴일도 쉬지 못하고 또 아이들과 놀아주고 대화도 나눠야 하는 슈퍼맨이 되어야 우리 사회는 좋은 아빠라고 인정합니다. 그리고 TV에 나오는 심리학자들은 아이들의 정서상태가 좋으려면 아빠가 아이들과 대화를 많이 나누고 놀아줘야 한다고 떠들고, 그걸 본 어머니들은 남편에게 성화를 해댑니다. 왜 아이랑 대화를 나누지 않고 놀아주지 않느냐고 말입니다. 그런데 '아빠 어디가'처럼 애들 데리고 매주 놀러 다니다가는 아버지들 오래 살지 못하고 놀러간 곳에서 돌연사할 겁니다.

아버지가 아이들과 많은 대화를 해주고 놀아줘야 아이들이 훌륭한 사람이 되는 걸까요? 조선시대만 하더라도 아버지들은 아이들과 놀아주기는커녕 대화조차 나누지 않았습니다. 양반은 그렇다 치고 상민들은 큰애가 작은애를 업어 키우는 게 현실이었습니다. 그래도 아이들은 잘만 컸고 아무런 문제도 없었습니다. 그렇게 심리학적인 이론을 적용해서 키운 지금의 청소년이 문제가 많은 건 도대체 무슨 이유인가요? 자꾸 이런저런 이론으로 아이들의 문제를 어머니나 아버지 쪽으로 돌리다 보니 지금 부모 역할은 어느 때보다 힘들어졌습니다. 게다가 아버지는 이 장기불황에서 돈까지 벌어야 하니 죽을 맛입니다.

아버지는 능력도 있어야 하고, TV에서 등장하는 프로그램 '아빠 어디가'나 '슈퍼맨이 돌아왔다'처럼 아이를 잘 보살펴주고, 항상 이벤트를 열어주고, 잘 놀아주는 아빠가 되어야 합니다. 이러다 '슈퍼맨이 돌아왔다'가 아니라 '슈퍼맨이 돌아가셨다'가 될 판입니다.

우리시대 아버지는 정말 피곤하기 짝이 없습니다. 제가 어릴 때 아버지에 대한 불만이 많았습니다. 우리 아버지는 왜 돈을 벌지 못할까? 그리고 왜 우리 아버지는 무학이라서 가정환경조사서를 쓸 때 나에게 창피를 주나, 그리고 아버지는 왜 나에게 용돈 한 번을 주지 않나 하고 말입니다. 그런데 나이가 들어 내가 자식을 낳고 보니, 내가 우리 아버지보다 더 나은 아버지가 되지는 못했다는 결론에 이르렀습니다. 아버지가 3년 동안 자리보존을 할 때, 아버지를 뵙고 가는 길에 눈물이 흐르던 기억이 납니다. 그렇게 짱짱하고 건강했던 아버지가 기저귀를 차고 점점 더 기억력이 사라지는 모습을 보는 건 참 괴로운 일이었습니다. 그러면서 이런 생각이 들었습니다. 우리 아버지가 존재하는 것 그 자체가 대단했다는 생각이 든 겁니다. 아버지는 존재 자체로 후광효과가 있는 겁니다. 능력 있고, 학벌 좋고, 돈 많이 벌고 하는 그런 아버지가 훌륭한 것이 아니라, 그저 병풍처럼 서 있어도 존재 자체만으로 훌륭한 아버지라는 겁니다. 그러니 지금 아버지가 되신 분들은 슈퍼맨이 되려고 하지 마십시오. 그렇게 해서 병을 얻어 지치지 마시고, 자신이 초라한 아버지라고 생각하지 마십시오. 그냥 존재하십시오. 그것만으로도 정말 대단한 겁니다. 아버지는 그 존재만으로 울타리가 되어 자식들의 버팀목이 되는 겁니다. 그러니 내가 지금 어려운 처지에 놓여있다고 해서 실망하지도 마시고, 아버지답지 못하다고 자괴감도 느끼지 마십시오. 그저 존재하십시오. 우리가 쫓고 있는 아버지상도 우리 시대가 만들어낸 허상에 불과합니다. 과거의 아버지상은 아이들에게 무뚝뚝하고 할 말만 했습니다. 아버지가 아이들과 놀아주는 것은 아주 가벼운 아버지로 여겨졌습니다. 아까 말씀드렸지만 그래도 아이들은 잘만 컸습니다. 지금의 아버지상은 지나치게 많은 걸 아버지에게 요구하고 있습니다. 그리고 그걸 쫓느라 지금의 아버지는 가랑이가 찢어질 지경이고, 항상 열등감에 시달리고 있습니다. 사회의 요구가 그렇다고 하더라도 그냥 존재하십시오. 그러니 40~50대 가장들의 자살률이 높은 겁니다. 그들은 자신의 능력이 없거나 자신이 아버지답지 못하다는 이유로 자살을 합니다. 그런데 그저 존재만 하십시오. 아무것도 하지 않아도 됩니다. 그래도 그 존재감이 자식들에게 힘이 된다는 걸 잊지 마시기 바랍니다.

　김연아 선수가 괜히 이 곡을 아버지에게 헌사했다고 생각하지 않습니다. 조용히 자신의 뒤에서 자신을 믿고 버티기만 했던 아버지의 존재감에 대한 경의의 표현이라고 생각합니다. 그러니 아버지 여러분, 그저 존재하시기 바랍니다. 그래서 저도 돌아가신 우리 아버지에게 이 글을 헌사합니다. 아디오스 노니노. 아버지 안녕. 아버지, 잘 계시죠?

34

큰 부자가 되는 법

가장 큰 부자가 되는 법은 베푸는 삶입니다. 자꾸 내 것, 내 가족의 것,
내 자식의 것만 챙기다 보면 이 넓은 세계를 외면하고 겨우 나와, 우리 집으로 국한지어 사는
것입니다. 아니 이 넓은 세상 다 내 것이고 우리 것이라고 생각하면 그 생각의 넓이와 깊이가
얼마나 커집니까. 그 넓은 시야를 가지면, 답답했던 속이 다 터지는 계기가 되는 것입니다.

요즘 사람들 시선을 잡는 데는 처세술 강의만한 게 없습니다. 그리고 처세
술 강의처럼 쉬운 게 없습니다. "부지런 하라, 인맥을 쌓아라, 자신의 일에 열
정을 가져라, 잠을 줄여라, 일을 즐겨라, 포기하지 말고 끝까지 매달려라, 자
기가 하고 싶은 일을 해라, 일을 즐겨라."

일에 대한 열정이 많고 일을 즐기는 사람이 몇이나 됩니까?

이 말을 하면 모든 사람들 약점을 건드리는 거거든요. 아, 내가 일에 대한
열정이나 일에 대한 재미를 못 느껴서 성공을 못하고 있구나 하고 무릎을
탁 치게 됩니다.

뭔가 계시를 받은 것 같은 생각이 들고 '열정과 즐김' 이 두 가지만 더하
면 내가 성공할 것만 같은 착각을 일으킬 수 있습니다.

그러면 성공에 대한 부흥회에 참석한 모든 신도들은 이제 감동의 도가니
에 빠지게 되고 부흥사인 강연자의 말에 따라 용비어천가, 아니 '돈비어천가'

를 합창하면서 강의는 엑스타시에 빠져들어 "잘살아 보세."를 외치면서 멋진 피날레를 장식하게 됩니다.

자, 성공하는 방법, 돈 버는 방법 아주 쉽지 않습니까? 딱 한 줄이면 끝납니다.

"성실하고, 일을 사랑하며 즐기고, 열정을 가지고, 인맥을 쌓고, 포기하지 말라."

그러니 처세술 강의처럼 쉬운 게 없습니다.

거기다가 자신이 어떻게 성공했는지 강연자의 눈물겨운 에피소드를 섞어주면 더욱 그 강의는 뜨거워지게 되고, 관객은 감동의 도가니로 빠져들게 됩니다. 어린 시절 무척 가난했고, 고학으로 학교를 졸업했고, 어렵게 시작한 사업을 하느라 하루에 3~4시간밖에 잠을 못 자고 눈물겨운 과거의 얘기를 섞으면 더욱 처세술 강의의 진실성은 높아집니다.

처세술 강의는 자신이 성공하지 않아도 충분히 할 수 있습니다. 말솜씨가 좋고, 관중을 압도할 수 있는 카리스마가 있고, 선동능력이 뛰어나면 노숙자로 계속 살아왔던 사람도 처세술 강사로 성공할 수 있습니다.

처세술 강사로 유명했던 한 사람은 이렇다 할 직업이 없었습니다. 하지만 그 강사는 카리스마가 있고, 확신 있는 이야기를 하며, 자신이 얼마나 힘들었던 어린 시절을 보냈는데, 지금 이 자리에 있다는 얘기 하나만으로도 관객들은 그 사람을 성공의 화신으로 믿어 버렸습니다.

이런 비슷한 예로 한동안 '부자열풍'으로 전 세계를 떠들썩하게 했던 사람이 있었습니다. 일본계 미국인 로버트 키요사키입니다. 그는 자신의 사업은 제대로 성공한 적이 없었으나, 《부자 아빠 가난한 아빠》라는 책으로 베스트셀러 작가가 되었고, 그는 전 세계를 돌아다니며 거액의 강사료를 받고 살았습니다. 그는 자신의 책에서 소개했던, 어떻게 하면 돈을 벌 수 있고, 어떻게 사업을 벌여서 성공할 수 있는가와는 거리가 멀게 책을 팔고, 강의를 해서 돈을 벌었지 그의 사업수완은 별로 시원치 않았습니다.

하지만 사람들은 그의 책을 읽어 보고 그가 현실에서도 굉장히 성공한 사업가로 알고 있습니다.

이런 성공 사례는 주식시장에 가보면 넘쳐납니다.

그 수많은 주식전문가들은 유료전화를 통해 그날의 종목을 선정해 주고 몇 분 통화에 3~4만 원을 꿀꺽해 먹습니다. 그런데 가만히 따져보세요. 그렇게 주식의 전문가라면 뭐 하러 매일매일 ARS 전화에 그날의 종목을 녹음하는 수고를 하고, 1분에 몇 천 원 하는 통화료를 챙길까요.

그렇게 잘 알면 저 같으면 조용히 혼자서 주식을 해서 돈을 벌고 소리 소문 없이 평창동 고급주택에 들어가서 살겠습니다.

그들 주식전문가들 중에는 주식판에 들어와 돈을 벌어보지 못한 사람이 많습니다. 단지 주식을 오래 했다는 경험으로 인터넷에, 유료전화에 자기 방을 개설하고는 새로 입문한 주식초보들의 돈을 뜯어먹고 사는 것입니다.

강원랜드에 가면 거기서 도박하다 돈 다 탕진하고, 어슬렁거리면서 새로 도박하러 온 사람들한테 돈이나 칩을 구걸해서 사는 사람들이 있습니다.

그런데 그 사람들이 또 도박을 어떻게 하는지 새로 온 사람들에게 가르쳐 줍니다.

예전에 주식으로 백만 원을 투자해 16억 원을 벌었다는 사람이 있었습니다. 그는 세 번인가, 네 번인가 길거리에 나앉게 됐습니다. 그러다가 주식이 대세 장에 이르러 16억 원을 번 겁니다.

그런데 그 사람의 다음 행보가 참 재밌습니다. 자신이 주식은 하지 않고, 주식 유료사이트와 유료전화를 만들어 주식종목을 알려주는 것으로 돈을 벌기 시작한 겁니다. 그 자신도 주식으로 돈을 벌기 어렵다는 것을 알기 때문에 주식종목 선정을 하는 사업으로 전환한 겁니다. 주식종목 한 10개 선정하면 그중에 한두 개는 올라가지 않습니까?

그러고는 그 한두 개를 맞췄다고 선전하기 시작합니다. 그런데 종목을 제대로 맞추지 못해 결국 그는 주식전문가의 길도 접어야 했습니다.

자, 이런 얘기는 그만하구요.

아시겠지만, 제목은 큰 부자가 되는 법이라고 했습니다.

베풀면서 사는 게 부자 되는 지름길

그러면 어떻게 하면 부자가 될 수 있을까요? 좀 다른 관점에서 저는 접근을 했으면 합니다.

성공하고, 큰 지위를 얻고, 명예를 얻고, 좋은 직업을 가져서 부자가 되는 것이 일반적으로 아는 방법입니다. 현대사회는 일중독증 환자들이 판을 치는 세상입니다. 일에 중독되면 뭔가 성과는 나오게 마련입니다. 일중독증 환자들은 휴일에도 일을 하지 않으면 불안해하고, 일찍 퇴근하면 뭔가 허전해서 회사에 남아서 무슨 일이라도 합니다. 계속 자신의 경력을 쌓기 위해 대학의 최고경영자 코스에 다니거나 끊임없이 어학학원에 다니고 자격증 몇 개면 평생 먹고 사는 데도 불구하고 자격증을 20~30개씩 따느라 시간을 쪼개서 살아갑니다.

그렇게 열심히 살다 보니, 일중독증 환자들은 분명 현대사회에서 성공할 확률이 높습니다. 문제는 그들이 성공을 하고 나서 다른 사람에게 자신의 방식을 강요한다는 겁니다. 자신의 자식에게 왜 시간을 분 단위로 쪼개서 생활하지 않는지, 왜 그렇게 아까운 시간을 친구들과 만나느라 허비하는지 야단을 치고, 성화를 부립니다.

또한 직장에서는 부하직원들 보면 답답합니다. 왜 저렇게 게으를까 하는 생각이 들어 화가 나서 견딜 수가 없습니다. 밤을 새서라도 일을 해도 모자랄 판에 퇴근 시간 땡 치면 집에 가고, 출근시간도 가까스로 맞춰서 출근을 하는 겁니다. 자신이 젊었을 때는 새벽 같이 출근해서 일을 하고 공부를 했는데 말입니다. 하지만 그렇게 일중독증으로 사는 바람에 자신의 정신이 황폐해졌으며, 삶을 사는 데 아무런 즐거움이 없다는 것을 모릅니다. 그저 승진하고 자신의 일을 남들이 좋게 평가해 주는 것에만 만족하며 살아왔습니다.

그러다 정년퇴직을 하거나 명예퇴직이라도 당하게 되면, 일에 목숨을 걸며 살았기 때문에 자신은 아무짝에도 쓸모없는 사람이라고 생각해서 우울해하고, 노화를 자연스럽게 받아들이지 못하고, 신세한탄만 하며, 말년을 쓸쓸하게 보냅니다. 능력위주의 사고는 일을 못하는 나이가 실패요, 패배자요, 사람으로서 가치가 없다고 여기기 때문에 자신도 잉여인간에 불과하다고 생각하는 겁니다. 그러니 노년은 절망스럽고 우울할 수밖에 없습니다.

자, 여기서 큰 부자가 되는 법을 말씀드리겠습니다.

남들에게 베풀면서 사시기 바랍니다. 그게 정말 큰 부자가 되는 지름길입니다.

가만히 생각해 보세요. 돈이란 있다가도 없고, 없다가도 있습니다. 지금 가지고 있는 돈이 내가 영구히 소유할 수 없다는 걸 누구나 다 압니다. 그냥 내가 이생에서 관리하다 또 누군가에게 넘어가는 것이 돈입니다.

우리나라, 또 아시아, 전 세계적인 관점에서 보면, 돈은 한국 내에서도 돌다가 그 돈이 아시아로, 또 전 세계로 빠져나가고 들어오고 이런 순환 속에 있습니다.

그 순환에 우리가 서 있는 것이고, 그 돈이 내게 들어왔다가는 누군가에게로 가게 되는 겁니다. 그래서 자꾸 내 것, 우리 것, 우리 가족의 것이라고만 생각하면 큰 부자가 되지 못합니다.

이렇게 크게 순환하는 돈의 흐름 속에 내가 들어있다고 생각해 보십시오. 그 큰 흐름 속에서 내게 돈이 들어올 기회도 있고 돈이 나갈 기회도 있습니다. 내 돈, 내 가족의 돈, 내 자식의 돈이라고 국한지어서 생각하면 100억, 200억 가지고 있다 한들 그런 전체적인 돈의 흐름으로 볼 때 그 돈은 아무 것도 아닙니다. 전 세계적인 돈의 흐름은 수천조 원을 넘어서 천문학적인 단위로 그 돈이 움직이고 있는데 내 것만 벌려고, 내 것만 가지려고 하다 보니 얼마나 속이 좁은 생각입니까?

돈이 흘러가고 있는 흐름 속에서 그 돈을 내 것만 생각하지 말고 우리 모두의 것이라고 하는 대승적인 관점을 가져보십시오. 그럼 수백억, 수천억 원의 돈을 가지고 있는 사람이나, 수백만 원을 가지고 있는 사람이나 그 큰돈의 흐름에서 보면 푼돈에 불과한 겁니다. 하지만 사람들은 그저 남들보다 많이 가지려고만 하지, 남들도 좀 많이 가졌으면 하고 바라는 사람은 거의 없습니다.

남이 많이 가지고 있어야 내게도 그 돈의 흐름이 돌아옵니다. 예를 들어 부자들이 택시도 타고, 세차도 하고, 골프장도 가고, 음식점 가서 외식도 많이 하고, 그래야 돈이 풀리기 시작합니다. 그래야 택시기사는 돈을 벌어서 그동안 장만하지 못했던 가전제품도 바꾸게 되고, 음식점이 잘되어야 식자재를 많이 사게 돼서 농부들이 키운 채소들을 많이 소비하게 됩니다. 이런 연쇄적인 구조 속에 있는 게 경제의 흐름입니다.

그러니 남들이 돈 많이 번다고 배 아파할 이유 없습니다. 돈 많은 사람들이 많이 생겨서 제대로 세금 걷고, 그 세금으로 또 돈 없는 사람들을 위한 임대아파트도 짓고 의료비도 지원하고, 치매환자들 요양비용도 대는 겁니다.

물론 제도적인 문제를 짚어야겠죠. 빈익빈 부익부라는 그런 틀을 되도록 적게 가지려는 노력을 하지 말자는 것은 아닙니다.

남들도 더 잘되고, 남들도 돈 좀 많이 벌자는 생각, 더 크게는 우리 사회 구성원들 그리고 더 크게는 전 세계 사람들이 돈을 많이 좀 벌어서 밥 굶지 말고, 비가 새는 움막에서 사는 일 없고, 제대로 된 교육을 받자는 겁니다.

이렇게 큰맘으로 또 큰 시각으로 보게 되면, 우리가 남들에게 베푸는 게 베푸는 게 아닙니다. 큰 시각에서 바라본 돈의 흐름에서 내가 가지고 있는 돈을 빨리 남에게 줌으로써 순환을 빨리 시키는 것에 불과합니다.

내가 움켜쥐고 있으면 나에게서 돈의 흐름은 막히고 맙니다. 그래서 흘러가야 할 돈이 나에게서 멈추는 바람에 남에게 갈 돈이 가지 못해 누구는 굶어죽고, 누구는 몇 천 원짜리 약이 없어 병들어 죽고, 제때 예방접종을 받지 못해 장애의 몸으로 평생 살아가야 합니다. 죽게 되면 내가 가진 돈 한 푼도 없이 이 세상 떠납니다. 그 돈이 자식에게 갈 수도 있고, 또 상속세라는 명목을 통해 정부로 들어갈 수도 있습니다. 어찌됐든 내가 원하든 원치 않든 돈의 순환은 일어난다는 겁니다.

그렇다면 내 의도와 상관없이 돈이 흐르게 하지는 말자는 겁니다. 돈의 흐름에 적극적으로 내가 관여하자는 것이 남에게 베푸는 삶입니다.

나의 적극적인 의도에 의해서 더 빨리 돈을 순환시키게 된다면, 그 순환된 돈은 다른 사람에게 참 요긴하게 쓰이게 됩니다. 내가 돈을 빨리 순환시키는 바람에 그 돈의 순환은 더 빨라져서 내게 돌아오는 시간도 그만큼 빨라지게 됩니다.

우리가 흔히 그런 말을 합니다. 베풀고 살면 자신의 대가 아니라도 자손대대로 그 복을 받는다는 얘기를 합니다. 저는 그 말을 믿습니다. 인간이, 그리고 세계가, 그리고 우주가 서로 모르는 새에 연결되어 있으며, 알게 모르게 서로 영향력을 주고받는데 자신이 베푼 것이 수십 배, 수백 배로 돼서 돌아온다는 말이 뭐가 이상합니까. 당연히 내가 베푼 돈이, 물질이, 정성이 복리이자가 붙어서 돌아오는 것은 당연합니다. 돈이 돌고 도는 과정에서 그것이 몇 배가 되어 내게 돌아오는 겁니다. 션과 정혜영 부부를 보세요. 기부를 하다 보니, 이미지가 좋아져서 CF가 더 많이 들어오고, 그러니 더 많은 돈이 들어와서 더 많은 기부를 하는 선순환의 과정을 밟지 않습니까?

"새해 복 많이 지으십시오"

제가 항상 말씀드리는 게 "새해 복 많이 받으십시오." 말고 "새해 복 많이 지으십시오."라고 덕담하라는 겁니다.

복이란 건 많이 받으면, 더 이상 받을 게 없어집니다. 그리고 그 복 없어지면 인생이 고난스럽고 힘이 듭니다. 하지만 복을 짓는 사람은 자신의 인생에 복을 저축하고 사는 겁니다. 그러니 복을 짓고 사는 사람들은 저축한 복을 받을 수밖에 없습니다.

사람들은 복을 많이 받으려고만 합니다. 그 복이란 게 돈 많이 벌고, 건강하고, 자손 잘되고, 사업이 불 일어나듯 일어나고, 승진하는 것입니다.

하지만 복 받을 짓을 해야 복도 받는 게 아닐까요?

마치 이것은 일도 하지 않고 월급을 타려는 것이나 마찬가지 소립니다.

우주에는 우리가 모르는 항상성이 존재합니다. 내가 받은 만큼 또 남에게 줘야 하고, 내가 뺏은 만큼 또 나도 뺏기게 되며, 내가 번 만큼 또 나가게 되어 있습니다.

여러분, 공돈 생기면 빨리 쓰라고 하죠. 이유는 노력 없이 번 돈은 갑자기 생각지도 못하는 돈 쓸 일이 생겨서 그 돈이 다 나가기 때문입니다. 그게 바로 우주의 질서입니다.

그러니 복 지을 일 좀 하고 살았으면 합니다.

당신의 생각이 당신을 속이고 있다

복을 짓는 것 중에 으뜸은 베풀고 사는 겁니다.

베풀고 살면, 돈으로 살 수 없는 만족감이 생깁니다. 내가 남을 위해 뭔가를 했다는 좋은 느낌 말입니다. 항상 내 것, 내 집, 내 가족만 생각하다가 나랑 친하지 않거나, 나랑 별로 가깝지 않거나, 나랑 아예 모르는 사람을 위해 내가 베푼다는 경험은 내 굳건한 자아가 깨지는 느낌, 내 껍질이 깨지면서 내가 그 좁은 자아에서 탈출하는 자유를 주게 됩니다. 이제 내 작은 세계에서 벗어나 온 우주와 내가 소통하는 느낌, 나와 남이 연결되어 있는 느낌을 가질 수 있는 겁니다.

그리고 내 마음의 폭이 넓어져서 세상을 보는 안목도 커지게 됩니다. 이런 느낌이 바로 베풀어서 얻는 것입니다.

베푸는 것에는, 모르는 사람에게 친절하게 길을 가리켜 주는 것도, 낯모르는 사람에게 미소를 보내는 것도, 대가 없이 자신의 재능을 기부하는 것까지 무궁무진합니다. 물론 돈으로, 물질로 하는 기부도 포함됩니다.

여러분, 이렇게 자신의 자아를 벗어나서 남들과 우주적으로 연관을 맺어 보게 되면, 그 행복감과 희열은 말도 못합니다.

그래서 미얀마 스님들은 아침에 공양을 나갈 때 신자들이 주는 밥이나 과자 등을 받고도 고맙다는 인사도 안합니다. 스님이 신자에게 베푸는 기회를 주었기 때문입니다. 그 신자들에게 복 짓는 기회를 주었으니 그보다 더한 되갚음이 어디 있습니까. 그래서 고맙다는 말을 안 하는 겁니다. 도리어 신자들이 스님들에게 감사인사를 드리는 겁니다. 이렇게 베푸는 기회를 주셔서 감사하다고 말입니다.

그래서 여러분, 가장 큰 부자가 되는 법은 베푸는 삶입니다. 자꾸 내 것, 내 가족의 것, 내 자식의 것만 챙기다 보면 이 넓은 세계를 외면하고 겨우 나와, 우리 집으로 국한지어 사는 것입니다. 아니 이 넓은 세상 다 내 것이고 우리 것이라고 생각하면, 그 생각의 넓이와 깊이가 얼마나 커집니까. 그 넓은 시야를 가지면, 답답했던 속이 다 터지는 계기가 되는 것입니다.

내 것이 아니라 우리 것이라고 생각하면 베푸는 게 베푸는 게 아닙니다. 나와 남이 서로 연결되어 있고, 내가 전 세계 전 우주와 통하는 느낌을 가지게 되면, 내가 남에게 베푸는 것이 아니라 내가 나에게 주는 선물이 베푸는 삶입니다.

내 것, 남의 것이 없어지는데 누가 누구에게 베푸는 개념 자체가 없어집니다. 그냥 남는 돈 지갑에 넣어 놓으면, 내가 힘들 때 꺼내 쓰는 거고, 남들도 필요할 때 꺼내 쓰고, 그저 공동의 지갑에 남는 사람은 넣어놓고, 필요한 사람은 꺼내 쓰는 것입니다.

그래서 목회하시는 목사님이나 스님들이 자주 하는 얘기가 있습니다. 교회 지붕이 낡아서 수리를 해야 하는데 돈이 없다거나, 스님들이 공부를 해야 하는데 학비가 없어서 고민을 하고 있으면, 어찌어찌 돈이 나오더란 얘기를 합니다. 우연의 일치처럼 느껴지지만 사실은 우리들 공동의 지갑에 저축을 하고 필요할 때 또 꺼내 쓴 겁니다.

큰 부자가 되십시오. 자꾸 자기 통장, 가족통장에 돈 불어나는 것 보면서 만족해하고 어떻게 하면 돈을 더 늘릴까 생각하다 보면 큰 부자가 되지 못합니다. 내가 남는 돈, 공동의 지갑 속에 돈을 넣는다고 생각하면 그것처럼 큰 부자가 어디 있습니까?

세속의 큰 부자들이 행복합니까? 그저 보기에 그럴 듯해보이지, 항상 그 돈을 어찌 굴려야 하나 걱정하고, 자식들은 눈을 부라리면서 그 돈 뺏어갈 궁리하고, 자신이 죽으면 유산싸움으로 가족들 풍비박산 나는 일이 많습니다. 그렇게 목숨 걸고 번 돈이 자식들을 서로 싸우게 하고 원수처럼 만들게 하느라고 돈을 쌓아놓은 것은 아니지 않습니까?

왜 우리가 돈을 벌어야 하는지, 그리고 그 돈을 어디다 쓸지 항상 생각하고, 그 돈이 내가 필요가 없으면 남들이 쓸 수 있게 하는 큰맘 먹으면 이 세상 아주 크게 사는 삶이고, 그것이야말로 큰 부자가 되는 것입니다.

정말 큰 부자는 마음씀씀이 크게 내는 사람입니다.

돈은 분명 필요한 것이지만 그것에 집착할수록 우리네 삶은 점점 쪼그라들고 백억을 가지고 있어도 마음은 궁핍하고 항상 초조한 것입니다.

그래서 마음 씀씀이 큰 부자되시면 진정 행복해집니다. 모든 세상, 모든 만물 다 내 것이고 우리 것인데, 얼마나 마음이 든든하겠습니까.

35

트랜스젠더 잔혹사
- 남자가 되고 싶은 여자, 여자가 되고 싶은 남자

여러분은 남에게 절대 피해를 주거나 남을 해친 적도 없으며 미풍양속을 문란시킨 적도 없습니다.
그러니 자기 자신이 남과 다르다고 해서 사랑받지 못할 이유는 없습니다.
여러분은 일반인들보다 공격적이거나 범죄성향이 더 많은 것도 아니고, 사회에서는 모범시민이며,
남에게 피해를 전혀 주지 않고 살려고 하는 성적 소수자들일 뿐입니다.

얼마 전 우리 의원에서 트랜스젠더 심리검사를 한 대학생의 어머니로부터 전화를 받았습니다.

트랜스젠더 보호자들이 전화를 할 때는 대부분 항의 전화입니다. 심리검사를 믿을 수 없다는 겁니다. 또는 부모 허락 없이 왜 함부로 심리검사를 했냐는 것도 있습니다. 그래서 만 19세가 되지 않으면 부모동의서를 받아야 심리검사를 시행합니다. 아이가 어린 시절부터 아무런 문제가 없었는데, 어떻게 트랜스젠더 진단이 나왔냐는 겁니다. 그러면 저는 대학병원에 가서 한 번 더 심리검사를 할 것을 말씀드립니다. 그분은 자신의 아들이 트랜스젠더란 사실을 받아들이기 힘든 겁니다. 그래서 그것에 화가 나서 병원에 대고 화풀이를 하는 거죠. 저는 그 부모 심정도 이해합니다. 명문대에 입학해서 집안의 자랑거리인 아들이 느닷없이 자신이 트랜스젠더라고 얘기하고 심리검사마저 트랜스젠더로 나왔으니 그걸 받아들일 부모가 누가 있겠습니까? 그 어머니

는 아들을 명문대에 진학시키기 위해 돈도 많이 썼고 특별 과외까지 했는데 트랜스젠더라니 말이 안 된다는 겁니다. 그리고 심리검사 선생님을 믿지 못하겠다는 겁니다. 심리검사는 임상심리전문가 선생님이 하게 됩니다. 그 임상심리전문가가 도대체 어느 대학을 나왔느냐는 것까지 물어보고, 그 사람이 서울대를 나오지 않았는데 심리검사를 해도 되냐는 항의까지 합니다. 그리고 비록 결과가 트랜스젠더라도 왜 아들에게 트랜스젠더라는 결과가 나왔냐고 말했다고 또 항의를 하는 겁니다. 아니라고 얘기했으면 우리 아들은 원래대로 살아갈 것이라는 거죠. 그렇게 20~30분 동안 그 어머니는 온갖 트집을 잡기 시작했습니다. 그래서 결국 성전환수술을 하는 유일한 대학병원인 동아대병원에 가서 다시 심리검사를 받아보시라고 한 끝에야 그분은 전화를 끊게 되었습니다. 작년에는 한 트랜스젠더의 어머니가 오셔서 심리검사한 자료까지 요구를 하고, 만약 심리검사 결과가 틀릴 경우 각오하라는 반 협박까지 듣기도 했습니다.

우리 의원에서 한 달에 심리검사를 하는 트랜스젠더는 20~30분 정도 됩니다. 10년 동안 600사례 이상 본 의원에서 심리검사를 한 겁니다. 아마 국내에서는 성전환수술을 전문으로 하는 동아대병원보다 트랜스젠더에 대한 심리검사 사례는 더 많을 것으로 생각됩니다.

우리 의원이 전국에서 제일 많은 트랜스젠더 심리검사를 하게 된 계기가 있습니다.

10여 년 전 제 대학동창인 한동균 성형외과에서 성전환수술을 하기 시작했습니다. 그런데 성전환수술을 하기 전 심리검사를 해서 트랜스젠더가 맞는지 확인하지 않으면 성전환수술을 할 수 없습니다. 그래서 그 친구의 부탁으로 자신의 병원에서 성전환수술을 하는 트랜스젠더의 심리검사를 우리 의원에서 좀 해달라고 한 겁니다.

그렇게 해서 트랜스젠더에 대한 심리검사를 시작하게 된 게 지금은 제일 많이 심리검사를 하는 의원이 된 겁니다. 제 대학동창인 한동균 성형외과는 오래 전부터 성전환수술을 하지 않고 있습니다. 그럼에도 불구하고 트랜스젠더들이 모이는 인터넷 사이트에서 입소문이 나기 시작해서 먼저 심리검사를 받은 사람들이 추천을 하는 바람에 지금도 끊이지 않고 우리 의원에 심리검사를 받으러 오는 겁니다.

모든 정신과 의원은 트랜스젠더 유무에 대한 심리검사를 할 수 있고, 트랜스젠더 진단을 내릴 수 있습니다. 하지만 심리검사 하기를 꺼리거나 거절하는 정신과의원이 많습니다. 아무 정신과나 가서 심리검사를 받으러 가면 되는 줄 알고 갔다가 문전박대를 당한 경험이 있거나, 아예 이쪽 방면에 문외한인 정신과 의사들이나 트랜스젠더에 대한 안 좋은 인식을 가진 정신과 의사들은 노골적으로 싫은 표정을 지으며 트랜스젠더를 돌려보냅니다. 그러니까 그들끼리 본원에 오면 트랜스젠더 심리검사를 문제없이 해준다는 얘기를 공유하게 되었고, 이렇게 심리검사를 받으러 많이 오게 된 겁니다.

트랜스젠더가 자살하는 이유

트랜스젠더가 심리검사를 꼭 받아야 하는 이유가 있습니다. 트랜스젠더라고 생각하는 사람 중에는 정신분열병이나 조울증, 또는 인격장애 환자가 섞여 있는 경우가 있습니다. 그들은 일시적으로 신체 망상에 빠지거나 기분이 들떠서, 자신이 트랜스젠더라고 착각하게 됩니다. 그런 환자가 성전환 수술 후에 그런 증상이 없어졌다고 한다면 어떨까요? 이미 돌이킬 수 없는 상태가 되는 거죠. 그래서 그런 일을 미연에 막고, 확실히 트랜스젠더가 맞는가 확인하기 위해 심리검사는 꼭 필요합니다. 이렇게 10여 년간 심리검사를 하면서, 다른 정신과 의사들보다 정말 많은 트랜스젠더를 만나게 되었고, 그들의 힘든 점들과 그들이 겪는 고통을 곁에서 지켜보았기에 기회가 된다면 이에 대한 얘기를 하리라 결심을 하고 있었습니다.

그러던 차에 이번에 걸려온 트랜스젠더 어머니의 전화가 자극이 되어 이 글을 쓰게 된 겁니다.

제목이 '트랜스젠더 잔혹사'입니다. 우리와 다르다는 이유로 우리가 얼마나 많은 편견을 가지고 있으며, 어떻게 그들을 괴롭히고 고통을 주고 그들을 죽음으로 내모는지 그 이야기를 하려고 합니다. 그래도 제일 많이 트랜스젠더를 본 사람으로서 저는 의무처럼 이 글을 써야 한다고 생각했습니다.

트랜스젠더 잔혹사는 만 스무 살이 되기 전부터 시작합니다.

청소년 트랜스젠더의 사망률은 매우 높습니다. 미국의 통계로는 트랜스젠더는 만 스무 살이 되기 전 50% 이상이 최소한 한 번 이상 자살을 시도하는 것으로 알려져 있습니다. 심지어 여기에는 일곱 살짜리 아이까지 포함되어 있습니다. 그리고 21번이나 자살을 시도했던 트랜스젠더도 있었습니다.

그럼 이런 미성년 트랜스젠더가 자살을 하는 이유는 뭘까요?

첫 번째, 트랜스젠더를 혐오하는 친구들과 가족들, 직장동료들과의 문제에서 생깁니다. 제가 본 사례를 보더라도, 집에서 쫓겨난 경우도 많이 있습니다. 또한 트랜스젠더는 일시적 현상이라고 생각해서 대부분의 가족들은 그들을 붙잡고 끊임없이 설득을 하고 협박을 하기도 합니다. 하지만 달라질 리가 없습니다. 그러면 트랜스젠더는 이제 집안의 망신이자 집안을 더럽힌 자식이 되는 것입니다. 친한 친구들도 트랜스젠더란 사실을 알게 되면 그 곁을 떠나는 경우가 많습니다. 그렇게 혼자 세상에 남겨지고, 버려진 트랜스젠더들은 자살을 선택하게 됩니다.

두 번째, 이런 어린 친구들이 자살을 하는 이유는 자신의 신체이미지가 너무 역겹기 때문입니다. 분명 자신은 남성인데, 자신의 신체는 여성인 겁니다.

2차 성징이 나타나면서 유방이 커지고, 골반은 넓어지며, 성기는 여성의 것을 가지고 있는 겁니다. 그러니 자기 신체가 너무나 싫은 겁니다. 반대로 분명 자신은 여자라고 생각하는 남자 트랜스젠더는 자신에게 필요 없는 성기가 생기고, 몽정을 하고, 근육이 많아지고, 변성기를 거치면서 목소리도 굵어지는 등 남성적인 변화가 죽기보다 싫은 겁니다. 자기 몸에서 이상한 변화가 생겨 자신이 아닌 어떤 괴물로 변화된다는 사실에 고통을 받게 되고, 이로 인해 자살을 선택합니다.

세 번째 이유는 차별의 문제입니다. 이들은 학교를 일찍 그만두는 경우가 많습니다. 친구들이 여자 같다느니, 여자인데 너무 남자 같다느니 하는 놀림을 받기 때문입니다. 직장을 구하기도 어렵거니와 직장에서도 다른 직원들이 수군거리고 멸시하는 바람에 버텨낼 재간이 없습니다. 그렇다고 마음의 안식을 찾으러 교회나 성당에 가면 그 고통은 더합니다.

교회나 성당 같은 종교단체에서도 자신의 성을 버리고 다른 성을 가진 사람들은 지옥에 갈 것이라는 경고를 받거나, 종교에 위배되는 행동이라는 얘기를 듣고 죄책감을 느껴서 자살을 생각합니다.

네 번째 이유는 트랜스젠더란 이유로 그들을 유독 혐오하고 싫어하는 사람들이 그들을 따돌리고, 심지어 물리적인 폭력을 가하고, 남들 앞에서 무시하기 때문입니다. 남자가 여자 같다는 이유로 주변 급우들은 트랜스젠더 청소년을 함부로 대해 돈을 뺏거나 성적 착취를 하는 경우도 있습니다. 그래서 그들은 이런 놀림감이 지겨워 자살을 선택합니다.

여기서 트랜스젠더의 자살을 방지하는 방법은 되도록 빨리 상담치료를 받는 데 있습니다. 그래서 미국의 경우에는 젠더 테라피스트(Gender Therapist), 성상담가가 있어 이런 어려움을 겪는 트랜스젠더와 상담을 해서 그들의 고통을 덜어주고, 자살을 예방하는 역할을 하고 있습니다. 하지

당신의 생각이 당신을 속이고 있다

만 우리나라는 성상담가가 없을 뿐 아니라, 정신과 의사, 일반 심리상담가들도 트랜스젠더의 상담치료에 관심이 없으며, 특별히 그들을 위해 상담을 하는 곳도 없습니다.

그들을 트랜스젠더로 그냥 인정하고 그들의 어려움과 고통, 우울함을 위로해줘야 합니다. 그래야 그들이 자살로 가는 것을 미연에 방지할 수 있습니다.

하지만 우리나라에서 하는 상담치료는 보호자가 억지로 정신과에 데려가 트랜스젠더를 고치려고 할 뿐 트랜스젠더가 겪는 어려움과 그들이 가지고 있는 고통과 절망을 위로하는 상담치료는 없습니다. 어떤 정신과 의사도, 상담치료사도 트랜스젠더를 고칠 수 있는 사람은 없습니다. 혹여 트랜스젠더를 고치기 위한 상담을 받게 되면 트랜스젠더는 더욱더 고립감에 빠지고 세상에 어느 누구도 나를 이해해주는 사람이 없다는 절망감에 빠질 뿐입니다.

이 글의 목적 중 하나는 성적 소수자들을 자살로 내몰고 있는 대중의 편견과 질시를 줄이자는 겁니다. 이런 편견이 줄어들지 않는다면, 아까운 생명이 이 세상에서 사라지기 때문입니다.

일반인들은 트랜스젠더가 신이 나서, 너무나 좋아서 그걸 선택하는 이상한 집단으로 여기고 있습니다. 또한 트랜스젠더 하면 하리수를 떠오르며 묘한 상상만할 뿐입니다. 하지만 그들 내면에 가지고 있는 공포나 우울, 절망감이 얼마나 큰지 일반인들은 알지 못합니다.

그저 태국의 유명한 트랜스젠더쇼인 티파니쇼처럼 여자보다 더 예쁘고 화려한 쇼를 하는 사람들이라고 그들을 피상적으로 알 뿐입니다.

누구나 예견할 수 있듯이 트랜스젠더의 취업률은 매우 낮습니다. 사람들의 편견으로 인해 누구도 일자리를 주지 않으려 하기 때문입니다. 그래서 실업상태에 있거나 3D업종에서 일하는 경우가 많습니다. 미국의 한 연구에 의

하면 트랜스젠더의 80% 이상이 우울증이라는 통계도 있습니다. 물론 이런 통계는 미국에서도 트랜스젠더협회가 추정한 것일 뿐 미국이든 대한민국이든 어느 사회에서도 관심을 가지지 않기 때문에 제대로 된 통계를 가지고 있는 나라는 없습니다. 대부분의 나라에서 트랜스젠더는 사라져야 할 대상이거나 관심 밖의 인물들이기 때문이죠. 또한 가족과 친구들도 등을 돌려버립니다. 그래서 그들은 자의반 타의반 집에서 쫓겨나서 힘든 생활을 하는 경우가 많습니다. 우리나라에도 버려진 개들을 거두어 돌봐주는 유기견센터는 있지만, 버려지고 죽음을 생각하는 트랜스젠더의 쉼터는 없습니다.

미혼모시설처럼 그들이 가족에게 쫓겨나고, 자기가 살던 월세 집에서 쫓겨나거나 직장에서 차별을 당해 길거리에 나 앉았을 때 잠시 동안이라도 몸과 마음을 쉴 수 있는 시설이 필요합니다. 미국도 미시시피주에 처음으로 트랜스젠더 쉼터가 들어서게 되었습니다. 트랜스젠더 시설에서는 다시 사회에 복귀시킬 수 있는 프로그램을 갖춰서 그들이 극단적인 선택을 하지 않도록 예방하고, 그들의 상태를 지지하고, 마음과 몸의 평화를 이룰 수 있게 하고 있습니다. 트랜스젠더란 자신의 몸은 남성 또는 여성이나 자신의 머릿속에 박힌 성은 그 반대인 것을 말합니다. 트랜스젠더는 절대로 후천적으로 만들어진 것이 아니라 이미 태어날 때부터 정해진 것이란 것은 증명된 사실입니다. 왜, 어떤 과정으로 뱃속에서 어떤 변화가 있었기에 트랜스젠더로 태어난 것인가 하는 것에 대한 이론은 분분합니다. 다만 남자아이의 경우 태내에서 남성 호르몬을 뇌에 적게 쏘이거나 여자아이의 경우 여성호르몬을 뇌에 적게 쏘일 경우 발달과정에서 남자아이는 자신의 성이 여자라고, 여자아이는 자신이 남자라고 각인되어 태어난다는 것입니다.

당신의 생각이 당신을 속이고 있다

트랜스젠더 청소년들의 자살 시도율 50%

일반인들이나 종교단체에서 우려하는 것이 있습니다. 트랜스젠더가 방송이나 언론에 자꾸 나오고 그들이 점점 커밍아웃하게 되면, 자라나는 청소년들이 그걸 보고 따라한다는 것입니다. 트랜스젠더가 전염성이 있다고 생각합니다. 트랜스젠더가 청소년들에게 악영향을 끼치게 되고 그들은 더 많은 트랜스젠더를 양산해 낼 거라는 걱정을 합니다. 또한 그들이 많아질수록 사회의 도덕성은 추락하고 사회는 더 퇴폐해질 거라고 걱정합니다.

그런데 그런 편견을 가지고 있는 대중들이 미처 생각하지 못하는 점이 있습니다.

인간이 얼마나 영악한 존재입니까? 조금이라도 손해 볼 짓을 하는 사람이 있을까요? 돈 몇 만원 손해 봤다고 살인이 일어나기도 하는 게 인간사회입니다. 그런데 이상하다는 생각을 해본 적이 없으신가요? 왜 트랜스젠더는 분명 같은 인간인데 저렇게 사회적으로 치명적인 불이익을 당하는 길을 선택할까 하고 말입니다.

트랜스젠더의 길은 험난한 정도가 아니라 위험하고 자신의 모든 걸 잃어버리는 선택입니다. 사람들로부터 손가락질을 받고, 직업을 쉽게 구하기도 어려우며, 가족들로부터도 버림받거나 멸시와 경멸을 당하게 됩니다. 그런 길을 왜 선택한다고 보십니까?

그들은 성전환수술이란 엄청난 모험을 감행합니다. 그 수술이란 것이 일반인들이 생각하는 것보다 훨씬 위험합니다. 여성은 자신의 자궁을 적출하고, 가슴을 제거하고, 남자들은 자신의 성기를 제거합니다. 그리고 새로운 성기를 만드는 과정은 2~3차의 수술을 해야 가능한 일입니다. 전신마취의 사망률을 보통 3,000분의 1로 잡습니다. 전신마취만으로 3,000명 중 1명은 사망합니다. 그런데 이런 큰 수술을 받게 되면 과다 출혈이나 수술 후 감염 등의 합병증으로 사망률은 더욱 높아집니다.

우리가 피부과에 점 하나 빼러가도 겁내는 사람이 있고, 주사 한 대 맞아도 아파 죽겠다고 하는 판에 그들은 누가 등을 떠밀어서 가는 것이 아니라 자기 발로 병원에 찾아가 그런 수술을 받습니다.

그들은 분명 제대로 된 판단력이 있으며, 같은 인간 동료입니다. 그들이 자신이 원하는 성으로 바뀌는 게 얼마나 간절하면, 인간이란 영악한 존재임에도 불구하고 그런 커다란 불이익을 선택하고, 그런 위험한 수술을 감행하는가 하고 말입니다.

태생적으로, 타고난 것이 아니라면 이런 결정을 내릴 인간은 아무도 없을 겁니다.

이런 점만 보더라도 그들이 자신이 원하는 성을 선택하는 것이 얼마나 간절한 것인가 알 수 있습니다. 인간이 가진 본능인 자신의 몸을 보호하고자 하고, 누구에게 멸시받거나 불이익을 받지 않고 살려고 하는 그런 인간적인 본능도 과감히 떨쳐버리고 자신이 원하는 성으로 가는 것입니다. 이것은 뇌에 박힌 성이 그렇게 중요하다는 겁니다. 가장 크고 가장 중요한 성기관은 뇌입니다. 뇌가 자신의 성을 어떻게 지각하는가에 따라 자신을 남자로, 또는 여자로 인식하는 것입니다.

몸이 남자라도 뇌에 박힌 성이 여성이면, 여성으로 가야 합니다. 또한 반대도 마찬가지구요.

트랜스젠더는 우리 의원에 성전환수술을 받기 위해 심리검사를 받고 일주일 후 결과를 받으러 옵니다. 모두들 긴장해서 병원에 오게 되는데, 트랜스젠더가 아니라는 심리검사가 나올까봐 그렇습니다. 그런데 트랜스젠더가 맞다는 심리검사가 나왔다고 말하는 순간, 그들은 좋아서 어쩔 줄 모릅니다. 이제 자신의 뇌에 박힌 성으로 갈 수 있는 첫 번째 관문을 통과했기 때문입니다. 드디어 호르몬 요법을 할 수 있고, 나중에 돈을 모아 성전환수술까지 해서 자신이 그토록 원하는 남자 또는 여자가 될 수 있다는 생각 때문에 그런 겁니다.

뇌에 박힌 성은 이렇게 끈질깁니다. 그런 끈질김은 우리 인간이 가진 본성과 두려움까지도 극복하게 만듭니다. 분명 가시밭길인 걸 알면서도 그 길로 스스로 선택해서 외롭게 자신의 길로 가는 게 트랜스젠더입니다.

오죽하면 그런 선택을 했을까, 얼마나 뇌에 박힌 성이 집요했으면 그런 선택을 하고 보장된 미래를 포기하고 음지로 숨어들까 하는 생각을 하셔야 합니다. 이들도 우리처럼 작은 일에 슬퍼하고, 걱정도 많고, 미래를 두려워하는 우리와 같은 인간입니다.

트랜스젠더가 생물학적으로 이미 결정된 것이고, 생물학적인 문제로 트랜스젠더가 되었다는 이론 중 하나가 시상하부의 크기입니다. 이 시상하부는 우리의 성을 결정하는 뇌의 기관입니다. 그런데 남자인데 여자가 되고자 하는 트랜스젠더의 시상하부는 원래 여성으로 태어난 사람들의 크기와 비슷하고, 반대로 여성인데 남자가 되고자 하는 시상하부의 크기는 원래 남성으로 태어난 사람들의 시상하부 크기와 같다는 것입니다. 트랜스젠더의 뇌의 구조는 이미 몸은 여성이지만 뇌는 남성으로 태어났고, 몸은 남성이지만 뇌는 여성으로 태어났다는 것을 암시하는 증거입니다.

여전히 많은 사람들은 트랜스젠더가 되는 것은 그들이 그렇게 선택했거나 환경적인 요인에 의해 그렇게 되었다고 생각합니다. 아닙니다. 트랜스젠더는 이미 뱃속에서 결정되어 태어난 것입니다. 그들이 원해서 된 것도 아니고, 어떤 종교를 믿는다고 해서 그들이 다시 원상태로 돌아 갈 수도 없습니다. 그저 그들은 그렇게 태어난 것입니다.

대부분의 트랜스젠더들은 어렴풋하게 그들이 벌써 5~6세부터 뭔가가 달랐다고 떠올립니다.

몸과 마음이 따로 노는 느낌 같은 걸 가지게 되는 것입니다. 남자아이인데 소꿉놀이를 하고 인형을 가지는 걸 좋아하고, 여자아이인데 치마 입는 걸 거부하고, 남자아이들과 놀이터에서 뛰어 노는 걸 좋아합니다. 그들은 자라면서 이제 점점 외로워집니다.

분명 자신은 남자인데 같은 남자들과 다르다는 걸 점점 알게 되기 때문입니다. 그리고 나는 동료들과 다르다는 생각 때문에 괴로워하기 시작합니다. 흔히 트랜스젠더는 흔쾌히 자신이 남자임에도 여자라는 것을 받아들인다고 생각합니다. 누가 그렇게 쉽게 받아들일까요?

사회에서 남과 다르다는 것이 얼마나 고통스럽다는 것을 모르는 사람이 있을까요? 특히 청소년들은 자신이 남과 다르다는 것에 대해 매우 예민합니다. 그러니 자신이 남과 너무나 다르다는 것이 얼마나 고통이 크겠습니까?

자, 이렇게 어린 시절부터 뭔가 다르다는 것을 느끼기 시작하다가, 트랜스젠더는 사춘기에 이르게 됩니다. 그러면서 그들은 어떤 공포영화보다 무섭고, 어떤 범죄영화보다 잔인한 현실에 마주치게 됩니다.

시고니 위버가 주연하고, 리들리 스콧이 감독한 〈에이리언〉이란 영화를 보신 분이 많으실 겁니다. 그 영화를 보면 괴생물체가 인간을 숙주로 만듭니다. 그들은 인간의 몸에 자신의 알을 낳고 그 알이 부화되면서 인간의 뱃속에서 꿈틀거리는 장면이 영화 속에 등장합니다. 자신의 뱃속에서 뭔가 움직이는 걸 느낀 인간들은 영화 속에서 당황하는 정도가 아니라 패닉상태에 빠집니다. 이윽고 그 괴물은 인간의 배를 찢고 나와 그 괴물의 정체를 드러냅니다.

이정도 공포상황과 당혹감이 트랜스젠더 청소년들이 겪는 문제들입니다. 그들은 사춘기 이전에는 남자지만 자신이 여자라고 생각했고, 여자지만 자신이 남자라고 철석같이 믿고 있었습니다. 그런데 영화 〈에이리언〉에서 괴물이 자기 뱃속에서 꿈틀대며 튀어나오는 장면처럼, 자신의 신체가 변화되는 걸 느끼게 됩니다.

여자로 태어났지만, 분명 자신은 남자라고 믿었는데 자신의 가슴이 커지기 시작합니다. 그리고 골반 크기가 커지고, 남자와 같은 근육질 몸이 아니라 지방층이 두터운 여자가 되는 겁니다. 더욱 끔직한 것은 남자인 자신이 한 달마다 생리를 하는 겁니다. 이런 신체의 변화는 공포영화 이상으로 무서울 뿐입니다. 그들은 이런 신체 변화에 매우 당혹스럽고, 절망하고, 우울해 합니다. 왜 나는 남자인데 여자의 몸으로 자꾸 변해가고 있는 걸까? 이들은 자신이 에이리언의 알을 자신의 뱃속에 이식한 그런 느낌을 받는 겁니다.

또한 여자라고 철석같이 믿고 있던 남자 트랜스젠더 청소년은 자신이 여자인데도 불구하고 새벽에 자연스런 발기 현상이 생기고, 몽정을 하게 됩니다. 그리고 성기는 점점 성인남자처럼 변해갑니다. 그리고 커져야 할 가슴은 커지지 않고, 자신의 몸은 근육질 몸매로 바뀌는 겁니다. 그리고 콧수염과 턱수염은 점점 굵어지고, 많아져서 이제 면도 또한 해줘야 합니다. 이 또한 공포스럽고 불만스럽기는 마찬가집니다.

이것이 트랜스젠더가 겪는 사춘기의 호러, 공포와 당황스런 감정들입니다.

이들은 뭔가 자신의 신체가 잘못 되었다고 생각합니다. 그래서 여자가 되고 싶은 남자들은 자신의 성기에 혐오감을 느끼고 빨리 제거하고 싶어집니다. 또한 남자가 되고 싶은 여자들은 자신의 가슴이 점점 커지는 게 싫어, 붕대로 가슴을 칭칭 동여매 보지만 그것도 허사입니다.

이들은 자신의 신체가 괴물이 되어가고 있다고 느낍니다. 에이리언 자체가 바로 자신인 겁니다. 이들은 이게 꿈이려니 생각하고 잠이 들지만, 어김없이 자고 일어나면 자신에게 달려 있지 않아야 할 가슴과 성기는 아무런 변화도 없습니다. 매일매일 그들은 공포와 혐오의 시간을 가집니다. 그래서 이 무렵 트랜스젠더 청소년들의 자살 시도율은 50%까지 이릅니다. 자신의 뇌가 인지하는 성과 반대로 자라버린 자신의 몸에 대한 절망감을 도저히 참을 수가 없으며, 하필 왜 나의 몸은 이렇게 괴물로 변해버렸나 하는 생각 때문입니다.

그래서 어떤 부모들은 자신의 아들이나 딸이 왜 자살을 했는지 영영 모르는 경우도 많습니다. 트랜스젠더 자녀들은 자신이 트랜스젠더라는 사실을 말하지 않고 자신만의 비밀로 간직한 채 생을 스스로 마감하기 때문입니다.

그래서 많은 성인 트랜스젠더들은 행복한 어린 시절을 보낸 사람이 거의 없습니다. 그들은 어린 시절 자신이 아닌 다른 사람으로 살아가야 했기 때문입니다. 남자가 되고 싶은 트랜스젠더는 남자처럼 생활하고 싶지만, 여자처럼 살라는 강요를 사회나 집안에서 받아야 하고, 여자가 되고 싶은 트랜스젠더는 아기자기한 취미생활과 여성적인 감성을 가지고 있지만, 다른 남자애들처럼 운동을 잘해야 하고, 남자다움을 보이기 위해 애써야 하기 때문입니다. 특히 유독 트랜스젠더 혐오증이 심한 가정에서 자란 아이들은 자신의 상태에 대해 입도 뻥긋하지 못합니다. 부모가 자신을 괴물 쳐다보듯 할 것이고, 자신을 강제로 교정시키려고 할 것이며, 심지어 부모자식 간의 관계도 끊어버리고, 모든 경제적인 도움도 완전히 중단시킬 거라는 걸 알기 때문입니다.

좀 개방적인 집안이라 하더라도, 부모들은 어떻게 하든지 트랜스젠더가 되는 것을 막아보려 합니다. 그래서 그들을 정신과나 심리상담가에게 데려가 상담을 시키고, 제발 정신 좀 똑바로 차리라고 하고, 도대체 왜 남자인데 여자로 살려고 하냐고 질책을 하고, 회유도 합니다. 물론 이런 부모의 노력은 아무런 효과도 없습니다. 그저 아이들을 더욱더 절망상태에 빠뜨릴 뿐입니다.

그래서 그들은 자신의 상태를 몰라주는 부모로 인해 점점 더 절망에 빠져들게 되고, 자신이 이해받지 못한다는 생각으로 적당히 부모와 타협한 채 자신이 트랜스젠더란 사실을 숨기기 시작하고, 그렇지 않은 것처럼 행동해 보기도 합니다.

종교는 트랜스젠더에 대한 편견을 거두어야

자, 트랜스젠더 청소년들이 20대에 도달합니다.

이들도 인간이기 때문에 굳이 자신이 사회에서 멸시받고, 제대로 직업도 갖지 못하고, 가족들로부터도 무시당하는 그런 삶을 살고 싶어 하지 않습니다.

그래서 여성이 되고 싶은 남성 트랜스젠더는 자신이 부모에게 물려받은 신체적인 성(性)인 남자로 살아보려고 애써보기도 합니다.

그래서 우리 병원에 찾아오는 남자 트랜스젠더 중에는 의외로 군대를 갔다 온 친구들도 많이 있습니다. 그들은 혹시 군대라도 다녀오면 자신이 진정한 남자로 거듭날 것이란 기대를 하는 겁니다. 그러나 군대생활이 트랜스젠더를 바꿔놓지는 못합니다. 그들의 군대생활은 한 마디로 지옥 그 자체입니다. 자신의 몸은 남자지만, 여자이기 때문에 같은 병사들과 샤워를 할 때도 많은 남자들 앞에서 발가벗겨진 여자라는 생각 때문에 수치심과 부끄러움을 가집니다. 남탕 안에 혼자 들어간 여자의 신세라고 보면 됩니다. 군대생활이 너무 힘들어, 할 수 없이 사실을 털어놓고 의가사 제대를 하거나 관심사병으로 분류되어 혼자 근무하는 보직을 맡게 됩니다. 군대를 보내놓고 나서 부모들은 안심합니다. 아이가 이제 정신을 차렸구나 하고 맙니다. 하지만 제대를 하고 나서 달라질 것 같았던 아들은 여전히 여자 옷을 입으려 하고, 화장을 몰래 하고, 아들의 서랍에는 여성 속옷이 발견됩니다.

28사단에서 일어났던 윤일병 구타 사망사건이 일어나고 얼마 후 같은 28사단 사병 두 명이 휴가를 나와 동반자살을 했습니다. 그중 한 명은 트랜스젠더였습니다. 자신도 여자가 아니라 남자로 살아 보고 싶어 군대에 입대했지만, 도저히 적응을 하지 못해 상관에게 트랜스젠더임을 밝히게 되었습니다. 군대에서는 정신감정을 하게 되었고, 트랜스젠더란 결론을 내려 그 사병을 제대시키려고 했습니다. 그러나 그 부모가 절대 그걸 받아들일 수 없다고 우긴 겁니다. 자기 아들은 절대 그럴 리 없으며, 제대시키면 가만히 안 있겠다고 한 거죠. 어디에도 속하지 못했던 그 병사는 결국 우울증을 앓던 다른 병사와 같이 휴가를 나와 스스로 목숨을 끊은 겁니다. 너무나 마음이 아픈 사건이었습니다.

트랜스젠더의 20대, 그들은 그렇게 정상적인 생활을 하려고 발버둥 쳐보지만 허사라는 사실을 알게 됩니다. 그래서 이때도 자살률은 높아집니다. 남에게 무시받고 멸시받는 삶을 사느니 죽음을 선택하는 겁니다.

어떤 트랜스젠더 남성의 경우 결혼을 하면 달라지지 않을까 하고, 마음에도 없는 여자와 결혼을 하고 애도 낳아 봅니다. 하지만 자신이 여자라는 사실은 달라지지 않는다는 걸 알게 됩니다. 우리 병원에 찾아온 가장 고령의 트랜스젠더는 45세 남성이었습니다. 그 남자는 억지로 결혼을 해서 아이도 있지만, 이제 이혼을 하고 자신이 그렇게 바라던 여자로 살고 싶어 심리검사를 받으러 왔다고 합니다. 아무리 노력해도 되지 않는 자기 자신이 원망스럽지만, 자신이 진정 원하는 것은 여자가 되는 것이라고 생각하고, 모든 재산 다 아내에게 주고 이혼을 하고는 성전환수술과 호르몬 치료를 위해 우리 병원에 찾아와 심리검사를 받으러 온 겁니다.

이런 사실들이 과연 후천적으로 누구의 설득에 의해서, 아니면 하리수가 TV에 나온 걸 보고 동경해서 만들어진 결과일까요?

이처럼 이들 트랜스젠더의 잔혹사는 끝없이 이어지고 있는 겁니다.

트랜스젠더 어린이들을 빨리 치료하면 할수록 그들의 삶이 더욱더 나아진다는 미국의 연구결과가 있습니다. 여기서 치료란 자신이 원하는 성으로 빨리 치료를 해주자는 겁니다. 그래서 미국에서는 성상담가가 인터뷰한 후에, 이들이 원하는 자신의 진정한 성으로 살고자 도와줍니다. 그래서 어떤 학교에서는 자신이 남성으로 생각하는 여자애들은 학교에서 남자아이들과 같은 체육활동을 시키기도 하고, 아예 남자로 살 수 있게 도와줍니다. 또한 만 11세가 되면, 호르몬 차단제를 투여하여 사춘기를 되도록 늦추고, 16세가 되면 자신이 원하는 성으로 바뀌는 성호르몬 치료를 시작하기도 합니다. 어린 시절부터 그들이 원하는 성으로 가는 걸 도와주는 겁니다.

우리는 남을 공격하고 비난하기를 좋아합니다. 우리가 자신과 다른 생각, 다른 성격, 다른 행동을 보인다고 해서 우리는 그 사람에 대해 혐오감을 가지는 경우가 많습니다.

최근 가톨릭교회의 입장은 성전환수술은 자기 학대이며 하나님이 주신 성을 거부하는 행동이라고 규정하였습니다. 그런데 다시 말씀드리지만 트랜스젠더는 생물학적 원인에 의해 생긴 것이며, 트랜스젠더도 하나님의 피조물입니다. 성경 어디를 찾아봐도 트랜스젠더가 지옥에 떨어진단 말은 없습니다. 모든 이들을 사랑으로 감싸 안아야 할 종교에서마저 트랜스젠더는 배척당하고 맙니다. 그들이 갈 수 있는 곳은 아무 곳에도 없습니다. 종교마저 그들을 버렸기 때문입니다.

트랜스젠더는 생물학적이고 의학적인 원인에 의해 그렇게 태어난 것입니다. 이것은 어떤 선택을 할 수 있는 라이프스타일이나 그들이 도덕적으로 문제가 있는 사람들이 아닙니다.

트랜스젠더는 정신신경내분비계의 문제로 생겨난 것이며, 이것이 뇌에 영향을 주어 머릿속에서 자신의 성을 자신의 몸과 반대로 인식하게끔 만들어져 선천적으로 태어난 겁니다.

종교가 트랜스젠더를 돕는 길은 성전환에 대해 반대를 해서 일반인들이 그들에게 돌을 던지고 그들을 자살로 모는 것을 부추기는 걸 막아야 합니다. 종교는 트랜스젠더에 대한 편견을 거두는 노력을 해야 합니다. 가톨릭에서는 얼마 전에야 중세시대에 일어난 마녀사냥에 대해 사과를 했습니다. 몇백 년 전만 해도 가톨릭에서는 마녀라는 이유로 혼자 사는 여자, 정신질환자, 사회에 반기를 드는 여자들을 고문하고 학살하고, 화형에 처했습니다. 하지만 지금 그것은 가톨릭의 잘못된 판단이라는 것은 누구나 알고 있는 사실입니다. 미래에 천주교측은 그동안 견지했던 성전환에 대한 반대가 잘못되었다는 것을 시인할 날이 올지 모릅니다.

트랜스젠더 여러분들에게

지금 혼란스럽고 힘든 인생을 살아야 할 트랜스젠더 여러분께 드릴 말씀이 있습니다.

어찌됐든 이왕 트랜스젠더로 타고난 건 어쩔 수 없습니다. 아무리 노력해도, 어떤 시도를 해도 트랜스젠더에서 벗어나지 못한다는 걸 본인 자신도 너무나 잘 알고 있을 겁니다.

그동안 다른 사람처럼 평범하게 살기 위해 얼마나 많은 노력을 하셨습니까? 왜 나는 이렇게 태어나서 남들로부터 경멸과 무시를 당하고, 심지어 트랜스젠더라는 이유로 폭력을 당하거나 길거리를 다닐 때 모르는 사람으로부터 욕까지 들어야 했습니까?

그래서 이런 고통을 당하고 있는 트랜스젠더들에게 말씀드릴 게 있습니다.

첫째, 자기 자신이 되십시오. 누구도 아닌 자기 자신이 되는 수밖에 없습니다. 어떤 이는 남자로 태어나 남자로 살아갑니다. 어떤 이는 여자로 태어나 여자로 살아가고요. 어떤 이는 동성애자로 태어나 또 동성애자로 살아갑니다. 어떤 이는 선천성 기형으로 태어나거나 자폐증으로 태어나 평생을 또 살아갑니다. 당신은 트랜스젠더로 태어난 겁니다.

과거 동성애자들은 1973년까지 정신과 교과서에 정신질환으로 분류되었습니다. 이제 동성애자는 정신질환이 아닌 걸로 판명이 되어 질병분류에서 빠지게 되었습니다. 따라서 트랜스젠더도 제 생각에는 미래에 정신질환분류에서 빠질 것이라고 저는 확신합니다. 그들은 판단력도 있고, 현실감각도 있으며, 선천적으로 타고난 존재이기 때문에 정신질환으로 분류할 수 없다고 생각합니다.

두 번째는 자신을 받아들이시기 바랍니다. 사람들은 트랜스젠더들이 미쳐서 또는 정신이 없거나 판단력이 없어서 트랜스젠더를 후천적으로 선택했다고 잘못 알고 있습니다. 트랜스젠더 자신도 그런 대중들의 시선이 두려워 자신도 자기 자신을 비난하고, 여기서 벗어나고 싶습니다. 하지만 벗어나면 벗어날수록 고통만 커질 뿐, 달라지는 것은 없습니다.

그러니 어떻게 합니까. 이렇게 태어났으니 뇌와 신체가 다른 사람으로 살아갈 수밖에 없습니다. 피할 수 없는 고통이라면 즐기라는 말도 있습니다. 이제 자신이 남과 다르지만 그렇다고 해서 일시적인 환경의 영향으로 트랜스젠더가 된 것이 아니라는 것을 본인이 누구보다 잘 알고 있습니다. 그러니 현실이 너무 힘들고 남들의 시선이 따갑더라도 이제 자신이 그렇게 태어난 것을 인정하시기 바랍니다. 내가 나를 인정하지 않으면 이 세상에 누가 나를 인정해주겠습니까? 나라도 나를 위로하고 보듬지 않으면 누가 나를 그렇게 해줄까요? 나까지 나의 신체를 혐오하고, 내가 트랜스젠더라는 사실에 분노하고 화를 내고 나를 미워한다면, 앞으로 남아 있는 인생은 힘들어질 겁니다.

그러니 자신을 받아들이시기 바랍니다. 그것이 얼마나 어렵다는 것을 저는 잘 알고 있습니다. 하지만 제3의 성은 예전부터 존재해왔습니다. 인류역사의 시작부터 트랜스젠더는 존재했으며, 최근 들어 이제 트랜스젠더가 목소리를 내고 활동을 한 것이지, 현대사회가 도덕적으로 타락해서, 아니면 트랜스젠더가 TV에 나오면서 누군가 그걸 따라 해서 트랜스젠더가 된 것은 아니지 않습니까?

고대사회에서 트랜스젠더는 치유자나 샤만의 역할을 하기도 했습니다. 고대사회의 가장 높은 사제 역할을 한 것입니다. 그래서 그들은 미래를 보는 능력과 마법을 가지고 있다고 생각했습니다. 그들은 다른 사람의 병을 치유하기 위해 그들이 가지고 있는 병을 자신이 며칠 또는 몇 주 동안 앓기도 했습니다. 그러면 환자의 병은 낫게 되고 자신은 며칠이나 몇 주 고통을 받은 후 다시 회복되어서 다른 사람의 병을 치료하기도 했습니다.

고대사회에서 트랜스젠더는 이렇게 남에게 베푸는 역할을 하기도 했습니다.

그래서 고대사회에서 트랜스젠더를 찾거나 발견하는 것은 매우 흔한 일이었습니다. 왜냐하면 고대인들은 그들에게 사회적 편견이 없었기 때문입니다. 제 생각에 과거 우리나라 박수무당 중에 트랜스젠더가 있었을 가능성을 추측해 봅니다. 그들은 굿을 할 때 여성적인 옷을 입고 여성스런 목소리로 점을 치기도 했습니다. 그래서 아마 옛날 박수무당 중 일부는 트랜스젠더가 아니었나 생각해 봅니다.

물론 고대 이후 트랜스젠더는 존재했으나, 사회적인 편견이나 악마의 자식이란 소리를 들을까봐 숨죽이고 지내야 했습니다. 그러다가 현대사회에 들어서면서 그들은 이제 자신의 권리를 조금씩 주장하기 시작한 겁니다.

타고난 자기 신체, 자신의 성은 어쩔 수 없습니다. 받아들이는 순간 우리는 이 세상에 유일한 자신만이라도 나를 응원해주고 이해해주는 사람이 생기는 것입니다.

그렇지만 그 나라는 한 명이 수천수만 명의 다른 사람보다 더 소중한 응

원군입니다. 남들은 나에 대해 관심조차 갖지 않습니다. 그들은 지나가면서 욕만 하거나 험담만할 뿐, 그들은 내가 어떻게 사는지 어떤 힘든 일이 있는지 알지 못합니다. 그걸 속속들이 알고 있는 것은 나 자신입니다. 그러니 내가 나를 받아들이는 것은 나에게 힘을 줄 수 있는 영원한 좋은 동반자를 만드는 것입니다.

그리고 자신을 사랑하시기 바랍니다. 60억 인구 중 어느 누구도 같은 사람은 존재하지 않습니다. 그들 모두 각각의 우주를 가지고 살아갑니다. 트랜스젠더 여러분도 성과 몸이 바뀌었을 뿐 인간 동료이며, 우리 지구촌의 일원이라는 걸 잊으면 안 됩니다. 인간은 누구나 사랑받을 자격이 있으며, 그러니 당신도 사랑받을 자격이 충분합니다. 교회나 가톨릭의 교리는 항상 변해 왔습니다. 마녀사냥을 봐도 알 수 있지 않습니까? 종교는 사랑이 기본입니다. 교회 속의 예수님이나 가톨릭의 성모마리아님은 당신을 분명 사랑합니다. 그분들은 선천적으로 다리가 없이 태어나건, 세상에 나오기 힘든 흉한 얼굴로 태어났건, 간음을 했건, 도둑질, 강도질, 심지어 살인을 했던 사람까지 사랑하십니다.

그런데 트랜스젠더 여러분들은 남에게 해를 끼치며 살아간 적이 있나요? 그냥 보통의 시민들처럼 개미처럼 열심히 돈을 벌고, 사회의 일원으로 일하고 싶어 할 뿐입니다. 전혀 사회나 다른 사람에게 피해를 주지 않고 열심히 살아가려고 할 뿐입니다. 하지만 사람들은 자신과 다르다는 이유로 그들을 경멸하고, 무시하고, 죄악시하고, 마치 범죄자 취급을 합니다. 하지만 그들의 생각은 편견일 뿐 여러분은 남에게 절대 피해를 주거나 남을 해친 적도 없으며 미풍양속을 문란시킨 적도 없습니다. 그러니 자기 자신이 남과 다르다고 해서 사랑받지 못할 이유는 없습니다.

여러분은 일반인들보다 공격적이거나 범죄성향이 더 많은 것도 아니고, 사회에서는 모범시민이며, 남에게 피해를 전혀 주지 않고 살려고 하는 성적 소수자들일 뿐입니다.

그나마 요즘 다행인 것은 3년 전부터 트랜스젠더의 부모님이 자녀의 심리검사를 할 때 같이 오는 경우가 늘게 되었습니다. 물론 다들 트랜스젠더가 아니라는 결과를 바라지만, 트랜스젠더 진단이 나오면 그냥 어쩔 수 없이 받아들이겠다는 부모님도 있습니다.

어떤 부모님은 성전환수술 비용을 대주겠다고 하는 경우까지 생겨났습니다. 세상이 그래도 조금은 달라진 겁니다. 그분들이라고 해서 어떻게 그렇게 자신의 아들, 딸이 트랜스젠더란 사실을 받아들이기 쉬웠을까요? 그 부모님들은 정신 나간 분들이 아닙니다. 자기 자식을 이해하려고 노력하고, 자식이 원하는 길, 자식이 성을 전환해서 행복해진다면 돕겠다고 결심을 한 겁니다.

최근에 우리나라 트랜스젠더들이 태국에서 성전환수술을 하는 경우가 많아졌습니다. 이제 국내와 외국에서 하는 비율이 6대 4 정도로 외국, 특히 태국에서 성전환수술을 하려는 분이 많아졌습니다.

태국에서 성전환수술을 하게 되면 더 싸기 때문이 아니라, 비용은 우리나라와 비슷하지만, 태국이 더 수술을 잘한다는 소문이 나서 그럽니다. 최근에는 호주에 거주하는 교포가 방문했는데, 세르비아에서 성전환수술을 하겠다고 합니다. 태국도 예전에는 야니병원에서만 수술을 받으려고 했으나, 태국의 다른 병원에서 하는 분들도 많아졌습니다. 이제 정보력이 늘어나면서 세계 여러 곳으로 수술을 받기 위해 가고 있는 겁니다.

사실 우리나라 의료기술로 성전환수술은 세계 최고가 될 수 있다고 생각합니다.

하지만 우리나라에서는 소수의 의원에서 성전환수술을 하며 대학병원은 유일하게 동아대 병원에서 수술을 하고 있는 실정입니다. 제 생각엔 우리사회의 편견이 깨지고 우리나라에서 수술을 많이 하게 되면 전 세계 트랜스젠더들이 한국에서 수술을 받으려고 올지도 모릅니다. 한국사람은 의료기술뿐 아니라 손재주가 좋기 때문입니다. 하지만 많은 이들이 타국에 혼자 가서 수술을 받고, 외롭게 요양을 하다 오는 걸 보면 안타까운 생각이 듭니다.

태국이 성전환수술을 잘하는 이유는, 태국에서는 트랜스젠더를 차별하게 되면 법적으로 처벌을 하는 등, 그들의 인권에 대해 매우 신경을 쓰고 있고, 그러다 보니 자유롭게 수술을 받고 자신이 원하는 성으로 바꾸고 잘 지내기 때문입니다. 또한 국민들도 트랜스젠더에 대한 편견이 매우 적은 나라입니다. 태국은 트랜스젠더를 처음으로 항공기의 승무원으로 채용하기도 했으며, 트랜스젠더도 군대에서 받아줍니다. 그러니 태국이 국민소득이 낮다고 무시해서는 안 됩니다. 그들의 의식은 선진국이라고 저는 생각합니다.

여러분은 다른 사람의 인생보다 수십 배 더 힘든 인생이라는 것을 알고 있습니다. 그렇지만 사회적인 편견과 멸시와 차별 속에서도 기운을 잃지 말고 누가 뭐라고 하더라도 자신을 버리지는 말기 바랍니다. 내가 나를 버리면 누가 나를 거둬줄 수 있을까요? 트랜스젠더라는 사실이 내가 어떤 죄를 지은 것도 아니며, 남에게 해를 끼치지도 않는 한 시민이라는 사실을 항상 기억하시기 바랍니다. 그리고 한 번 가는 인생인데 자신이 원하는 삶을 살기 바랍니다.

그리고 이 글을 지금 읽고 있는 분들은 우리 인간 동료 트랜스젠더에 대한 편견을 거두고, 그들을 같은 인간으로 받아들여주시기 바랍니다. 그들도 어느 누구의 아들이고, 딸이며, 형이고, 누나이고, 동생입니다. 내 자식이 귀하듯이, 내 가족이 귀하듯이 그들도 귀한 존재입니다. 트랜스젠더란 명칭이 붙는 순간 우리는 같은 인간 동료라는 사실을 잊는 경우가 많습니다. 하지만 우리가 같이 가야 할 인간 동료이며, 우리보다 수십 배 더 힘든 길을 홀로 걸어가고자 노력하는 사람들입니다.

그들의 소원은 성전환수술을 통해 완전히 자신이 원하는 성으로 바뀌는 것이고, 이후 호적 정정을 통해 법적으로도 인정받고 싶은 것뿐입니다.

그리고 오늘도 열심히 살고 있는 성적 소수자인 트랜스젠더들이 좀 더 편한 세상에서 남들에게 차별받지 않고 살 수 있는 날이 오기를 바랍니다. 저는 10여 년간 내 마음속에 가지고 있던 그들에 대한 미안함을 조금은 갚아보고자 하는 심정으로 이 글을 쓰게 되었습니다.

그 미안함이란, 분명 트랜스젠더 여러분의 고통을 가장 많이 알고 있는 제가 한 번도 여러분들의 어려운 점에 대해 언급을 하지 않았다는 겁니다. 그리고 지금 어렵고 힘든 길을 가고 있는 트랜스젠더 여러분께 경의와 존경을 표합니다.

●
당신의 생각이 당신을 속이고 있다